目次

序章　本書の構成と意図……一
1　古代国家と郡司・郡司制度……一
2　郡司・郡司制度の研究史と二つの課題……二
3　郡司と天皇……四
4　「郡司層」と郡司の任用……五
5　古代国家像へのアプローチ……六

第一部　郡司と天皇制

第一章　郡司読奏考……一〇
——郡司と天皇制——
はじめに……一〇
一　郡司読奏の基礎的考察……一三
1　奏任としての郡領……一三
2　郡司読奏の基本構造……一四

3　郡司読奏の構造的特質……一六
二　郡司読奏の構成要素……一九
1　諸司奏としての郡司読奏……一九
2　「定」としての郡司読奏……二五
三　郡司読奏の成立……三〇
1　鍾匱の制……三〇
2　評官人と鍾匱の制……三四
おわりに――中央集権化と読奏・郡領――……三六

第二章　宣旨による郡司の任用
――延喜式部式奉大臣宣条を手がかりに――……四七
はじめに……四七
一　延喜式に見える郡司の「銓擬」……四八
1　郡司の任用手続き……四八
2　式部省銓擬・郡司読奏と奉大臣宣条……五〇
二　二つの郡司の任用方法……五四
1　元慶七年格に見える二つの任用方法……五五
2　「国解」による任用方法……五六
3　「宣旨」による任用方法……五七
三　宣旨による郡司の任用とその特質……六一

1 宣旨による郡司の任用手続き……六一
2 宣旨による郡司の任用の特質……六六
おわりに……七三

第二部 郡司任用制度と郡司層

第一章 郡司譜第考……八四
はじめに……八四
一 日本令の郡司規定……八五
1 郡司関連条文と唐令……八六
2 郡司条と任官条……九一
3 郡司関連条文と「譜第主義」、「才用主義」……九四
二 郡司の譜第……九七
1 郡司の譜第と「世」……九八
2 『紀伊国造次第』から見る譜第……一〇〇
3 天平七年制の意義……一〇五
おわりに……一〇八

第二章 郡司任用制度の考察……一一七
——郡司・郡司層と天皇——
はじめに……一一七

一 「譜第之選」——理念の具体化と先鋭化—— ……一一九
1 天平七年制——理念の具体化—— ……一一九
2 天平二十一年勅前史 ……一二一
3 天平二十一年勅——理念の先鋭化—— ……一二四
二 「譜第之選」の停止と復活——理念と現実の相克—— ……一三三
1 延暦十七年詔と十八年勅 ……一三三
2 弘仁年間の「譜第之選」復活 ……一三五
三 郡司層の解体——理念と現実の分離—— ……一四一
1 九世紀の郡司層と地方支配 ……一四一
2 理念的な存在としての郡司職 ……一五〇
おわりに ……一五四

第三章 延暦十七年三月丙申詔試解
——「譜第之選」の停止をめぐって—— ……一六四
はじめに ……一六四
一 延暦十七年詔と「国造兵衛」 ……一六五
1 史料的性格 ……一六五
2 「国造兵衛」 ……一六七
二 延暦十七年詔再読 ……一七三
1 「国造兵衛」再解釈 ……一七三

2　延暦十七年B勅の位置づけ……一七四
3　延暦十七年詔（A詔）と采女……一七七
おわりに……一七八
第四章　郡司層小論……一八五
はじめに……一八五
一　八世紀の郡司層……一八六
1　郡司層の内実……一八六
2　郡司層の結集……一九一
二　九世紀の郡司層……一九四
1　郡司層と任用政策①—桓武朝—……一九四
2　郡司層と任用政策②—弘仁年間—……一九七
3　郡司層の解体……一九九
三　郡司層の転成……二〇七
1　郡司層解体の要因……二〇七
2　郡司層と中央諸勢力……二一三
3　郡司層と「富豪層」……二一五
おわりに……二一八

第三部　郡司制度の周辺

第一章　擬郡司帳管見……二二八
——郡司任用日程の変遷——
はじめに……二二八
一　擬郡司帳の内容と提出先……二二八
二　擬郡司帳の実例……二三三
三　奈良時代前期の郡司任用日程……二三九
おわりに……二四八
第二章　郡司職分田試論……二五二
はじめに……二五二
一　郡司職分田の制度的考察……二五三
1　養老田令に見える郡司職分田……二五三
2　大宝田令における公廨田……二五五
3　郡司職分田の実体……二五八
二　郡司職分田の実態的考察……二六〇
1　陸奥国磐城郡の郡司職分田……二六〇
2　郡司職分田の管理・運営……二六三
おわりに……二六六

終章　郡司・郡司制度と日本の古代国家……二七一
1　「夷」（ヒナ、鄙）に属する存在としての郡司……二七一
2　郡司と天皇……二七二
3　中央集権化と郡司……二七二
4　郡司・郡司制度が持つ二面性……二七三
5　記号化された「律令制」……二七五
6　郡司・郡司制度からの古代国家論へのアプローチ……二七六
7　郡司・郡司制度から見た古代国家の変遷……二七六
8　古代国家の最盛期……二七九
9　古代国家の変質期……二八〇
10　郡司・郡司制度から見た日本の古代国家……二八一
引用史料目録……二八五
初出一覧……二八七
あとがき……二八九
索　引

序章　本書の構成と意図

1　古代国家と郡司・郡司制度

日本の古代国家像はどのように描き得るのか。この問題を論じる際、しばしば言及されるのが郡司・郡司制度の存在である。

例えば井上光貞氏は、日本の律令国家を律令制と氏族制の並存する「二元的国家」として捉えている。そして地方支配におけるその二元性は、国司（律令制）と郡司（氏族制）によって体現されるとしている。(1)

また、石母田正氏の展開した在地首長制論においても、郡司は重要な位置づけを与えられている。石母田氏は、在地社会において在地首長とその支配下の人民との間に形成された伝統的な人格的支配関係を「一次的生産関係」と規定する。そして日本の古代国家は、在地首長を郡司として律令制的官僚機構の末端に取り込むことにより、人民との間に「二次的生産関係」を構築し、「一次的生産関係」に依存しつつも、律令制という外皮をかぶせることで中央集権性を（表面的に）実現したと論じた。(2)

さらに吉田孝氏は、前二者の構図をもとに、律令制と氏族制の関係をより垂直的なイメージで捉え、日本律令国家の「二重構造」論を提示している。そこでは、現実の社会基盤をなす「未開な原生的共同体」＝氏族制を代表するものとして郡司が、上から覆いかぶさるように構築された「中国の古代文明に倣った支配機構」＝律令制を代表するものとして、太政官―国司の体制が挙げられている。(3)

このように、日本の古代国家像を描こうとする試みの中で、郡司の存在は際立っている。そして、諸先学に郡司の重要性を認識させるきっかけとなったのが、坂本太郎氏の先駆的な郡司制度に関する研究であろう。坂本氏は律令制における郡司の特質を「非律令的」性格と論じ、郡司の特殊性を実証的に示した(4)。先に挙げた日本古代国家像も、その理論的枠組みの一部は、坂本氏の郡司の実証的研究によって支えられていると評しても過言ではないだろう。

叙上のような背景のもと、郡司・郡司制度の研究は、古代史研究の重要分野の一つとして間断なく蓄積されてきている。これらの解明が、古代国家の真の姿を解き明かす鍵となり得るのであれば、さらに一歩おし進めて、郡司・郡司制度を一つの切り口として古代国家像を描くことも可能なのではないだろうか(5)。本書の最終目標はこの点にある。

2　郡司・郡司制度の研究史と二つの課題

郡司・郡司制度の先行研究については、主要なものだけでも枚挙にいとまがないほど膨大である。しかし、それらの諸研究を通覧する時、一つの事実に気づかされる。それは、研究内容の剪断である。郡司・郡司制度の研究は、七世紀半ば〜十・十一世紀に至るまで一貫してなされているものの、時期によってその内容は趣を異にしている。概括的にまとめれば、七世紀半ばの大化改新（乙巳の変）から九世紀までの研究と、九世紀〜十・十一世紀までの研究とでは、その内容は様相を異にしている。

前者の時期では、郡司の任用制度を対象とした研究が主流となる(6)。七世紀後半〜八世紀前半の中央集権的国家体制の形成期には、その中で郡司（評官人）はどのように位置づけられ、いかにして制度化が図られたのかが、任用関連法令を中心に論じられてきた。また、八世紀後半〜九世紀には、任用関連法令の変遷をたどることで、郡司・郡司制度の変質を明らかにし、律令制に象徴される中央集権的な国家体制の成熟と変化の過程との相互関係が考察されてきた。このように、七世紀半ば～九世紀の研究は、制度的な面に集中している観がある。
しかし、弘仁年間（九世紀前半）以降、郡司の任用関連法令が新たに出されることがなくなったことを契機に、郡司・郡司制度の研究内容も趣を変えていく。九世紀後半～十・十一世紀になると、売券など古文書の記載内容に着目し、地方社会における郡司の存在形態や、地方行政における郡司の役割・機能が分析されるようになる。(7) 制度的な面とともに実態面での研究が進み、在庁官人制や武士の登場などとかかわらせながら、郡司の研究が深められていったのである。

このような時期による研究内容の剪断は、各期において利用できる史料の種類の違いと同時に、古代国家の変質自体とかかわるものであり、決して不自然なものではなく、むしろ当然であるといえよう。しかし、郡司・郡司制度を一つの切り口として古代国家像を見通す場合、この研究内容の剪断は望ましいものではない。郡司・郡司制度の中に、古代国家を見通す上で一貫性を持ったメルクマールを見出すことはできないのだろうか。このメルクマールを見出し、それにもとづいた郡司・郡司制度の考察を行うことが、本書の第一の課題である。

さらに、本書で重要視したのが「郡司層」の存在である。近年、考古学的な発掘調査の進展により、郡家遺跡や、郡司レベルの地方有力者層の活動の様子をうかがうことができる遺跡・遺物の解明が目覚ましい。そこから浮かび上がるのは、一郡内に並立する複数の有力者の存在である。これは、特定の在地首長一族による強力な郡支配という、在地首長制論に立脚した地域支配のイメージとは相容れないものである。(8) そもそも在地首長の存在は実証されているわけではなく、在地首長制論は飽くまで「作業仮説」であることを忘れてはならないだろう。(9)

そこで注目されるのが、郡司の頻繁な交替と、郡司職を持ち回り的に継承する地域諸勢力の集合体である「郡司層」の存在を明らかにした須原祥二氏の研究である。(10) 確かに、郡司の頻繁な交替は一部の地域に限られた現象であった可能性も想定され得る。しかし、仮にそれが一部の限られた地域の現象であったとしても、頻繁な交替が行われた郡が存在していたという事実こそを重視すべきであろう。郡司になり得る有力者が、一郡内に複数存在するという想定は、それ以前の郡司・郡司制度研究には見られなかったものであり、「郡司層」の存在を前提とした研究の見直しは不可欠である。

ところが、須原氏の指摘以降も郡司・郡司制度の研究はなされているものの、任用制度を中心に八世紀までの考察にとどまっており、未だ十分に論じられているとはいえない状況である。[11]そこで本書では、第二の課題として「郡司層」を念頭に置き、さらにテーマや時代についても従来よりも幅を持たせた考察を試みたいと思う。

3　郡司と天皇

以上のような問題関心のもと、本書では郡司・郡司制度の研究から日本古代国家像に肉薄するため、七世紀半ば〜十・十一世紀に至るまでの一貫したメルクマールの設定と、「郡司層」を前提とした考察という二つの主要課題を中心に構成した。

第一の課題については、結論を先に述べれば、「郡司と天皇の関係性」が郡司・郡司制度から古代国家を論じる上での通時代的なメルクマールになり得ると考えられる。本書の第一部「郡司と天皇制」ではこの点を論じた。第一章「郡司読奏考」では、郡司読奏の分析を手がかりに、孝徳朝以降、十・十一世紀に至るまで、読奏に象徴される郡司と天皇の関係性が、古代国家の地方支配における中央集権性を一貫して支えていたことを指摘した。さらに第二章「宣旨による郡司の任用」でも、宣旨を用いた通常とは異なる郡司任用法を分析して、特別な任用場面においても郡司と天皇の関係性が必ず維持されていることを示し、両者の結びつきの強さを明らかにした。これらの論考を通し、

「郡司と天皇の関係性」が、古代国家を通時代的に見通すメルクマールとなり得ることを示した。

4 「郡司層」と郡司の任用

また第二の課題については、本書第二部「郡司任用制度と郡司層」において郡司の任用関連法令を中心に考察を加えた。ここでは「郡司層」の存在を念頭に置きつつ、第一部で示した「郡司と天皇の関係性」という視角も加えて論を進めている。第一章「郡司譜第考」では、令に規定された郡司任用基準と郡司の「譜第」の考察から、令は郡司を天皇との関係性の中で任用するという孝徳朝以来の任用の枠組みを構造化するにとどまり、国家が具体的な任用基準をもって「郡司層」と対峙するようになるのは、天平七年（七三五）制による「譜第」基準の導入以降であることを示した。続く第二章「郡司任用制度の考察」では、第一章の知見をもとにしつつ、八世紀〜十世紀に至るまでの郡司任用制度について、「郡司と天皇との関係性」と「郡司層」の存在を念頭に通時的に考察した。そして第三章「延暦十七年三月丙申詔試解」では、桓武天皇の出した延暦十七年（七九八）三月丙申詔を分析し、本詔が郡司や国造・兵衛の制度的関係を大きく変更したものであったことを指摘した。第四章「郡司層小論」では、第二部各章の結論にもとづいて「郡司層」の存在形態を具体的に論じるとともに、八〜九世紀の「郡司層」の変遷を、中央諸勢力（中央諸司・院宮王臣家）の地方進出問題や「富豪層」論を視野に入れながら論述した。

さらに本書第三部「郡司制度の周辺」は、第一・二部の内容を補い、より幅広い視野からの郡司・郡司制度の考察を意図したものである。第一章「擬郡司帳管見」は、正倉院文書として残る「出雲国計会帳」に見える「擬郡司帳」の具体的内容の検討から、郡司任用日程の変遷と調庸の違期・未進問題とのかかわりを論じた。また第二章「郡司職分田試論」では、郡司職分田について、日本令と唐令の比較にもとづく制度的考察とともに、福島県いわき市の荒田目条里遺跡出土木簡や周辺遺跡の分析から、郡司職分田の実態的な分析も行った。ここから、郡司職や郡司職分田などを核に「郡司層」が融和と結束を図っていた可能性を指摘した。

以上が本書の構成である。第一部で論じる「郡司と天皇の関係性」という視角は、従来の古代国家像において指摘されてきた「二元性」「二重構造」でいうところの「律令制」に相当するものと考えられる。また、第二部を中心とした「郡司層」を念頭に置いた郡司・郡司制度の考察は、従来「氏族制」とされたもののうち、地方社会の内実と密接にかかわるものであろう。そこで本書では、その結論として、最後に先学の指摘を踏まえつつ、郡司・郡司制度の研究を切り口とした古代国家像とその変遷に関する私見を提示することで、先に設定した最終目標に到達したいと思う。

5　古代国家像へのアプローチ

古代史は研究の細分化、「蛸壺化」が進行していると指摘されるようになって久しい。確かに微細な視点の考察のみに終始し、大きな歴史像の提示を怠ってはならないだろう。その意味では、研究の細分化は望ましいことではない。しかし別の見方をすれば、現在の研究状況は、幅広い分野にわたり緻密な実証研究が着実に積み重ねられているとも評価できる。このことは同時に古代史研究の成熟度を示しているともいえるだろう。

したがって、現在古代史研究に求められているのは、一つ一つの緻密な研究成果を積み上げた上で、大きな歴史像へのアプローチを試みることではないだろうか。一つの事象の考察から明らかにされることは、その時代のごく一部に過ぎないかもしれない。しかし、どんな些細な事象であれ、時代の産物であることに変わりはない。とするならば、ある事象の細密な実証研究から、それが生み出された時代の背景や特質を明らかにできるはずである。そしてその先に、新たな古代史像が見えてくるのではないだろうか。

本書は右記の点を踏まえ、郡司・郡司制度という切り口から日本の古代国家像の素描を試みるものである。

註

(1) 井上光貞「律令国家群の形成」(『井上光貞著作集　第五巻』岩波書店、一九八六、初出一九七一)。

(2) 石母田正『日本の古代国家』(『石母田正著作集　第三巻』岩波書店、一九八九、初出一九七一)。

(3) 吉田孝「律令国家の諸段階」(『律令国家と古代の社会』岩波書店、一九八三、初出一九八二)。

(4) 坂本太郎「郡司の非律令的性質」(『坂本太郎著作集　第七巻』吉川弘文館、一九八九、初出一九二九)。

(5) 近年、森公章氏は『古代豪族と武士の誕生』(吉川弘文館、二〇一三)において、五〜十二世紀の地方豪族(郡司や武士を含む)の動向を通時的に論じ、古代国家全体の流れを考える上での「古代史を貫く地方豪族の歴史」の有効性を強調している。

(6) 磯貝正義『郡司及び采女制度の研究』(吉川弘文館、一九七八)、新野直吉『日本古代地方制度の研究』(吉川弘文館、一九七四)、米田雄介『郡司の研究』(法政大学出版局、一九七六)、今泉隆雄「八世紀郡領の任用と出自」(『史学雑誌』八一—一二、一九七二)など。詳細な先行研究については本書の中で適宜紹介していくことになるだろう。

(7) 高田実「中世初期の国衙機構と郡司層」(『東京教育大学文学部紀要』六六、一九六八)、高橋浩明「伊賀薦生牧争論と十世紀の郡司制」(『国史学』一三一、一九八七)、加藤友康「九・一〇世紀の郡司について」(『歴史評論』四六四、一九八八)、山口英男「十世紀の国郡行政機構」(『史学雑誌』一〇〇—九、一九九一)、森公章「雑色人郡司と十世紀以降の郡司制度」(『古代郡司制度の研究』吉川弘文館、一九九九、初出一九九八・九九)など。

(8) 佐藤信「地方官衙と在地の社会」(『日本の時代史4　律令国家と天平文化』吉川弘文館、二〇〇二)など。

(9) 早川庄八「解説」(『石母田正著作集　第三巻』岩波書店、一九八九)、今津勝紀「雑徭と地域社会」(『日本史研究』四八七、二〇〇三)。

（10）　須原祥二「八世紀の郡司制度と在地」（『古代地方制度形成過程の研究』吉川弘文館、二〇一一、初出一九九六）。

（11）　毛利憲一「郡領の任用と「譜第」」（『続日本紀研究』三三八、二〇〇二）、「郡領任用政策の歴史的展開」（『立命館文学』五八〇、二〇〇三）、須原祥二「郡司任用制度における譜第資格」（『日本史研究』四八八、二〇〇三）など。

第一部　郡司と天皇制

第一章　郡司読奏考

——郡司と天皇制——

はじめに

日本の古代国家において、郡司はユニークかつ重要な存在である。古代国家の成立過程や支配構造を考える時、郡司制度は看過し得ない重要なテーマである。それは郡司が在地首長であり、彼らを地方官人として支配制度の枠組みに取り込むことで古代国家は成立しているというシェーマが自明の前提として共有されているからである。石母田正氏により提唱されたこの在地首長制論は、(1)現在に至るまで不動の学説として古代史研究に大きな影響を与え続けている。

しかし同時に、在地首長制論は「律令制下の郡司をモデルとして構想された、そしてまた論理的要請によって設定された、いわば作業仮説でありイデアルティプス」であること(2)も忘れてはならない。実際に在地首長の実証レベルでの検証は困難であり、郡司が在地首長であるということも実証されているわけではない(3)。また近年目覚しい進展の見られる、出土遺物や遺構からの地方社会の実態的研究は、従来の在地首長としての郡司のイメージの再検討を喚起するものであり(4)、須原祥二氏が明らかにした郡司の頻繁な交替という事実(5)も、地方支配における郡司の在り方に再考を迫るものである。では、そもそも郡司が古代国家の地方支配において重要な存在であるという見解はどのように形成されたものなのだろうか。

郡司の特殊性について先駆的な指摘をしたのは坂本太郎氏である。氏は郡司制度の実証的考察を通し、郡司の特殊性を「非律令的性質」と位置づけ、その淵源を郡司の「守旧性」に求めた。そしてこの守旧性が社会の実質と対応しており、そこに「民衆生活に関与する郡司の重要性」を見出したのである(6)。しかしこの指摘は、郡司の特殊性がその守旧性、地域性に由来することを示したにとどまり、古代国家の地方支配における郡司の歴史的位置づけ・重要性は、石母田氏の在地首長制論によってはじめて明確にされたものなのである。ところが、この在地首長制論も先に指摘したように作業仮説としての側面が強い。つまり、郡司の重要性は実証と理論の相互依存によって支えられたものであり、この二者間の乖離を内包したまま、郡司の重要性のみが共有化されてきたという嫌いがあることは否めない。この点では膨大な蓄積を有する郡司制度の研究も例外ではないだろう。

とするならば、史料にもとづく実証的な郡司制度の検討に再び立ち返り、郡司が担わされた歴史的役割や重要性を提示する作業は現在においても無意味ではないだろう。本章は郡領の任用手続きの一過程である郡司読奏を素材に、郡司読奏や郡領の持つ歴史的意義を明らかにすることで、郡司（郡領）の重要性、ひいては古代国家の地方支配原理の解明に迫るささやかな試みである。

一　郡司読奏の基礎的考察

1　奏任としての郡領

任用制度自体から郡領（大・少領）の本質を見出そうとする時、一連の任用手続きのどの過程に注目すればよいのだろうか。早川庄八氏は養老選叙令3任官条で奏任とされる郡領が、他の奏任とは異なり、唯一式部省の「試練」（試郡司）の対象とされ、しかも畿内郡司がその対象外とされたことに注目し、式部試練を畿外の政治的諸集団の長（郡領）と畿内政権の政治的首長（大王・天皇）との対峙の場、「外交」の場と位置づけた。[7] 早川説に立てば、式部試練にこそ郡領任用の本質が表れていることになる。しかし、弘仁式部式や延喜式部式下36試郡司条を見ると、試練に関与するのは式部官人と国司・郡領候補者のみであり、天皇や太政官の関与の余地は見出せない。天皇や太政官は式部省からの報告によりはじめて郡領の任用に関する情報を得られるのである。[8] つまり、試練は式部省内の事務処理過程に過ぎない。したがって、式部試練を郡領と天皇の対峙の場と看做すことは困難ではないだろうか。

そこで、改めて郡領の任用手続きを概観してみたい。次に掲げたのは延喜太政官式131任郡司条であるが、ここに見られる手続きは八世紀から十・十一世紀に至るまで不変であったと考えられる。[9]

　アー凡諸国銓擬言二上郡司大少領一者、イー式部対試造簿、ウー先申二大臣一即奏聞。訖式部書二位記一請印。エー其後於二太政官一式部先授二位記一、次唱二任人名一、如二除目儀一。事見二儀式一。

このように郡領の任用手続きは、ア国擬、イ式部省での銓擬、ウ大臣（太政官）・天皇への報告、エ任官儀、という過程により構成される。ここで郡領が奏任であることを想起すれば、ウの過程を経ることが郡領にとって不可欠の要件であることに気づかされる。奏任である以上、郡領人事の天皇と太政官による承認は不可欠である。同時にこの過程は郡領への任用が最終確定する場でもある。ウに相当する過程は「郡司読奏」と称されるが、天皇や太政官の関与はここに至ってはじめて見出される。また他の多くの奏任が除目で任用が確定されるのに対し[10]、郡領に関しては除目ではなく郡司読奏という場が別に設けられていることにも注目すべきだろう。

ここで、郡領が奏任とされていることの特色を、他の奏任との比較の中から考えてみたい。すると、郡領を除く奏任のほとんどが官位相当の内長上であるのに対し、郡領が官位相当官ではないことが注目される。官位相当官の場合、現有の位階を前提に相当官を得るため、天皇との君臣関係は位階、さらには官職によって表現されている。特に位階は天皇との距離を示す指標として機能していた[11]。ところが郡司の場合、養老選叙令13郡司条に見えるように、郡司職に位階が付随している。また養老儀制令11遇本国司条からは、郡司の帯びる位階はその高下が無効とされる場合が存在したことが確認でき、『令集解』の官位令6正三位条の引く私案は、郡司などの外位者は位階秩序を視覚的に表現する場である朝参には参加しないとする。つまり官制上に限れば郡司の位階の重要性は、他の官位相当官と比べ相対的に低かったと評価できよう。したがって郡司の場合、官人としての天皇との関係は、郡司への任官・在職によって一義的に表現されていたのである。

以上の指摘に加え、官位相当でない官職の多くが式部判補とされる中、特に郡司が奏任もしくは官判任とされたことを勘案すれば[12]、郡領が奏任とされたことの意味は大きい。即ち他の奏任と異なり、位階によって天皇との関係を十分に表現し得ない郡領にとって、奏任という天皇の了承のもとでの任官方法は、天皇と彼らとの関係を表現・確認するという点において重要だったのである。逆の見方をすれば、郡領は殊更に奏任とされることにより、天皇との関係を強調されたとすることもできるだろう。すると郡領を奏任たらしめている郡司読奏とは、天皇と郡領との関係を考える上で極めて重大な場であると考えられる。したがって本章では、式部試練ではなく郡司読奏に天皇と地方有力者の対峙の場を見出したい。以上のような観点から、郡司読奏の基礎的考察を進めていきたい。(13)

2　郡司読奏の基本構造

郡司読奏（以下、読奏と表記）の次第を詳細に記した史料として『内裏式』『儀式』『西宮記』『北山抄』などが挙げられる。このうち、九世紀に成立した前二書には紫宸殿における天皇出御儀が、十・十一世紀に成立した後二書には宜陽殿を用いた天皇不出御儀が記されている。したがって読奏は、出御儀から不出御儀へ変化したと考えられる。そこでまず出御儀、不出御儀各々の次第を概観したい。

『儀式』巻九奏銓擬郡領儀により、出御儀の手続きをまとめると以下のようになる（『内裏式』中巻奏銓擬郡領式もほぼ同内容）。

①式部省での銓擬を経て、当日早朝に座の敷設が行われる。
②天皇が出御し、大臣以下の公卿と式部卿が紫宸殿上に着座する。
③式部少輔が「奏筥」を持って参入し、式部卿により天皇に奏上される。
④式部大輔が「奏筥」（『内裏式』の該当箇所では「読奏筥」とする。以下これに倣う）を、少輔が「硯筥」を読奏者の座（紫宸殿上）に用意する。
⑤式部大少輔が「勘文」を手に着座し、大臣、式部卿にも「勘文」が配布される。
⑥勅によって指名された者が読奏者の座に着き「簿」を読み上げる。(14)

⑦「簿」の読申にしたがって大臣が勅を奉じながら「定不」を決める（「随レ読大臣奉レ勅且点二其定不一」）。
⑧大臣以下が退出する。

このように出御儀は、天皇の面前で、大臣以下の公卿と卿以下の式部官人参会のもとに行われる。その中核は、「簿」（「読奏」）に記された式部省での銓擬結果が読み上げられ[15]（⑥）、それを受けた天皇が大臣に勅を下して候補者の「定不」を決定させる（⑦）という点にある。つまり式部省からの報告をもとに、天皇の面前で郡領の任用が確定される構造をとっているのである。

次に『北山抄』巻三読奏事によりながら、不出御儀の次第をまとめてみたい（適宜『西宮記』郡司読奏も参照する）。

A陣座から上卿が天皇に読奏を執行する旨を奏上し、許可ののち宜陽殿に着座する。
B式部丞が「奏」を上卿に奉り、上卿は披見後、弓場殿から蔵人に付けて奏聞する。
C宜陽殿に戻った上卿に式部丞が「擬文」「硯」を進め、式部輔が「奏案」を手に宜陽殿に参入する。式部輔が「奏案」を読み上げ、その内容に問題がなければ、上卿は手元の「擬文」に「定」字を朱書する。
D上卿が「定」字などを記した「擬文」を奏上する。その後「擬文」は式部丞に授けられる。

不出御儀の場合、天皇は清涼殿に所在し、宜陽殿で上卿主導のもと郡領人事が行われる。つまり出御儀と異なり、天皇は実際の審査の場には臨まない。しかし出御儀同様、事の始めには「奏」が奉られ（B）、宜陽殿での上卿と式部輔の遣り取りは、上卿が「定」字等を書き込んだ「擬文」を奏上することで報告されている[16]（D）。したがって天皇は、最初に奉られた「奏」と裁定結果が記された「擬文」を見比べることで郡領人事を把握する構造となっている。

以上が読奏出御儀と不出御儀の基本構造である。それでは、このような読奏の構造にはどのような特質が見出されるのだろうか。以下、節を改めて読奏が出御儀から不出御儀に変化していることに留意し、読奏の構造的分析を試みたい。

3　郡司読奏の構造的特質

本節では読奏出御儀、不出御儀それぞれの構造的特質を明らかにしたい。その際、政務形態と天皇の関与の二つの側面に注目したいと思う。

まず政務形態に注目する。最初に出御儀であるが、⑥や⑦に見えるように、式部省での銓擬結果の奏上は口頭で行われている。特に、勅を奉じて「定不」を決定する大臣の手元には「勘文」は配布されるものの、読み上げられる「読奏」に対応する文書はもたらされない。したがって出御儀では、口頭伝達が大きな役割を担っていたと考えられる。一方不出御儀では、式部省の銓擬結果の奏上（B）と宜陽殿での裁定結果の報告（D）は上卿が弓場殿に赴いて行われる。『侍中群要』巻三には「上卿於二弓場殿一令レ奏レ文事」として弓場殿に赴いた上卿が、蔵人を介して文書を奏上する次第を載せているが、このような形態の奏上は、「宣命若郡司擬文等類」に用いるとしている。つまり不出御儀の場合、天皇への報告は専ら「奏」「擬文」といった文書（の閲覧）を用いている。ところが宜陽殿での式部輔・上卿間の政務処理は、輔による「奏案」の読み上げ、即ち口頭伝達によって行われている。このように不出御儀では、文書と口頭伝達の双方による政務が行われているのである。

このような政務形態の違いは、九世紀の儀式書が示す前者から十・十一世紀の儀式書が示す後者に変化したと考えられるが、一体どのような意味を持つのだろうか。吉川真司氏は太政官の政務形態を、口頭伝達を基本とし文書行政成立以前の政務の系譜を引く「読申公文」の形態と、文書の閲覧を基本とする「申文刺文」の系統に大別し、文書行政の成立・進展によって次第に「読申公文」形態の政務が形骸化することを指摘した[17]。読奏の場合出御儀は勿論、不出御儀でも一部に「読申公文」の要素を見出せる。これは読奏の政務形態が本来的には口頭伝達を根幹とすることを示しているといえよう。すると読奏は、文書行政以前の古い要素を持った政務であると考えられる。さらに、不出御儀への変化が「申文刺文」の要素を取り込む形であることは、読奏の政務形態の変化が一般的な政務形態の変化と軌を一にすることを示している。読奏は古い政務形態としての要素を残しつつも、柔軟な変化を遂げているのである。

次に、読奏への天皇の関与を考えたい。出御儀では、郡領人事の最終決定は天皇の面前で行われていた。この構造は、郡領の任用が天皇の直接的な関与のもとに行われることを明確に表現している。しかし、天皇の関与と上卿・式部輔の関与がそれぞれ別の場所で行われる不出御儀の場合、天皇の役割はどう評価できるだろうか。

九世紀半ば、日常政務における天皇の紫宸殿への不出御が常態化するのに伴い(18)、様々な儀式で天皇不出御儀が成立する。一般に不出御儀の成立は、天皇の役割・機能の低下を意味すると考えられるが(19)、読奏に関してはそのような評価は適当ではない。読奏不出御儀が、天皇への「奏」「擬文」の奏上過程に「申文刺文」の要素を取り込んでいることに注意したい。前項でも触れたが、これにより天皇は式部省での銓擬結果を記した「奏」と上卿の裁定結果が記された「擬文」とを見比べることができ、不出御儀においても郡領人事が把握できるのである。これは九世紀半ば以降、読奏同様に不出御儀を成立させた擬階奏と大きく異なっている。六位以下八位以上の進階を天皇が承認する場である擬階奏の場合、出御儀では式・兵部省が成選人各自の情報を記した成選短冊と、太政官が作成した進階等級別の集計人数を記載する擬階奏文とが奏上され、天皇はこの二者を見比べることで進階状況を監査・把握していた。ところが不出御儀の場合、擬階奏文の奏上のみとなり、天皇の進階状況の監査・把握機能は大きく後退している(20)。したがって擬階奏不出御儀の場合、天皇の役割は明らかに低下している。一方読奏不出御儀の場合は、確かに上卿による裁定の場に天皇は臨まなくなるものの、裁定の具体的結果が天皇のもとに伝達されるような構造が維持されているのである。

これは、読奏にとって天皇の関与が不可欠であることを示しているのではないだろうか。次に掲げた『本朝世紀』天慶四年（九四一）九月十九日条は、そのことを間接的に示している。

　此日、郡司読奏也。（中略）上卿執二件奏一、付二蔵人一令レ奏。于レ時自二殿上一、差二蔵人一、遣二此書於太政大臣里第一。今日、太政大臣申下有二所労一之由上、不レ被レ参二式曹司一。仍如二天慶二三年例一、乍レ在二里第一、見二件奏一。（中略）自二太政大臣家一蔵人帰参。奏二事由一之後、上卿返二給件奏一。（後略）

引用箇所は先に挙げた読奏不出御儀のDに該当し、「件奏」「此書」とは上卿の裁定結果が記された「擬文」のことである。時の太政大臣は摂政藤原忠平であり、この日彼は所労により参内していなかった。そこで蔵人を忠平のもとに派遣し、上卿の裁定結果が記された文書（「件奏」＝「擬文」）を閲覧させ、その上で天皇へ奏上している。摂政が「代二天皇一摂二万機一」る（『西宮記』摂政）地位であることを考えれば、使者を発遣してまで天皇の代行者である摂政を関与させるのは、摂政設置期における読奏への天皇の関与をより厳密なものにするためであろう。[21] ここから、読奏の場合は不出御儀であってもそこへの天皇の関与、特に「擬文」の奏上は読奏の本質にもかかわる重要な要素だったことを読み取れる。

　以上、読奏の基本構造の分析からその特質について言及した。読奏は「読申公文」という古い政務形態の要素を持ち、九世紀半ばには「申文刺文」の要素を取り入れることで、当時の政務一般の変化に柔軟に対応していた。またそれによって、不出御儀においても郡領任用の最終決定に天皇が関与するという読奏の基本構造は維持されたのである。郡領は、天皇の承認のもとで任用されるからこそ、奏任たり得るということを再確認しておきたい。

　天皇とのかかわりの中で郡領を任用するということは、地方有力者の立場からすれば、前々項で述べたように官人として天皇との君臣関係を形成すると同時に、天皇を頂点とする支配者集団内における地位を承認されたことを意味する。また天皇の立場からすれば、自らの権威・権力の下で任用した官人を地方社会に送り込むことで、中央集権的な地方支配体制を現出することになるのである。つまり、郡領の任用手続きの中で天皇の関与が不可欠の要件とされる読奏とは、地方の一有力者を天皇の手によって中央集権的な地方支配の末端を担う官人たる郡領へと昇華させる場であったと位置づけることができよう。叙上の読奏出御儀から不出御儀への変化の在り方も、このような郡領の特質と深くかかわるものだったのである。

それではこのような性質を持つ読奏は、いつ、どのような歴史的状況の中で生み出されたものなのだろうか。そこで次節では、読奏の構成要素をさらに明確にすることで、読奏・郡領の本質・淵源に迫りたいと思う。

二　郡司読奏の構成要素

1　諸司奏としての郡司読奏

本節では読奏を太政官を中心とする古代国家の諸政務の中に相対化することで、その構成要素を明らかにしたい。そこでまず読奏の奏上形態に着目したい。

ここで注目すべきは『日本三代実録』である。『三代実録』では読奏の記事を「式部省奏㆓諸国銓擬郡司擬文㆒……」と式部省の奏上として表現している。そして同時に、ほとんどが不出御儀である。(22) 前節で確認した儀式書の示す不出御儀の次第を参考にすれば、これらの事例でも「奏」や「擬文」が式部官人ではなく上卿、即ち太政官を代表する公卿によって奏上された可能性が想定される。ところが、『三代実録』では公卿による奏上、例えば太政官奏などではなく「式部省奏」と表現されている。これには出御儀の奏上形態が大きく影響していると考えられる。出御儀では最初に「奏」が式部卿により奏上され、奏上主体が式部省であることは明白である。[23] このような読奏の性質が不出御儀に至っても認識され続け、「式部省奏」と表現されたのであろう。このように読奏は式部省が主体となる奏上、即ち諸司奏の一つとして捉えることができる。

太政官制では天皇への奏上は原則として太政官が担い、諸司の上申先も基本的に太政官であった。[24] ところが諸司が直接天皇に奏上する事例も見られ、このような太政官を介さない諸司による奏上は諸司奏と呼ばれている。[25] 吉川真司氏は諸司奏を、その内容から「天皇の存在そのものが直接問題となる局面」に用いた「前代的要素」を含む政務形態と位置づけている。[26] ところが、諸司奏といっても具体的な手続きを見るとその形態は一様ではない。九世紀に成立した『内裏儀式』『内裏式』『儀式』から天皇の御前で行われる諸司奏のうち、奏上主体たる諸司と天皇との遣り取りが具体的にうかがえる例をまとめたのが次の表1である。[27] これらの事例を「天皇の行動」に注目して分類するとA型、B型の二つに分類できる。

次に引用したのは、A型に分類される④卯杖奏（大舎人寮奏）である（『内裏儀式』上卯日献御杖式）。

（前略）大舎人寮先入奏進。其詞曰、大舎人寮奏久、正月乃上卯日乃御杖奉氏進楽乎申給久止奏。勅曰、置之。主典已上倶称唯。畢安㆓簀上㆒退出。（後略）

これは紫宸殿において天皇の御前に参入した大舎人寮が行うものである。大舎人寮の口頭による卯杖献上の報告を受けた天皇は「置ケ」と勅答を与え、その後に卯杖が奉られている。この場合、天皇の勅答は奏上主体の諸司に直接与えられており、案件の奏上とその処理は諸司と天皇の二者によって完結している。これがA型の基本構造である。「無㆓勅答㆒」とされるものも多いが、諸司と天皇の二者で案件処理が完結する点は同様であり、第三者の介在は認め

表1　九世紀の儀式書に見える主な諸司奏（内儀：『内裏儀式』、内：『内裏式』、儀：『儀式』）

No.	儀式名	場所	奏上主体（詞）と経緯	奏上内容	天皇の行動	備考	分類	出典
①	七曜御暦奏（元日）	豊楽院	・中務省（中務省奏久…） ・暦は内侍が奏覧	陰陽寮の作成した暦を天皇に献上	勅答なし	・闈司奏あり ・元日節会の一行事	A	内儀・内・儀
②	氷様・腹赤御贄奏（元日）	豊楽院	・宮内省（宮内省申久…） ・氷様・贄は膳部・水部が回収	主水司の氷の厚さを天皇に報告。また大宰府の腹赤御贄を献上	勅答なし	・闈司奏あり・元日節会の一行事	腹赤贄奏：A 氷様奏：A	内・儀
③	御弓奏（正月七日）	豊楽院	・内舎人（御弓進牟止兵部省…） ・兵部省（兵部省奏久…） ・闈司奏→内舎人が兵部の参入を奏請→兵部省奏 ・弓矢は内蔵寮が回収	兵庫寮の弓矢を天皇に献上	・内舎人奏に対し勅「喚之」 ・兵部省奏に対する勅答なし	・闈司奏あり ・白馬節会の一行事	兵部省：A 内舎人：A	内儀・内・儀
④	卯杖奏（正月上卯）	紫宸殿	・大舎人寮（大舎人寮奏申久…）と兵衛府 ・内蔵寮が杖を回収	大舎人寮と兵衛府が卯杖を天皇に献上	両方に対し勅答「置之」	・闈司奏あり ・これ以前皇太子も内侍に付し献上	A	内儀・内・儀
⑤	郡司読奏（四月二十日以前）	紫宸殿	・式部省 ・卿が「奏」を奉り、読奏者が「読奏」を読み上げる	式部省での銓擬結果を記した「奏」を奉った後、同内容の「読奏」を読み上げる	読申を受け大臣に勅を与える（「随読大臣奉勅且点其定不」）	正奏（奏文）は御所に留める	B	内・儀

⑥	駒牽（四月二十八日）	武徳殿	・左馬寮（某ノ司ノ御馬合テ若干ハ…） ・牘を読み上げる	諸司・諸国の献上した馬の数を奏上する	不明	これ以前に左右御監が御馬奏文を内侍を経て奏上	A	儀
⑦	菖蒲奏（五月五日）	武徳殿	・中務省（中務省申久…）と宮内省（宮内省奏久…） ・菖蒲は内蔵寮が回収	中務省が内薬司の用意した天皇の菖蒲を、宮内省が典薬寮の用意した人給の菖蒲を献上する	両方に対し勅答なし	・闈司奏あり ・端午の節会の一行事	A	内儀・内・儀
⑧	走馬奏（五月五日）	武徳殿	・兵部省（卿：兵部省奏久…） ・卿の奏上後、輔が奏上	卿が五位以上の献じた馬の数を、輔がその毛色等を奏上する	・卿に対し勅答なし ・輔に対しては不明	これ以前に奏文は内侍に付して奏上されている	兵部卿：A 兵部輔：A	内儀・内・儀
⑨	御体御卜奏（六・十二月）	紫宸殿	・宮内省（宮内省申久…）と神祇官（中臣） ・闈司奏→宮内省奏→神祇伯が内侍に付し奏文を奏上→中臣が奏案を読み上げる	天皇の身辺に関する卜の結果を天皇に奏上する	宮内省奏に対し勅「喚之」、神祇伯に対し「将参来」、中臣に対し「参来」。中臣の読申を受け大臣に勅「依奏行之」	大臣が臨席し、中臣の読申を手元の奏案を広げて聞く	宮内省：A 神祇官：B	儀
⑩	御麻奏（六・十二月晦日）	紫宸殿	・宮内省（宮内省申久…） ・宮内省奏の後神祇官等が御服・御麻を天皇に進める	縫殿寮が荒世・和世の御服を、中臣が祓の御麻を進め、天皇は穢れを移す	宮内省奏に対しては不明。中臣に対しては勅「参来」	・闈司奏あり ・天皇が穢れを移した御麻は朱雀門前の大祓所に運ぶ	A	儀・（内儀）

⑪	御贖物奏（六・十二月晦日）	紫宸殿	・宮内省（宮内省申久…） ・宮内省奏後神祇官等が横刀等を天皇に進める	中臣に率いられ、東西文部が横刀進め、中臣が荒世・和世（天皇の身体を量る）、坩を進める	・宮内省奏に対しては不明 ・中臣に対しては「参来」	（・闈司奏あり） ・御麻奏の後に行う ・刀等は河上で解除	A	儀
⑫	御暦奏（十一月一日）	紫宸殿	・中務省（中務省申久…） ・暦は内侍が奏覧する	中務省が陰陽寮の作成した御暦、人給の暦を天皇に献上する	勅答なし	闈司奏あり	A	内・儀
⑬	御宅田稲数奏（十一月）	紫宸殿	・宮内省（四畿内国乃今年供奉礼留…）	御宅田の稲の数量を天皇に報告する	勅答なし	・闈司奏あり ・宮内省奏後、奏文を内侍に付して奏覧	A	内・儀
⑭	大殿祭（十一月）	紫宸殿	・宮内省（大殿供奉牟止神祇官…） ・闈司奏→宮内省奏→中臣・忌部が参入	宮内省奏により神祇官が参入し、仁寿殿で祭を行う	勅答「喚之」	闈司奏あり	A	儀
⑮	御薬奏（十二月）	紫宸殿	・中務省（中務省申久…）と宮内省（宮内省申久…） ・薬は内薬司・典薬寮が回収	中務省が内薬司の用意した御薬を、宮内省が典薬寮の用意した人給の薬を天皇に献上する	両方に対し勅答なし	闈司奏あり	A	内・儀
⑯	御鑰奏	紫宸殿	・監物（司々乃賜物下牟鑰賜止申／賜礼流司々鑰進止申）	諸官司のカギを天皇より受け取る／返す	賜う時は勅「取之」、返却時は「収之」	闈司奏あり	A	内儀
⑰	宿直奏	紫宸殿	・闈司（宿直止侍司乃人等乃名簿乃策九枚進止申）	その日の宿直者の名簿を天皇に進める	勅答なし	一日の政務終了後に行われる	A	内儀

⑱	進節刀奏	紫宸殿	・遣唐大使・征某賊大将軍（大唐国爾遣志使姓名等〈征某賊大将軍姓名〉奏久賜志節刀進止奏） ・大臣が大使・将軍を召す	任務の終了した大使・将軍が節刀を天皇に返却する	大臣に対し勅「令進」。その後大臣は「進礼」と宣す		B	儀
⑲	闈司奏	紫宸殿等	・闈司 ・大舎人が叫門→闈司奏→上奏者が参入して奏上	天皇への奏上を願う者の官位姓名を奏上し、参入の許可をとる	勅答「令申（奏）」	天皇が出御した空間への出入りに際し行われる	A	―

られない。表1から分かるように、諸司奏の大半がこのA型に分類され、従来の考察も主にA型を取り上げてきた。

ところが、この他にB型とした諸司奏も存在する。先述したように、読奏も諸司奏の一つであるが、実はこのB型に分類される。前節で見たように、読奏出御儀の場合、読奏者の読申を受けた天皇はそれが本来式部省からの奏上であるにもかかわらず、「随レ読大臣奉レ勅且点二其定不一」と大臣に勅を下している。つまり、奏上に対する天皇の働きかけは奏上主体である式部省や読奏者ではなく、大臣、即ち太政官に対し行われている。このようにB型の場合、諸司・天皇の二者の他に、大臣（上卿、公卿）によって代表される太政官の介在も確認できるのである。B型は読奏以外に、御体御卜奏と進節刀奏に確認できるのみで、限られた内容の奏上に用いられている。さらにB型の内容に注目してみると、御体御卜の場合、卜占期間や御卜奏当日には他の奏上を行ってはならないという規定があり(28)、御卜に伴い官奏などの国家的政務が停止されてしまう。また進節刀奏は、天皇の持つ軍事大権・刑罰権の委譲を意味する節刀の返却に関するものである(29)。つまりこれらの政務は、他の国家的政務に影響を及ぼす、もしくは天皇大権にかかわる内容を扱う諸司奏であると評価できる。この点はA型のほとんどが、天皇の身体・財産にかかわることに用いられるのと大きく異なっている。進節刀奏を念頭に置けば、B型に属する読奏は天皇の地方支配権にかかわる政務として評価することができるのではないだろうか。

以上のように、諸司奏は大きく二つに分類できる。その際の基準となるのは太政官の介在の有無である。したがってA型は太政官非介在型、B型は太政官介在型と表現することができよう。そして読奏出御儀は太政官介在型諸司奏に分類されるのである。

前節で指摘したように、読奏は不出御儀であっても天皇の関与が不可欠だった。その点では吉川氏が論じたように、天皇の直接的な関与を表現するため読奏は諸司奏の形態をとったと考えられる。しかし、諸司奏であるにもかかわらずそこに太政官が介在するということは、読奏の構成要素が諸司奏のみではないことを示していよう。そこで節を改め、読奏における大臣（上卿）の役割、即ち太政官の介在が、読奏の構成要素としてどのように位置づけられるのか考えてみたい。

2 「定」としての郡司読奏

太政官介在型諸司奏に分類される読奏において、大臣＝太政官の介在はどう位置づけられるのだろうか。『三代実録』では不出御儀における大臣（上卿）の行為は、「於二仗頭一定而奏焉」（貞観三年〈八六一〉五月十一日条）、「於二近仗下一点定覆奏焉」（同四年五月十四日条）など「定」と表現されており、同時に「覆奏」されている。この時期の不出御儀は「仗下」、即ち陣座で行われることも多く、藤木邦彦氏はこれら『三代実録』の記事を陣定の記録であると指摘した。(30) 藤木氏は公卿議定の場である陣定を想定したのであるが、陣座で行われる「定」には諸卿の合議を伴うものと、上卿と参議各一人によって処理されるものの二種類があり、読奏は後者の形態に近い。(31) しかし、読奏不出御儀を

「定」の一種とする視点は継承されるべきであろう。読奏を「定」として表現する史料は他にも見られる。『貞信公記抄』の読奏の記事は、時期的に不出御儀の記録であると考えられるが、「郡司読奏、左金吾定云々」（延喜二十年〈九二〇〉十月二十二日条）や、「郡司読奏、大納言定奏」（天慶八年〈九四五〉十二月五日条）といった表現が見え、上卿の行為は「定」と認識されていたことが分かる。そもそも『西宮記』や『北山抄』の載せる読奏の次第では、上卿が「擬文」に「定」「定少」と書き込むとされており、このことからも上卿の行為は「定」と称すべきものなのである。

以上のように、読奏不出御儀は表記上「定」と分類され得るが、実際の政務形態の面ではどうだろうか。次に掲げたのは『西宮記』陣定事である。

一陣定事　上卿奉レ勅仰二外記一、廻二告諸卿一。々々参会、上卿以伝《ママ》二勅旨一。若有二文書一以二其文一見下。諸卿一々陳二所レ懐之理一。自レ下申上。旧例自レ上定下。上卿或令三参議書二定申旨一、付二頭蔵人一奏聞。軽事以レ詞奏。（後略）

ここに示されるように、陣定は天皇の命によって開催され、天皇によって示された議題にもとづき、公卿たちが各自の意見を述べるもので、最終決定は天皇や摂関に委ねられていた。[32] また先述したが、この陣定以外にも合議を伴わない「定」と称される政務も存在し、内容的には天皇と大臣（上卿）のみで決定可能な人事が主である。[33] この場合でも天皇の指示によって「定」が行われ、結果が奏聞された上で最終決定されることから、[34] 合議の有無を別とすれば基本構造は陣定と変わらない。つまり「定」と称される政務は、天皇から提示された案件を単独もしくは複数の公卿が検討・審議して答申し、天皇の意思によって最終決定されるというものなのである。

では読奏の場合はどうだろうか。まず天皇からの「定」の指示であるが、不出御儀の場合、前節第2項でまとめたように、天皇への報告と許可の上で読奏が開始されている。また上卿が最初に「奏」を奏上する際、前掲の『侍中群要』巻三には、蔵人が「奏聞之後、還二弓場殿一、相二伝宣旨一」と見え、奏上に伴う天皇の仰せが上卿に伝えられる場合を想定している。『三代実録』の「式部省奏（中略）大臣奉レ勅、於二近仗下一点定覆奏」（貞観四年五月十四日条）という表現からも、天皇から「定」の指示が出されたと考えられる。このように、不出御儀は天皇の指示によって開始されていることが確認できる。勿論その際に提示される案件は、式部省から奏上されてきた郡領人事である。次に、審議結果の天皇への答申であるがこの点は明瞭である。上卿が裁定結果を書き込んだ「擬文」を再び奏上する過程がこれに相当する。『三代実録』のいう「覆奏」である。これは同時に、郡領人事の最終決定権が天皇にあることを示している。

陣定やそれ以外の「定」と比べ、場が宜陽殿であるなどの違いは見られるものの、天皇の指示による開催、審議結果の覆奏という点から、不出御儀は「定」の要素を備えていると看做してよい。それでは、このような「定」としての性質は出御儀に敷衍できるのだろうか。ここで注目したいのは、出御儀における大臣の「点二定不一」という行為である。この行為は「奉勅」を前提とし、さらに天皇の面前で行われることから、儀式書等には明記されないが、その結果は天皇にも伝わっているはずであり(35)、最終的には天皇の了承のもとで任官が確定したと考えられる。これらを総合すれば出御儀にも天皇の勅を発端とし、結果の覆奏と天皇による承認という「定」の要素を見出せるのではないだろうか。

ここで、平安時代の除目と御前定(36)の関係に注目したい。御前定については、その際の座の舗設が除目に類似すること(37)などから、安原功氏は除目を御前定の一つとして捉え、その本質を「律令諸制・官僚制の観念的体現者としての天皇の御前の場での議定」と位置づけている(38)。このような見解については、除目や叙位は一上（執筆）と天皇の二者間で完結するものであり、公卿合議の定（御前定）とは看做せないという大津透氏の指摘(39)もある。しかし、先述したように「定」と称する政務は必ずしも合議を伴うとは限らず、また大津氏も認めているように、除目の中で行われる顕官挙や受領挙には公卿合議としての側面を見出すことができる。次に掲げたのは『西宮記』除目の顕官挙についての記述である。

挙事。自二御簾中一被レ下二申文一。毎レ束付二短尺一。大臣已下見下、至二参議座一選定。一闕三人已下申文返上。至二大納言座一返下、令三参議書二一紙一。（中略）大臣奏進、此中依レ仰任。（後略）

これによれば顕官の申文は、天皇から執筆を経由して除目に参列する公卿等に下され、彼らによって複数の候補者が「選定」される。そしてその結果は、参議が一紙にまとめた上で奏上され、その中から天皇の「仰」により任官者が確定されることになる。[40]このように顕官挙では、天皇からの申文の下給＝天皇からの指示を端緒に、公卿たちが任官候補者を選定し、その結果にもとづいて天皇が最終的に任官者を確定しているのである。ここで留意すべきは、顕官（外記、史、式部・民部丞、衛門尉[41]）は養老選叙令3任官条によれば郡領同様奏任に区分される一方、太政官に銓擬権があるということである。[42]つまり、天皇の指示によって公卿たちが行う顕官挙は、奏任の任官に際しての太政官の銓擬と位置づけることができる。そしてその結果は奏上され、最終的には天皇の判断により任官が確定しているのである。『令集解』の選叙令3任官条の引く跡記は、奏任について「官任レ定奏聞耳」とするが、叙上の顕官挙にもとづく任官は、まさに「任レ定奏聞」した上で確定されていると解釈できる。したがって、「定」と称し得るものなのである。[43]

このように顕官挙に注目するならば、除目を「定」の一種、即ち御前定と捉えることができるだろう。したがって先に推測したように、同じ奏任である郡領にかかわる読奏出御儀にも「定」、それも御前定としての側面が見出されるだろう。[44]郡領の場合、銓擬権が式部省にあるため銓擬と太政官の承認が別々に行われるのに対し、顕官挙ではそれらが同時に行われるという違いを除けば、両者の基本構造は同じである。このように、出御儀の大臣による「定不」の決定という行為に「定」の要素を見出すことは十分可能なのである。

以上のように、読奏における太政官の介在は「定」の範疇で理解できる。したがって前項の結論と併せて考えるならば、読奏とはまず郡領の人事案を式部省奏として奏上し（諸司奏）、天皇はその人事案を大臣（太政官）に示して審議・覆奏させた上で最終的に認可する（「定」）、という手続きにより構成されているのである。つまり郡領人事は、〔諸司奏→定〕という政務の流れの中で処理されるのである。そしてこのような在り方が出御儀においても認められることから、〔諸司奏→定〕という政務処理は少なくとも九世紀まで遡り、出御儀が「読申公文」の政務形態をとることを考えれば、八世紀以前に遡る可能性も十分に想定できるのである。

十世紀以降の太政官の政務処理手続きを考察した曽我良成氏は、外記政庁申文など、申文によって上申された案件の中には天皇の指示によって陣定にかけられる事例が見られることから、これら申文と「定」が一連の政務処理過程に位置づけられることを指摘した。さらに院政期に顕著に見られる、太政官を経ずに天皇や院に直接上申を行う奏事による案件も、陣定にかけられたことを明らかにしている。[45] これら摂関期以降の政務処理の在り方と読奏とを同一に論ずることについては慎重を期さなければならないが、申文や奏事と「定」を一連のものと捉える視点は参照されるべきであろう。

以上の考察を通して、読奏の構成要素として諸司奏的要素と「定」的要素の二つを抽出できた。これは郡領人事は天皇に直接奏上されるものでありながら、その決定には太政官への諮問と答申を要したということを示している。郡領候補者たる地方有力者たちは天皇とのかかわりの中で郡領に転身していくと同時に、そこには太政官の関与も必要だったのである。このような郡領の性格が読奏に太政官奏でもなく、単純な諸司奏（太政官非介在型）でもなく、その中間的な形態（太政官介在型）をとらせているのだろう。それでは、このような読奏の構成要素の淵源はどこに求められるのだろうか。次節ではこの点を論じたい。

三　郡司読奏の成立

1　鍾匱の制

前節では読奏の政務処理方式が〔諸司奏↓定〕として理解できることを示した。ではこのような政務処理方式はいつまで遡り、どのような歴史的状況の中で成立したのだろうか。そこで、太政官に相当する組織を通さず天皇に対し直接上申され（諸司奏的要素）、その内容が太政官に相当する組織への諮問と答申を経て、最終的に天皇によって処理される（「定」的要素）という案件処理形態に着目したい。すると大化元年（六四五）に制定された「鍾匱の制」が注目される。

『日本書紀』大化元年八月庚子条には、東国国司詔とともに鍾匱の制に関する詔も収載されている。この制は大王が人民の訴えや諫言を募るというものであるが、関晃氏はその史実性を認め、さらに政治上の意見や諫言に限らず民間の争訴など幅広い案件を対象としたことを指摘した(46)。しかし大王の関与の在り方や、後世の制度とのかかわりなどについては再考の余地があるように思われる。そこで以下、大化の鍾匱の制の再検討を試みたい。

鍾匱の制の関連史料は以下の二つである。

・『日本書紀』大化元年八月庚子条

（前略：東国国司詔）是日、設二鍾匱於朝一。而詔曰、α若憂訴之人、有二伴造一者、β其伴造、先勘当而奏。α有二尊長一者、β其尊長先勘当而奏。若其伴造・尊長、不レ審レ所レ訴、収レ牒納レ匱、以二其罪一々之。γ其収レ牒者、昧旦執レ牒、奏二於

内裏一。朕題《δ》二年月一、便示《ε》二群卿一。（後略）

・同大化二年二月戊申条

二月甲午朔戊申。天皇幸二宮東門一。使二蘇我右大臣詔一曰、明神御宇日本倭根子天皇、詔二於集侍卿等臣連国造伴造及諸百姓一。（中略）朕前下レ詔曰、（中略）懸レ鍾設レ匱、拝二収レ表人一、使《αβ》三憂諌人納二表于匱一。詔《γ》二収レ表人一、毎レ旦奏請。朕得《δ》二奏請一、仍示《ε》二群卿一、便使《ζ》二勘当一。（中略）故今顕二示集在黎民一、其表称、縁レ奉二国政一到二於京一民、官留使二於雑役一云々。朕猶以レ之傷惻。（中略）毎レ念二於斯一、未二嘗安寝一。朕観二此表一、嘉歎難レ休。故随二所レ諌之言一、罷二処々之雑役一。（中略）又詔、集在国民、所レ訴多在。今将レ解レ理。諦聴レ所レ宣。其欲レ決レ疑、入レ京朝集者、且莫二退散一、聚二侍於朝一。（後略）

元年詔と二年詔とでは表現の違いが見られるが（以下元年詔の用語に統一）、同一の手続きを示すことは明らかである。その手続きは、

α「憂訴人」が「伴造・尊長」に憂訴内容を伝える。

β「伴造・尊長」は憂訴内容を「勘当」し「牒」を作成して「匱」に投函する。その際「伴造・尊長」は憂訴内容に対し責任を負う。

γ毎朝「収牒者」が「牒」を回収し大王に「奏請」する。

δ大王が「牒」に「年月」を記入する。

ε大王が「牒」を「群卿」に示す。

ζ「群卿」が「勘当」する。

とまとめることができる。この案件処理システムを理解する上で問題となるのが、「伴造・尊長」と「群卿」による

「勘当」、そして大王の「題二年月一」という行為である。この二点を手がかりに鍾匱の制の案件処理構造を考えたい。

まず「勘当」の意味を考えたい[47]。六国史や養老令の「勘当」の用例を見てみると、この語は、i事実関係の調査・検査、ii不当行為への科罪、という二つの意味で用いられている。iiが本来的な意味のようであるが[48]、特に令文ではほとんどiの意味で用いられている。さらに注目すべきは、単なる調査・検査にとどまらず、その結果にもとづく処分案が上申される場合が見られることである[49]。前掲二年詔には鍾匱の制の実施例として中央における雑役の停止が挙げられている。この実例から、鍾匱の制の「勘当」も、iの意味で解釈すべきである。すると、「伴造・尊長」による「勘当」とは、彼らの管轄下の者たちからの訴えに対する調査・検査を意味することになる。また彼らは「牒」を作成し投函していることから、処分案の上申も伴っている。つまり「伴造・尊長」は上訴内容を審査し、大王へ上申する役割を担っているのである。同様に、「群卿」による「勘当」も大王から示された「牒」の内容審査を意味していると考えられ、後に触れるが二年詔での雑役停止は最終的に大王の判断で停止されていることから、審査結果の大王への上申も伴っていたと考えられよう。

次に、大王の「題二年月一」という行為を考えたい。これは大王の主体性にかかわる問題である[50]。二年詔では中央における「民」の雑役への使役を憂う「表」(=「牒」)に対し、「表」の受理から雑役停止の決定に至るまで、大王の主体性を示す表現が見られる(傍線部)。確かに「群卿」の「勘当」の上での決定ではあるが、この「勘当」は「表(牒)」を受理した大王の指示にもとづくものである(γ→δ→ε)。したがって「題二年月一」という行為は『日本書紀通釈』(巻五十七)の指摘するように、養老公式令1詔書式条の「御画日」に通じる行為と看做せるだろう。「御画日」も詔の内容が太政官に送付される以前の行為である。即ち大王の「題二年月一」という行為は、大王自身の責任のもとで「表(牒)」を受理したことを示す行為であり、これを前提とした「群卿」の「勘当」結果を踏まえ、大王自らが最終判断を下したと考えられるのである。以上のように、鍾匱の制における大王の主体性は十分に認められる。

以上、「勘当」と「題二年月一」について検討を加えてきた。その結果この鍾匱の制は、憂訴内容が「伴造・尊長」の「勘当」を経た上でまず大王に奏上され（α～δ）、大王はその内容を「群卿」に諮問し（ε）、その審議結果の答申（ζ）を受けた上で最終処分を下すという手続きを踏むと考えられる。ここで注目すべきことは、第一に「伴造・尊長」の「勘当」を経た案件が「群卿」らを介することなく大王にもたらされていることである。「牒」の奏上を行う「収牒者」には「勘当」機能は認められず、このことから大王は、「伴造・尊長」の作成した「牒」と直接対峙したことが分かる。つまり「伴造・尊長」の上申は、大王を直接の対象とするものである。このような「伴造・尊長」の上申の在り方から、鍾匱の制に諸司奏的要素を見出せるだろう。第二に注目すべきは、「牒」を受理した大王がその内容を「群卿」に示し、審議・上申させた上で決定を下す点である。この天皇の意思による諮問と答申という一連の手続きは、前節で見た「定」の手続きそのものである。したがって鍾匱の制には「定」的な要素も見出すことができる。

このように鍾匱の制は、〈諸司奏→定〉という政務処理手続きと極めて類似した構造を持つと考えられる。即ち「伴造・尊長」は諸司に、大王は天皇に、「群卿（マヘツキミタチ）」は太政官[51]に対応させることができる。すると、孝徳朝大化年代に読奏と類似した構成要素を持つ案件処理システムが成立していたことになる。ではこの鍾匱の制と読奏との間に何らかの関係を見出すことができるのだろうか。そこで、大化元年の鍾匱の制制定の詔と同日に出された東国国司詔に注目してみたい。

2　評官人と鍾匱の制

大化元年八月の東国国司詔には国司の職務が記されている。ここではその中の、

> 若有二求レ名之人一、元非二国造・伴造・県稲置一、而輙詐訴言、自二我祖時一、領二此官家一、治二是郡県一。汝等国司、不レ得三随レ詐便牒二於朝一。審得二実状一而後可レ申。

という職務に着目したい。薗田香融氏はこれを評官人の任命準備作業と理解し[52]、早川庄八氏は薗田説に依拠しつつその作業を具体的に推測した[53]。氏は同詔で国司が帰京に同伴することを許された「国造・郡領」を評官人候補者と看做し、彼らが大化二年八月まで在京していることから、中央においてその審査が行われたと考えた。さらにその審査に際しては、鍾匱の制に見られるような「群卿」の審議が行われていた可能性も指摘している。首肯すべき見解であり、このような手続きは後の郡領任用手続きに継承されたと考えられる[54]。ここで注目されるのが、前項で明らかにした鍾匱の制の構造である。鍾匱の制は読奏の持つ〔諸司奏→定〕という政務処理構造と極めて類似していた。したがって、鍾匱の制制定の詔が評官人候補者の選定を任務とされた東国国司への詔と同時に出されているのは示唆的である。もし評官人の審査に鍾匱の制が準用されるのであれば、ここに読奏の淵源を求めることができる。

そこで、大化二年詔の宣布状況に注目したい。二年詔では鍾匱の制の理念や手続きに再度言及し、さらに中央における雑役の停止という実例も示している。「今顕二示集在黎民一」という表現からも、二年詔に鍾匱の制の有効性を強調するデモンストレーションとしての側面が見出せるだろう。そしてこれに続き、中央で解決されるべき案件を抱え入京した者に対し、決が下るまで逗留することを指示する詔も出されている（前項引用史料点線部）。彼らも前半のデモンストレーションの対象に含まれていたであろうから、彼らの抱える案件も鍾匱の制と同様の手続きで処理された

と考えられよう。さらに留意すべきは、詔の宣布対象である。ここには「国造」が含まれており、後半部分の「入京朝集者」という表現から推して、この日の宣布対象に「国造」が含まれたことは確実だろう。そして早川氏によれば、この「国造」の中には上京していた評官人候補者が含まれるのである。彼らの前で鍾匱の制の有効性を威示し、決が下るまでの在京を指示しているということは、彼らの抱える最大の案件、即ち評官人への任用の可否にも鍾匱の制が準用されたからなのではないだろうか。

元年詔では管轄下の者たちの訴えを上申するため、「伴造・尊長」は「勘当」を行い「牒」を作成するとされていた。そして同日の東国国司詔でも、国司は任地の有力者たちの要求を「審得二実状一」た上で「朝」に「牒」すよう指示されている（前掲史料波線部）。「伴造・尊長」にしろ国司にしろ、自らの管轄内における訴え・要求を審査した上で中央に「牒」すことが求められているのである。このように、国司の任務には鍾匱の制における「伴造・尊長」の役割と共通する部分が見出される。また大化元年八月の東国国司詔が、国司に対する「親誨」と表現されるように（『日本書紀』大化二年三月辛巳条）、国司は大王自らが任命・派遣する直属の使いとしての性格を有している。このような大王・国司の関係は、国司の報告（「牒」）が鍾匱の制の「牒」と同様、「群卿」を介することなく直接大王に行われた可能性を想起させる。このような点からも、評官人候補者の審査に鍾匱の制が準用された可能性が高いのではないだろうか。

叙上のように、鍾匱の制が孝徳朝大化年間において評官人の任命準備作業に準用されていた可能性は極めて高い。とするならば、鍾匱の制には大王も「群卿」も関与しており、諸司奏的要素と「定」的要素を併せ持つという構造的類似からも、ここに読奏の淵源を求めることは十分可能であろう。(55) このことは、奈良・平安時代において立郡（立評）が孝徳朝と認識されていることと整合性を持つ。(56)

以上孝徳朝に創始された鍾匱の制に、読奏の制度的淵源を求め得ることを示した。前項で触れたように、鍾匱の制には大王の主体性を十分認めることができる。この制と同様の手続きで評官人が任用されるとするならば、評官人は大王の主体性のもとで任用されることになる。したがって郡領同様、評官人も地方有力者が大王とのかかわりの中で転身した姿だったと考えることができるだろう。このように読奏や郡領の持つ特質の淵源は、孝徳朝に求められる。するとこれらの問題も、孝徳朝を含む七世紀半ば以降の中央集権的国家形成史と無関係ではないだろう。そこで最後に、七世紀の中央集権化の流れの中で読奏や郡領の成立意義、ひいては古代国家の地方支配原理について考えてみたい。

おわりに――中央集権化と読奏・郡領――

以上、第一節では読奏は天皇の関与を不可欠の要素とし、地方有力者はその読奏を経ることによって郡領へと転身したことを指摘した。第二節では読奏が太政官介在型諸司奏に分類されることを示し、諸司奏的要素と「定」的要素の二つによって構成されることを明らかにした。そして前者は読奏への天皇の直接的な関与と関連し、後者は郡領の任用には天皇のみならず太政官の関与も要することを示していることを指摘した。第三節では諸司奏的要素と「定」的要素の双方を併せ持つ鍾匱の制に注目し、読奏との構造的類似や評官人の任用準備作業に際しこの制が準用されたと考えられることから、ここに読奏の制度的淵源が求められ得ることを示した。それでは、叙上のような特質を持つ読奏・郡領はいかなる歴史的背景のもとで出現したのだろうか。そこで、孝徳朝以前の大王と地方豪族との関与の在り方に注目してみたい。

次に掲げたのは『日本書紀』宣化天皇元年五月条である。

夏五月辛丑朔。詔曰、食者天下之本也。（中略）故朕遣二阿蘇仍君一、未詳也。加運二河内国茨田郡屯倉之穀一。蘇我大臣稲目宿禰、宜下遣二尾張連一運中尾張国屯倉之穀上。物部大連麁鹿火、宜下遣二新家連一運中新家屯倉之穀上。阿倍臣、宜下遣二伊賀臣一運中伊賀国屯倉之穀上。（後略）

これは四つの屯倉の穀を運送させた際の記事である。ここで注目すべきは、河内の屯倉の穀は大王の直接の指示で運送されるのに対し、他の三つの屯倉の穀は蘇我稲目、物部麁鹿火、阿倍臣（大夫として宣化元年二月に見える大麻呂か）を介して運送されている点である。つまりこの三屯倉の場合には大王の指示だけでなく、中央有力豪族の指示も要したのである。したがって、実際に穀を運送した尾張連、新家連、伊賀臣は蘇我氏以下の中央有力豪族の支配下に置かれていたと考えられる(57)。そして尾張連以下の氏族は、後世それぞれの地域に郡領氏族として現れる地方豪族である(58)。屯倉が設定されている以上、彼らと大王との間には支配関係が成立していたはずであるが、この記事が示すように、地方豪族は大王の直接的・一元的な支配下にあるのではなく、その間には中央有力豪族が介在していたのである。むしろ大王と地方豪族との関係は、中央有力豪族＝マヘツキミ（大夫・群卿）と地方豪族との間に結ばれた支配関係を前提としたのであろう。このような支配関係の在り方を示す史料は他にも散見する(59)。

この大王・中央有力豪族・地方豪族の三者関係は、鎌田元一氏の示した部民制理解と整合する(60)。多元的・重層的な部民制的支配体制のもとでは、地方支配における大王の権限は間接的なものにとどまらざるを得ない。確かに地方豪族が大王と直接的な関係を有した時期もあった。長山泰孝氏は、四世紀末から五世紀にかけての前期大和政権の外交使節・軍事指揮官に多く地方豪族が登用されていることから、地方豪族が王宮に出仕し、大王と直接的な関係を結んでいたと指摘する(61)。吉村武彦氏は、地方豪族の職位である国造の地位は大王の面前での儀礼を通して承認されたと想定しているが[62]、その前提には長山氏が指摘したような中央における地方豪族の活躍があったと考えられよう。しかし、長山氏が指摘するように、六世紀に入ると支配体制の変化により地方豪族の中央における活躍が見られなくなる。この変化と部民制とのかかわりは看過できない。その意味で、中央有力豪族と地方豪族との支配関係が国造制・部民制が整った六世紀中葉以降に構築されたとする吉田晶氏の指摘[63]は重要である。したがって、部民制的支配体制の成立前後では、大王・中央有力豪族・地方豪族の三者関係に大きな相違が認められるのではないだろうか。

読奏には天皇の関与が不可欠だった。だからこそ、地方有力者たちは奏任たる郡領に転身できたのである。したがって孝徳朝にいかに前身的な形態であれ、殊更に天皇の関与を強調する諸司奏的要素を持つ手続きが用いられたことは、評官人が天皇の直接的な関与のもとで任用されることを示しており、大王と地方豪族の直接的な支配関係を象徴している。ここにこそ評制成立の歴史的意義が見出されるのである。確かに「定」的要素も見られ、「群卿」が関与している。しかし彼らの関与が大王の指示を前提としていること、そして最終決定は大王により下されることを忘れてはならない。孝徳朝における評制の創出は、多元的・重層的な部民制的地方支配体制から、評官人（郡領）を通した大王（天皇）による一元的な地方支配体制への転換という中央集権化の基礎的政策の根幹をなすものであり、そのことを制度的に象徴したのが後に読奏へと結実する評官人の任用手続きだったのである。読奏は九世紀の儀式書までその詳細を伝える史料は存在せず、八・九世紀の郡司制度を概観すると幾度もの任用基準や方法の変遷が見られる。しかし重要なことは、そこで問題とされたのが任用方法の政策的・技術的修正・変更であって、国擬→式部省銓擬→読奏→郡司召という任用手続きの枠組みそのものは何ら変更されなかったことである。したがって読奏は、天皇の直接的な関与のもと郡領を任用することで、中央集権的な地方支配体制を象徴するという役割を一貫して担い続けたのである。

ここに至り読奏の二つの構成要素の由来が明らかになる。つまり、諸司奏的要素は天皇と郡領の直接的な結びつきによる、中央集権的地方支配体制を象徴するという読奏の機能と深くかかわり、「定」的要素は部民制的支配関係の遺制と位置づけることができるのである。それでは、このような特質・淵源を持つ読奏成立の歴史的意義とは何だったのか。

本章では読奏の起源を孝徳朝に求めた。これはこの時期に中央集権的国家形成の画期を見出せることを意味している。しかし、孝徳朝の評価をめぐっては様々な議論が繰り広げられており[64]、中央集権化の画期は律令体制の成立を指標とし、天武・持統朝に見出すのが一般的である[65]。七世紀以降の国家形成史の流れが中央集権化を目指すものであることは、その主要課題が部民制の克服にあったことから明白である。しかしここで注意を要するのは、部民制の克服が中央集権化を意味してはいても、律令体制の成立を直接に意味するわけではないことである。律令制の導入は飽くまで集権化のための手段である。部民制の克服と律令体制の成立は表裏の関係にあるわけではない。とするならば、律令体制の成立のみをもって集権化の指標とする視点は十全なものとはいえない。確かに律令制は日本の国家や社会に大きな影響を与えた。しかし、七世紀の為政者たちの本来の目的は中国的な律令国家そのものの建設ではなく、多元的・重層的な支配体制から大王（天皇）を中心とした集権的な支配体制への転換にあったとするべきではないだろうか。律令制はそのための手段の一つである。その意味で、部民制的な大王と地方豪族の在り方が、孝徳朝に評制や読奏の創出によって変化したことの歴史的意味は見過ごすべきではない。地方豪族を大王（天皇）の直接的な関与のもとで任用する制度の確立は、中央集権的な地方支配体制に向けた大きな一歩と位置づけることができよう。したがってって本章では孝徳朝の歴史的役割を高く評価すると同時に、天皇と郡司（郡領）が直接的な関係を結ぶということが、古代日本の地方支配原理であったと結論づけたい。だからこそ次章で触れるように、天皇と郡司（郡領）の直接的な関係は場合によっては任用法令による規制を超越し、八〜十世紀を通して維持され続けたのである。(66)叙上の理由から、郡司（郡領）は古代国家にとって重要な存在であったということを指摘し、「はじめに」において本章に課した課題に答えたいと思う。

それでは、このような古代国家の地方支配原理はいつまで確認されるのだろうか。『本朝世紀』正暦元年（九九〇）十二月九日条は藤原道隆摂政期の読奏不出御儀の記事である。この時摂政道隆は参内していなかった。しかし上卿藤原顕光は、摂政邸に使いを発することなく天皇への覆奏を行い読奏を終えている。この点は第一節で挙げた天慶四年の例とは大きく異なっている。摂政により天皇大権の一部が担われている状態であるにもかかわらず、その摂政を介在させずに郡領人事を決定していることは、覆奏されているとはいえ、郡領人事に対する天皇の権限が十全に反映されているとはいえない。これは読奏への天皇の関与がそれほど重要視されなくなったことを意味しているのではないだろうか。有富純也氏は十世紀半ばになると地方支配にかかわる場面への天皇の直接的な関与が見られなくなることを指摘している。(67)先に見た読奏の変化も、この動向の中で理解され得るものであろう。管見の限りでは、読奏の最終実施例は寛仁四年（一〇二〇）閏十二月二十七日（『小右記』『左経記』）であり、『江家次第』にはもはや読奏の記載は見られない。このことは孝徳朝に評制として出発し、八〜十世紀を通して維持されてきた天皇と郡司の直接的な関係を基軸とする古代国家の地方支配原理が、もはや過去の遺物として現実にも理念的にも機能しなくなったということを意味しているのであろう。十世紀半ば以降の国家は、新たな地方支配原理を模索することとなったのである。それがいかなる理念のもと、どのような形で進行したのかという点についてはもはや本章の限界を超えた問題であろう。

註

(1) 石母田正『日本の古代国家』(『石母田正著作集　第三巻』岩波書店、一九八九、初出一九七一)。
(2) 早川庄八「解説」(『石母田正著者作集　第三巻』岩波書店、一九八九)。
(3) 今津勝紀「雑徭と地域社会」(『日本史研究』四八七、二〇〇三)。
(4) 佐藤信「地方官衙と在地の社会」(『日本の時代史4　律令国家と天平文化』吉川弘文館、二〇〇二)など。
(5) 須原祥二「八世紀の郡司制度と在地」(『古代地方制度形成過程の研究』吉川弘文館、二〇一一、初出一九九六)。
(6) 坂本太郎「郡司の非律令的性質」(『坂本太郎著作集　第七巻』吉川弘文館、一九八九、初出一九二九)。
(7) 早川庄八「選任令・選叙令と郡領の「試練」」(『日本古代官僚制の研究』岩波書店、一九八六、初出一九八四)。
(8) 本書第一部第二章。
(9) 前掲註(7)早川論文、森公章「評司の任用方法について」(『古代郡司制度の研究』吉川弘文館、二〇〇〇、初出一九九七)、本書第三部第一章註(10)参照。
(10) 早川庄八「八世紀の任官関係文書と任官儀について」(前掲註(7)書、初出一九八一)、西本昌弘「八・九世紀の内裏任官儀と可任人歴名」(『日本古代儀礼成立史の研究』塙書房、一九九七、初出一九九五)によれば、平安時代の儀式書等からうかがえる除目の在り方は八世紀まで遡り得るものである。
(11) 竹内理三「律令官位制に於ける階級性」(『竹内理三著作集　第四巻』角川書店、二〇〇〇、初出一九五一)、石母田正「古代官僚制」(『石母田正著作集　第三巻』岩波書店、一九八九、初出一九七三)、八木充「律令官人制論」(『岩波講座　日本通史　第四巻』一九九四、岩波書店)。
(12) 前掲註(6)坂本論文。
(13) 郡司読奏の先行研究には、須原祥二「式部試練と郡司読奏」(前掲註(5)書、初出一九九八)、森公章「試郡司・読奏・任郡司ノート」(前掲註(9)書、初出一九九七)等があるが、これらの先行研究では読奏自体の制度的・歴史的役割が明らかにされているとはいいがたい。
(14) この部分のテキストは「大少輔進執二読奏一時有レ勅曰、某読レ之。被レ命者称唯、就二読奏座一披レ簿読レ之」となっており、傍線部の「某」が写本によっては「其」になっている（『内裏式』も同様）。しかし「其」では意味がとれないことから「某」と判断し。「某、之ヲ読メ」と解釈した。

（15）　ここで用いられる「奏（筥）」「読奏（筥）」「簿」について補足しておく。まず読奏者が読み上げる「簿」は、読奏者の座に用意される「読奏（筥）」と同一である。また天皇は「奏」を手元に「読奏（簿）」の読申を聴くことから、この両者も同一内容と考えられる。吉川真司氏は『内裏儀式』少納言尋常奏式を例に、口頭での奏上の場合でも、天皇・奏者双方が同内容の文書を手にしていたことを指摘している（「申文刺文考」『律令官僚制の研究』塙書房、一九九八、初出一九九四）。なお「奏」「読奏」の内容は、式部省での銓擬結果と考えられる。

（16）　ここで用いられる「奏」「擬文」「奏案」について補足しておく。式部輔の「奏案」の読申を聴きながら上卿は手元の「擬文」に裁定結果を書き記すことから、この両者は同一内容であろう（『西宮記』郡司読奏では双方「擬文」と表現）。そして天皇はその「擬文」と「奏」を見比べることで宜陽殿での審議を把握することから、この両者も同一内容であろう。また『西宮記』や『北山抄』には「擬文」の構成が記されており、式部省での銓擬結果を踏まえて作成されたものであることが分かる（前掲註（13）須原論文参照）。

（17）　前掲註（15）吉川論文。

（18）『日本三代実録』貞観十三年（八七一）二月十四日条。

（19）　神谷正昌「九世紀の儀式と天皇」（『平安宮廷の儀式と天皇』同成社、二〇一六、初出一九九〇）。

（20）　同右。

（21）　官奏の例だが『本朝世紀』同年十一月二十六日条には「主上御即位之後、今日初聞二食官奏一。従二太政大臣摂政一以来、頃年弁史持二官奏書一、参二彼里第一奏下矣」とあり、同様の事例である。

（22）『三代実録』の例と具体的内容については次章の表2参照。

（23）　なお、読申を行う読奏者については、実例が参議左大弁藤原山蔭と参議式部権大輔菅原道真の二例しか確認できず判然としない（『三代実録』元慶八年〈八八四〉四月二十三日条、『西宮記』郡司読奏所引『寛平日記』寛平五年〈八九三〉もしくは六年）。しかし道真は式部輔であることから、式部輔が務めることが望ましかったのではないだろうか。なお、山蔭が読申を行った際の記事でも式部省奏として表現されている。

(24) 延喜太政官式1庶務条など。

(25) 吉川真司「律令官司制論」(『日本歴史』五七七、一九九六)、春名宏昭「諸司奏と百官奏事」(『日本律令制の構造』吉川弘文館、二〇〇三)。

(26) 前掲註(25)吉川論文。

(27) 他史料にも類例が見られるが、記述の具体性を重視し儀式書からの事例を収集した。また内侍に付けて奏上する「直奏」も除外している。

(28) 延喜民部式上105御体御卜条、『江家次第』巻七六月御体御卜。

(29) 節刀に関しては、瀧川政次郎「節刀考」(『国学院大学政経論叢』五―一、一九六一)、北啓太「律令国家における将軍について」(『日本律令制論集　上巻』吉川弘文館、一九九三)、鈴木拓也「桓武朝の征夷と造都に関する試論」(近畿大学文芸学部論集『文学・芸術・文化』一三―二、二〇〇二)参照。

(30) 藤木邦彦「陣定」(『平安王朝の政治と制度』吉川弘文館、一九九一、初出一九六一)。

(31) 美川圭「公卿議定制から見る院政の成立」(『院政の研究』臨川書店、一九九六、初出一九八六)。ただし読奏には複数の公卿が参入するが、第一節第2項で確認したように、その内容は公卿議定とは看做しがたい。

(32) 土田直鎮『日本の歴史5　王朝の貴族』(中央公論社、一九六五)など。なお右掲の『西宮記』本文中の「上卿以《ママ》伝勅旨」については、前田尊経閣文庫所蔵巻子本に拠ったが、宮内庁書陵部所蔵壬生官務家旧蔵本には「以」字はない。

(33) 大津透「摂関期の陣定」(『山梨大学教育学部研究報告』四六、一九九五)。

(34)『西宮記』季御読経事・僧名定事、一代一度仁王会、臨時仁王会など参照。

(35)『内裏式』『儀式』によれば読奏者の座には硯が用意されることから、大臣は「定不」を口頭で伝え、読奏者が手元の「読奏」に書き込んだと想定される。したがって、同席している天皇にもその結果は伝わったはずである。

(36) 前掲註(31)美川論文、安原功「昼御座定と御前定」(『年報中世史』一四、一九八九)、坂本賞三「「御前定」の出現とその背景」(『史学研究』一八六、一九九〇)、前掲註(33)大津論文など参照。

(37)『西宮記』御前定、『江家次第』巻十八陣定事。

(38)前掲註(36)安原論文。

(39)前掲註(33)大津論文。

(40)以上、顕官挙の手続きについては『西宮記』除目、『北山抄』巻三除目事、『江家次第』巻四除目参照。

(41)『西宮記』除目に「凡挙、外記・史・式部民部丞、左右衛門尉也」とある。

(42)前掲(7)早川論文。

(43)なお本章では顕官挙のみの考察にとどまったが、除目における種々の任官、即ち四所籍・年官・受領挙などについての個別の検討が必要であろう。これらの構造や特質を明らかにすることにより除目の全体像、ひいては古代国家の人事の在り方が解明されるのではないだろうか。拙稿「年官ノート」(『日本研究』四四、二〇一一)参照。

(44)平安時代の除目の在り方は八世紀まで遡る可能性が指摘されている(前掲註(10)早川・西本論文)。したがって、これらの知見は読奏出御儀の考察にも有効である。

(45)曽我良成「太政官政務の処理手続」(『王朝国家政務の研究』吉川弘文館、二〇一二、初出一九八七)。

(46)関晃「鐘匱の制と男女の法」(『関晃著作集　第二巻』吉川弘文館、一九九六、初出一九六八)。

(47)関氏は「勘当」を憂訴内容の裁断まで意味する可能性と、簡単な審査にとどまる可能性を併記し、群卿の「勘当」は審議・決定の意で解している(前掲註(46)関論文)。また井上光貞氏は「伴造・尊長」の「勘当」は誤った訴えを上奏しないための審査、群卿の「勘当」は審理・裁断の意で解している(日本古典文学大系68『日本書紀』下、一九六五、岩波書店、補注25—九)が、必ずしも明確にされていない。

(48)諸橋轍次『大漢和辞典』。

(49)『続日本後紀』承和十年(八四三)四月己未条、軍防令36篇点次条、同76放烽条、公式令85授位校勲条。

(50)この点に関しては「形式的な参与」(前掲註(46)関論文)、「天皇はこれを自ら裁断せずに、群卿に示し、しかるのちに処断するのである」(前掲註(47)『日本書紀』補注〈井上氏〉)、「天皇が最終的な判断を下した」(高橋崇「大化の鍾匱の制について」『古代文化』三五—一二、一九八三)などという評価が見られる。

(51) 虎尾達哉氏は「参議制の成立」(『日本古代の参議制』吉川弘文館、一九九八、初出一九八二)で「本来的に国政合議体を構成すべき者」として令制以前のマヘツキミ層と令制下の参議との共通性を指摘された。この見解に従い、マヘツキミ層(大夫・群卿)は令制下の執政・議政機関である太政官の歴史的前提であると考えたい。

(52) 薗田香融「律令国郡政治の成立過程」(『日本古代財政史の研究』塙書房、一九八一、初出一九七一)。

(53) 前掲(7)早川論文。以下の早川氏の見解は当論文による。

(54) 第一節第1項参照。早川氏以外にも、前掲註(9)森論文も同様の見解を示している。

(55) ここで注意を要するのが式部省である。読奏の奏上主体は式部省であるが、孝徳朝大化年間に式部省(法官)が成立していた可能性は低い(東野治之「大化以前の官制と律令中央官制」『長屋王家木簡の研究』塙書房、一九九六、初出一九七八)。また「勘当」機能のない「収牒者」も奏上主体とは看做しがたい。以上の理由から孝徳朝では、「朝」に「牒」すとされた国司が読奏における式部省に相当する、つまり未だ式部省と国司の機能が未分化だったと解釈したい。

(56) 『常陸国風土記』や『皇太神宮儀式帳』の立郡(評)記事、『続日本紀』天平七年(七三五)五月丙子条、『類聚国史』巻一九延暦十七年(七九八)三月丙申条など。

(57) 佐藤長門氏は、蘇我臣と尾張連の間に同祖関係がないことに注目し、群臣(マヘツキミ)ら中央有力豪族の王権への仕奉は、下級氏族を統括・駆使することによって実現していたと指摘している(「倭王権における合議制の機能と構造」『日本古代王権の構造と展開』吉川弘文館、二〇〇九、初出一九九四)。

(58) 尾張連(宿禰)は尾張国中嶋郡や海部郡の、新家連は伊勢国であれば度会郡の、伊賀臣(朝臣)は伊賀国名張郡の譜第郡領氏族として確認できる。

(59) 主な史料としては、『日本書紀』安閑天皇元年四月条、同閏十二月壬午条などが挙げられる。

(60) 鎌田元一「「部」についての基本的考察」(『律令公民制の研究』塙書房、二〇〇一、初出一九八四)、「部民制の構造と展開」(同書、初出一九八四)。

(61) 長山泰孝「前期大和政権の支配体制」(『古代国家と王権』吉川弘文館、一九九二、初出一九八四)。

(62) 吉村武彦「仕奉と貢納」(『日本の社会史 第四巻 負担と贈与』岩波書店、一九八六)。

(63)　吉田晶「稲荷山古墳出土鉄剣銘に関する一考察」（『日本古代の国家と宗教　下巻』吉川弘文館、一九八〇）。

(64)　野村忠夫『研究史　大化改新』（増補版・吉川弘文館、一九七八）、吉川真司「律令体制の形成」（『日本史講座第一巻　東アジアにおける国家の形成』東京大学出版会、二〇〇四）、大隅清陽「大化改新論の現在」（『日本歴史』七〇〇、二〇〇六）参照。

(65)　前掲註(64)論文で吉川氏は、集権化の画期を孝徳・天智朝に遡らせる見解を示しているが、その指標が律令体制の成立に置かれている点では通説と同じである。また前掲註(64)大隅論文では、隋唐以前の中国からの制度継受を想定・重視し、「プレ律令制」と称している。このように七世紀史は律令体制形成史を中心に扱われるのが主流である。

(66)　南部昇「大宝令的郡司制創出の意義」（『日本古代中世の政治と宗教』吉川弘文館、二〇〇二）、本書第一部第二章。

(67)　有富純也「摂関期の地方支配理念と天皇」（『日本古代国家と支配理念』東京大学出版会、二〇〇九、初出二〇〇七）。

第二章　宣旨による郡司の任用

——延喜式部式奉大臣宣条を手がかりに——

はじめに

延喜式部式上には次のような条文が収録されている。

〔史料1〕

凡縁㆑銓㆓擬郡司㆒事、須㆑奉㆓大臣宣㆒、莫㆑奉㆓内侍宣㆒。

この条文は奉大臣宣条と呼ばれている。[1] 内容は郡司の「銓擬」に関しては、大臣宣を奉じるべきであり、内侍宣を奉じてはならないというものである。この条文は式部式であるため、宣を奉じるのは式部省、また内侍宣は基本的に勅旨を伝達するものであることから、[2] 郡司の中でも奏任の官である郡領（大領・少領）[3] を対象としていると考えられる。つまり奉大臣宣条は、郡領の任用に際しての式部省における注意事項を規定したものということになる。なおこの条文は、『本朝月令』四月二十日奏郡司擬文事に、貞観式部式として「今案」などの文言を伴わない形で同文が掲げられており、貞観式段階で新たに定立されたものであることが分かる。[4]

この奉大臣宣条の評価については、土田直鎮氏が「内侍宣の適用範囲を制限したもの」であり、平安中期以降「内侍宣は次第に、大事には用いられなくなった」ことを示していると指摘している。[5] しかしこの土田氏の指摘は内侍宣に注目したものであり、郡司の任用という視点からの考察ではない。そこで本章では、郡司の任用という視点から奉大臣宣条に注目してみたい。そのためには、式部省がともすれば大臣宣ではなく内侍宣を奉じてしまうような郡司の「銓擬」の場を考察する必要があるだろう。以下、この点を端緒として考察を進めていきたいと思う。

一　延喜式に見える郡司の「銓擬」

1　郡司の任用手続き

延喜式の中で郡司の「銓擬」に触れている条文には以下のようなものがある。

〔史料2〕

a太政官式131任郡司条

凡諸国銓擬言二上郡司大少領一者、式部対試造簿、先申二大臣一即奏聞。訖式部書二位記一請印。其後於二太政官一、式部先授二位記一。次唱二任人名一、如二除目儀一。事見二儀式一。

b式部式上114郡司有闕条

凡郡司有レ闕、国司銓二擬歴名一、附二朝集使一申上。其身正月内集レ省、若二月以後参者随二返却一。厥後擬文者、四月廿日以前奏聞。（後略）

c式部式下36試郡司条

諸国銓擬申上大少領并主政帳等、毎年正月卅日以前集二於省一。預差二丞録史生省掌一、専二当其事一。訖設二輔以下座於省内便処、令史生勘造其簿、具顕功過。写其名簿、以授省掌、毎日召計、習其申詞。案成之後、更写四通、（主政帳写一通。）以擬丞以上披覧。二月廿日以前、勘写已訖。省掌預命諸国朝集使参集、其日平旦、輔以下皆就座。省掌置版位、又預設国司座。訖輔命丞、丞命録、録命史生、令召省掌。省掌称唯、就版位。丞命曰、率候郡司等参来。省掌称唯退出。先引東海道一国朝集使及郡司等、入屯立庭中。省掌就版傍、録披簿先唱国司。国司称唯就版位。（五位先入随召就座、録唱起座称唯）次唱郡司、依次称唯進立使傍。唱了丞命、侍座。国司称唯就座。輔命省掌、令申譜第。省掌称唯伝命、郡司倶称唯依次申訖。丞命、候之。国郡司倶称唯、省掌引退出。更引次国入、唱申如前。六道（除西海道。）勘訖、更定日以申卿、預命国郡司令参集。其日平旦、省掌設郡司座幷硯於版左右庭、（多少随人数。）卿以下就座。史生盛簿四筥、以次進置於輔以上前及丞座傍、（親王任卿者、録置卿前。）各有常儀。卿命丞曰、令郡司等参入。丞称唯令喚省掌、如常儀。省掌称唯就版位。丞命、率候郡司等参来。省掌称唯退出、引一道国郡司、進屯屏下。立定卿命、召之。録称唯、省掌進立版左。録披簿唱畢、丞命国司、侍座。卿命省掌令申譜第。（若親王任卿者、大輔命之。）省掌伝告、郡司倶称唯依次申、並如前儀。訖丞命国司曰、候之。称唯退出。乃命省掌、令郡司侍座。省掌伝告、郡司倶称唯就座。省掌退出。訖他省掌執筥、就丞後受問頭、降就郡司傍授之。訖置筥於西階上復座。郡司執筆各答其問。随了且進納筥退出。毎一道訖、他省掌遞引進如前儀。諸道已訖、省掌進執盛試状筥、置丞座傍退出。聚其状書、卿自臨判等第、随状黜陟。（陸奥・出羽・西海道等郡司不在集限。依府国解定其等第。）但主政主帳者、卿以下唱試其身、不召国司。

これらの条文からうかがえる郡司の任用手続きについてまとめると次のようになる。まず、郡司に欠員が生じると諸国司が後任候補者を式部省に上申する。この過程は「銓擬言上」（a）、「銓擬申上」（c）と表現されており、『続日本紀』天平七年（七三五）五月丙子条などに見える「国擬」に相当するものである。この国擬にもとづき、式部省は上京した候補者を集めて「対試」を行い「擬文」を作成（「造簿」）する（a・b）。この時の「対試」について詳細に規定したのがcの試郡司条であり、試郡司を含めたこの式部省での一連の銓衡作業は式部省銓擬などと呼ばれている。(6)式部省銓擬が終了すると、式部省はその結果を大臣（太政官）に申上し、四月二十日以前に「擬文」を奏聞する（a・b）。この過程は郡司読奏（奏銓擬郡領儀）と呼ばれる儀式に相当する。そして最後にaに見えるように「唱二任人名一」、即ち任官確定者を太政官庁に集め任官儀礼が行われる（郡司召）。(7)

以上が延喜式よりうかがえる郡司の任用手続きの内容である。簡略化すれば、Ⅰ国擬→Ⅱ式部省銓擬→Ⅲ郡司読奏→Ⅳ郡司召、ということになる。すると奉大臣宣条に見える「縁レ銓二擬郡司一事」とは、国擬から式部省銓擬を経てその結果を奏上する郡司読奏までの過程を指していると考えることができる。(8)この場合、国擬は国司が行うものであることから、式部式たる奉大臣宣条の適用の場として想定し得るのは、式部省銓擬か郡司読奏のどちらかということになる。そこで以下では、これらが奉大臣宣条の適用の場と看做せるのか否かを検討していきたいと思う。

2　式部省銓擬・郡司読奏と奉大臣宣条

ここでは奉大臣宣条の適用場面として、式部省銓擬と読奏が適切であるかどうかについて検討していく。

まず式部省銓擬であるが、試郡司を中心とするこの過程は、基本的に式部省内で完結する事務手続きであると考えられる。試郡司について詳細に規定した史料2―cを見ても、その中心は「卿自臨判二等第一、随レ状黜陟」（傍線部）とあるように、式部卿による候補者の試験結果の等第の判定であり、ここに天皇や太政官の介在は想定されていない。故に式部省銓擬は内侍宣や大臣宣を問題とする奉大臣宣条の適用の場とは考えることができない。では読奏はどうであろうか。

読奏とは先述したように、国擬を踏まえた式部省銓擬の結果を大臣（太政官）・天皇に報告し、任用を確定する過程である。その具体的な手続きについては『内裏式』奏銓擬郡領式、『儀式』奏銓擬郡領儀に記されている。そのうち『儀式』の記事を左に掲げる。

〔史料3〕

奏銓擬郡領儀

①式部省預前対二試才能一計二会功過一、三月廿日以前輔若丞成レ案、令二史生写一幷造二勘文四巻一。訖申二可レ奏之状於太政官一。外記申二大臣一、定二四月廿日以前吉日一仰レ之。前一日儲二備筥四合一、（一合納レ奏料、一合納レ硯料、二合納レ文料。）当日早旦近衛次将一人率二掃部寮一設レ座。其儀御座東南階設二読奏者座一。用二床子一前立レ机。南廂設二大臣座一。其前立レ机。（若大臣有レ政参行事。）次参議已上座並北面、東廂設二卿座一。（若親王任レ卿者、南行東第一柱北辺二許尺設レ之。）次南大輔座。（若参議任二大輔一、就二参議座一。其前立レ机。）次南少輔座。前立レ机。並西面。②辰刻輔已下令レ持二文簿一、候二内裏一。巳午之間内侍臨二東檻一、喚二大臣一。称唯、参議已上共升就レ座。次卿升就レ座。③少輔執二奏筥一入レ自二日華門一、（下皆倣レ此。）至二階下一磬折而立。卿起レ座迎二階上一執二進御前一、（当二御座之東南一膝行、奉レ置二御前机上一。）復レ座。大輔降執二奏筥一、（若参議任二大輔一者、丞執二奏筥一至二階下一磬折立、大輔起迎二階上一執。）少輔執二硯筥一相連進置二読奏人座前机上一、（奏筥置二北頭一、硯筥置二南頭一。）退降。（若参議任二大輔一者、便復座、見下丞執二勘文一至中階下上、起レ座迎執。）各執二勘文一升就レ座。丞二人執二大臣幷卿料勘文筥一至二階下一磬折而立。大少輔伝執置二大臣及卿前机一、（大輔置二大臣前一、少輔置二卿前一。若親王任レ卿者、大輔置二卿前一、少輔置二大臣前一。若参議任二大輔一少輔摂行。）復二座于座一。④大少輔進執二読奏一時有レ勅曰、某読レ之。被レ命者称唯、就二読奏座一披レ簿読レ之。⑤随レ読大臣奉レ勅且点二其定不一。訖読奏者復レ座。大少輔進執二読奏幷硯一執二勘文一退。（若参議任二大輔一者、丞進至二階下一受也。大輔授訖復レ座。）次大臣以下以レ次退。（若親王任レ卿者。先退。）正奏留二御所一、後日就二蔵人所一返二受其筥一。

これをまとめると、

①式部省銓擬が終了し、その結果を踏まえて当日使用する「奏」、「勘文」などの文書が式部省により用意される

②式部省の官人（卿・輔）、大臣以下の公卿（太政官）が紫宸殿に参入し、天皇が出御する

③天皇の手元に銓擬の結果を記した「奏」がもたらされ、式部卿・輔、大臣には「勘文」が配布される

④「読奏」（「簿」）が用意されると、勅により読奏者が指名され「読奏」を読申（奏上）する

⑤読申にしたがって大臣が勅を奉じながら任官候補者の定不（任用の可否）を確定させていく

となる。③④で用いられている「奏」、「読奏」は、天皇が③で奏上された「奏」を見ながら、④で読奏者の読み上げる「読奏」を聞くという関係にあることから、両者は同内容の文書であると考えられる。つまりここでは、式部省における郡司（郡領）候補者の試験・審査結果が、天皇と大臣以下の公卿たちの前で披露され、天皇の決裁を奉じた大臣によって任官の可否が確定されている（「大臣奉レ勅且点二其定不一」）のである。

ここで注目すべきは、④に見える読奏者である。『内裏式』『儀式』の記述からは、誰が読奏者をつとめるのかが判然としない。しかし、読奏者は基本的に式部省の官人がつとめるべきものであったようである。表2は『日本三代実録』に見える読奏の記事をまとめたものである。ここに見える読奏は『内裏式』や『儀式』の載せる天皇出御儀とは異なり、大半が天皇不出御儀の例であるが、これらの記事で読奏は「式部省奏二諸国郡司擬文一」と表現されている。つまり、読奏は式部省奏として表現されているのである。式部省奏である以上、奏上＝読奏は原則として式部官人の任務だったのだろう。事実、表2に挙げた例の中で読奏者の明らかなものについては、基本的に式部輔が読奏者をつとめていることが確認できる[9]。この読奏者による「読奏」（「簿」）の奏上にしたがって、大臣が「奉レ勅且点二其定不一」ずるのである。また、読奏者の座には文書の「読奏」以外に硯も用意されていることから、大臣を経て確定された任用の可否は、読奏者によって書き留められたのであろう。つまり郡司読奏では、読奏者は天皇の勅を奉じた大臣の指示を受けているのである。そして読奏者が式部輔であれば、これはまさしく式部省が大臣宣を奉じているとい

表2　『日本三代実録』に見える郡司読奏

年月日	記事の冒頭	天皇	読奏者	決裁者（太政官）	備考
貞観元・四	「有読奏諸国銓擬郡司擬文之儀」	不記載	不記載	不記載	「例也。而史漏而不書」
貞観三・五・一一	「式部省奏諸国郡司擬文」	「不御前殿」	不記載	右大臣（藤原良相）	
貞観四・五・一四	「式部省奏諸国銓擬郡司擬文」	「不御前殿」	不記載	大臣	
貞観五・四・二一	「式部省奏諸国郡司擬文」	「不御前殿」	**式部省**	公卿	
貞観六・四・二三	「式部省奏諸国銓擬郡司擬文」	「不御前殿」	不記載	大臣	
貞観七・四・二五	「式部省奏諸国銓擬郡司擬文」	「不御前殿」	**式部少輔平実雄**	右大臣（藤原良相）	
貞観八・五・一一	「式部省奏諸国銓擬郡司擬文」	「不御紫宸殿」	**式部輔**	大臣	
貞観九・五・三	「式部省奏諸国銓擬郡司擬文」	「不御紫宸殿」	不記載	大納言藤原氏宗	
貞観一〇・五・一四	「郡司擬文」	不記載	不記載	不記載	
貞観一八・四・二三	「式部省奏諸国銓擬郡司簿」	「不御紫宸殿」	不記載	大臣	
元慶二・四・二五	「式部省奏諸国銓擬郡司簿」	不記載（不出御）	**式部少輔菅原道真**	大納言源多	
元慶三・四・二五	「銓擬郡司簿」	不記載	不記載	大臣	
元慶四・四・二七	「式部省奏諸国銓擬郡司簿」	不記載（不出御）	**式部大輔橘広相**	右大臣（藤原基経）	
元慶五・四・二八	「式部省奏郡司擬文」	不記載	不記載	不記載	
元慶八・四・二三	「式部省奏諸国銓擬郡司擬文」	「御紫宸殿」	参議藤原山蔭	太政大臣（藤原基経）・左大臣（源融）・右大臣（源多）のうちのいずれか	「此儀経久停絶。尋検旧儀而行之」→天皇出御儀の復興
仁和元・五・一	「式部省奏諸国銓擬郡司擬文」	「不御前殿」	**式部大輔藤原春景**	太政大臣（藤原基経）	

仁和二・四・二〇	「式部省奏銓擬郡司簿」	「不臨軒」	式部少輔藤原佐世	右大臣	
仁和三・五・二〇	「式部省奏諸国銓擬郡司擬文」	「不御前殿」	式部少輔藤原佐世	右大臣（源多）	
寛平五 or 六	—	紫宸殿に出御	参議式部大輔菅原道真	大納言（源能有）	『西宮記』所引『寛平日記』

うことになるのである。

　すると、奉大臣宣条の適用の場として郡司読奏を想定してもよいのだろうか。しかし、儀式次第を見る限り、式部省が大臣宣を奉じ得ることが確認できても、式部省が内侍宣を奉じてしまう可能性は想定できない。式部省が内侍宣を奉じてしまう場合を強いて挙げるなら、大臣以下の公卿が誰一人読奏に参加しなかったという場合が想定される。だが、読奏の式日は読奏実施の旨が太政官に通知された上で、大臣によって決定されるのであり、公卿が一人も参加しないという状況は想定しがたい。したがって、郡司読奏も奉大臣宣条適用の場としては不適切であるとせざるを得ないのである(10)。

　そもそも、以上で見てきた延喜式などに規定される郡司の銓擬過程は、当時の一般的な郡司の任用方法を示したものである。この式部省銓擬や読奏を経る通常の任用方法を見る限り、郡司の任用に関する天皇の指示は、必ず太政官を通して下されるものであったことが分かる。したがって通常の任用過程では、制度的に内侍が天皇の指示を直接式部省に伝達する状況を想定できないのである。すると奉大臣宣条の適用の場は、通常とは異なる郡司の任用方法に求めるしかないことになる。そこで次節以降、通常とは異なる郡司の任用方法について考察していきたいと思う。

二　二つの郡司の任用方法

1　元慶七年格に見える二つの任用方法

これまでの考察により、延喜式等に規定される通常の任用方法においては、奉大臣宣条の適用の場を見出すことができないことが明らかとなった。故に、通常とは異なる郡司の任用方法を検討しなくてはならないわけであるが、そもそも郡司の任用方法は複数存在するのだろうか。『類聚三代格』巻七郡司事には次のような元慶七年（八八三）十二月二十五日付の太政官符が収録されている。

〔史料4〕

　太政官符

　　一応ㇾ停二郡司譲ㇾ職事

　右職無二尊卑一、理須二上命一。何以二公官一私得二相譲一。頃年之例往々有下譲二件職一者上。父之子間有二宣旨一以裁許、自余親疎待二国解一以処分。至二貞観十七年符一雖二父子之間一、非二国司言上一不ㇾ聴二相譲一。自ㇾ爾以来、諸国依二託此符一、多二相譲之銓一。本欲ㇾ遏二巧偽之濫一、還為二申請之媒一。（後略）

　元慶七年十二月廿五日

これは鼇頭標目に「延式」とあることから、延喜式部格であったことが分かる。この官符の目的は、郡司職の相譲を禁止する、即ち自ら郡司職を辞することにより、特定の人物をその替りに郡司に任命させる行為を禁止したものである。ここで注目したいのは、傍線部である。つまり、貞観十七年（八七五）までは父子間の相譲であれば「宣旨」が「有」れば「裁許」し、それ以外の相譲に関しては「国解」を「待」って「処分」していたというのである。このことから、貞観十七年までは相譲による郡司の任用については二種類の手続き、即ち「宣旨」によるものと「国解」

によるものの二つの任用方法が存在していたことが確認できる。ではそれぞれどのような任用方法だったのだろうか。

2　「国解」による任用方法

まず「国解」による任用方法について考えてみたい。先に史料4として掲げた延喜式部格については、そのもととなった勅が『日本三代実録』元慶七年十二月二十五日条に収録されている。

〔史料5〕

（前略）是日、勅、（中略）又職無二尊卑一、理須二上命一。何以二公官一、私得二相譲一。頃年多有二譲レ職之輩一。父子之間下二宣旨一以裁許、自余親疎待二国解一而処分。貞観十七年格、雖レ云二父子一、自レ非二国解一不レ聴二相譲一。自レ爾以来、依二託此格一毎レ年相譲。本欲レ遏二巧偽之濫一、還為二申請之媒一。（後略）

史料4と比較してみると、「非二国司言上一不レ聴二相譲一」とされていた箇所が「自レ非二国解一不レ聴二相譲一」と表現されていることが分かる。意味としては、両者とも貞観十七年符（格）により、父子間であっても「国司言上」／「国解」によらなければ相譲による任用は認められなくなった、つまり、宣旨による相譲の裁許は一切認められなくなったというものであり、ここから〈「国司言上」〉＝〈「国解」の提出〉であったことが判明する。そして史料4は式部格であることから、国司の言上、即ち提出された国解の処理には式部省が関与したと考えられる。すると「国司言上」とは、史料2で見た国司による郡司候補者の「銓擬言上」（史料2—a）、「銓擬申上」（史料2—c）のことを指していると考えられるだろう。

第一節第1項で見たように、国擬＝国司による候補者の「銓擬言上」が行われると（Ⅰ）、それにもとづき式部省銓擬が開始される（Ⅱ）。つまり、国司の「銓擬言上」を発端に、式部省による試験・審査といった一連の事務処理が開始されるのである。そして次に掲げた史料から、式部省が国解を処理していたことを確認することができる。

〔史料6〕『西宮記』郡司読奏、裏書[11]

(前略)国解ニハ今擬と注セリ。而省作二読奏一之時、奏料如二国解一今擬と注。上卿弁輔料ニハ国擬と注。惣同事也。(後略)

これはやや下った時代の史料ではあるが、郡司読奏(天皇不出御儀)において使用される文書である「読奏」[12]作成に関する記述である。読奏には式部省以外の官司は関与しないことから[13]、「読奏」を作るとされている「省」は式部省であると考えられるが、式部省は国解を材料に「読奏」を作成しているのである。そしてここで問題とされている「今擬」や「国擬」というのは、国擬者、即ち国司によって選ばれた郡司候補者のことを指している。つまり式部省の手元には、郡司候補者を「銓擬言上」する国解が提出されていたことが確認できるのである。

史料4・5では、以上で見たような国擬に伴う式部省を主とした一連の事務処理の様子を「国解」を「待」って「処分」すると表現しているのである。そう考えることが許されるならば、ここで問題となっている「国解」による任用方法とは、通常の郡司の任用方法のことを指していることになるだろう。つまり、貞観十七年以前の父子間以外と貞観十七年から元慶七年までの全ての相譲による郡司への任用は、特殊例とされつつも通常の任用方法の範疇で処理されていたということなのである。

3 「宣旨」による任用方法

それでは次に、もう一つの任用方法である「宣旨」による任用について考えてみたい。宣旨による郡司の任用は他の史料からも確認することができる。

〔史料7〕宮内庁書陵部所蔵壬生官務家旧蔵『西宮記』第十軸、宣旨事(14)

一式部省

叙位下名、除目下名、召名、停任、補二諸司一分以上一事、諸国品官以上計歴事、可レ附二宣旨文一。復任事、諸国検非違使事、謂他色也。宣旨也。郡司事、亦復任。帯剣事。近代不レ給。或給之。（後略）

〔史料8〕『伝宣草』下、諸宣旨目録

一下式部事。

文官停任事。　諸司史生事。

諸国大小〔少カ〕領事。

大宰帥弐陸奥守傔仗事。

三局史生事。

史料7『西宮記』の当該箇所は、宣旨が下される（逆の見方をすれば宣を奉じる）官司別にどのような宣旨がどの官司に下されるのかをまとめた部分である。ここに式部省に下されるべき宣旨の内容として「郡司事」が見えている。また、鎌倉時代の史料ではあるが、史料8『伝宣草』にも式部省に下す宣旨として「諸国大小領事」が確認できる。そして『類聚符宣抄』巻七諸国郡司事には次のような宣旨が国解とともに収録されている。

〔史料9〕

a天徳三年（九五九）摂津国住吉郡大領

摂津国司解　申重請二　官裁一事

請レ被下以二前鎮守府軍曹正六位上津守宿禰茂連一補中任管住吉郡大領死闕上状

右件茂連、越レ次被レ補二件貫茂死闕一之状、言上早了。而未レ蒙二裁許一、郡務多擁。今件茂連、譜第正胤、奕世門地。試用擬任、性識清廉、足レ為二郡領一。謹案二格条一、詮二擬郡司一、一依二国定一者。重望請　官裁。以二件茂連一、越レ次被レ補二任件郡大領職一、将レ令レ勤二郡務一。仍録二事状一、謹請二　官裁一。謹解。

天徳三年四月五日　　従七位上行目六人部宿禰是興

守従五位下藤原朝臣安親

正三位行中納言藤原朝臣師尹宣、奉　レ勅、前鎮守府軍曹津守茂連、依二国解文一、宜下越レ次補中任摂津国住吉郡大領津守貫茂死闕之替上。

同年十一月十四日　　大丞大江斉光奉

b康保五年（九六八）紀伊国名草郡少領

紀伊国司解　申請　官裁事

請レ被下以二従七位上紀宿禰時忠一補中任名草郡少領職上状

右得二名草郡少領紀今樹去五月十三日解状一偁、今樹為レ継二祖業一、勤二仕当職一。而前司藤原為光朝臣、被レ申二補内膳司御厨別当職一之日、無レ被レ免二郡司之職一。謹案二事情一、御厨司不レ論二昼夜一、備二進供御一、非レ可レ遑二他事一。而兼役二国務一之間、動致二闕怠一。因レ茲本司之責、遂レ日不レ絶。郡務之営、時而無レ休。両役之勤、一身何堪。望請国裁。以二弟時忠一、被レ申二補件少領職一、令レ勤二郡務一、至二于今樹之職一、被二免除一勤二仕供御事一者。言上如レ件。望請　官裁。以二件時忠一、被レ補二少領之職一、将レ〔令脱カ〕従二郡務一。今勒二事状一、謹解。

康保五年六月廿九日　　正六位上行大目文宿禰

守従五位下紀朝臣、、

〔藤原師尹〕右大臣宣、奉㆑勅、以㆓紀時忠㆒、依㆓国解文㆒、宜㆑補㆓任紀伊国名草郡少領紀今樹辞退替㆒。

同年七月廿一日　　少丞藤原雅頼奉

『符宣抄』同巻にはここに掲げた二例の他に、同様の国解と宣旨のセットが二例収録されているが[15]、これら郡司への任用を申請する国解に応じて出された、任用を許可する旨の宣旨こそが、史料7・8の指す郡司に関連して式部省に下されるべき宣旨の実例であるということが五味文彦氏[16]、早川庄八氏[17]によって指摘されている。五味氏・早川氏が指摘するように中納言、大臣の宣を奉じているのがそれぞれ式部丞であり[18]、その中納言・大臣の宣が奉勅であることは他の二例においても同様である。つまり郡司の任用を裁可する宣旨は、奉勅の下式部省宣旨に分類できるのである[19]。

それでは史料4・5に見える「宣旨」は史料9のような宣旨と考えてもよいのだろうか。そこで史料4・5の「宣旨」についての表現を比較してみると、史料4では「有㆓宣旨㆒」と表現される一方、史料5では「下㆓宣旨㆒」とされていることに気づかされる。この差異は4が式部格とされた太政官符であり、式部省への指示を念頭に置いた表現であるのに対し、5の方は勅文であり、天皇主体の表現となっていることの違いから生じたものであるといえるだろう。この表現の違いから、史料4・5に見える「宣旨」は天皇が主体となって「下」されるものであり、それは最終的には式部省に「有」るべきもの、即ち奉勅の下式部省宣旨であると考えることができるのである。このように考えることが許されるならば、史料4・5のいう「宣旨」による郡司の任用とは、史料9のような郡司の任用を申請する国解に対し、式部省に奉勅の宣旨を下して処理させるという任用方法と同様であると考えられるだろう。

では、「国解」を「待」って「処分」される通常の任用方法とは明確に対比されているこの宣旨を用いた郡司の任用方法とは、一体どのような特質を備えているのだろうか。またこの任用方法が通常の任用方法と異なるのであるならば、ここに奉大臣宣条適用の余地を見出すことができるのであろうか。次節では、宣旨による郡司の任用方法の具体的な手続きを復元することを通して、これらの点を明らかにしていきたいと思う。

三　宣旨による郡司の任用とその特質

1　宣旨による郡司の任用手続き

宣旨による郡司の任用手続きを復元する材料としては、第二節第3項に掲げた『符宣抄』の国解・宣旨（史料9）が大きな手がかりとなる。そこからはまず、国解が太政官に提出されていることが分かる。史料9として掲げた例以外の二例もあわせ、『符宣抄』の国解は「請二官裁一」の文言を伴っており、解文が太政官に宛てて提出されたことを示している。さらに史料9の宣旨からは、任用を許可する勅旨が大臣を経て式部丞に伝達されているということも明らかとなる。史料9の国解・宣旨からうかがえる手続きは以上の二点であるが、これ以外に、手続きの復元材料はないのだろうか。そこで注目したいのが、『村上天皇日記』応和元年（九六一）九月二十四日条の逸文である。この史料は、天皇が宣旨を下して郡司の任用を裁可した際の天皇自身の記録である可能性が高いように思われる。

この逸文は『西宮記』の勘物に見られる。故実叢書本では巻十四（裏書）に収録されているもので、ここに収録される勘物は、巻十三の諸宣旨に対応する裏書である。その中の『村上天皇日記』の逸文と考えられるこの記事は、郡司の任用に関するものであり、なおかつ諸宣旨に関する項目の裏書であることから[20]、宣旨による郡司の任用方法を考える上での手がかりを有していると思われる。しかし、この記事には大幅な省略や誤字・脱字が想定されることから、信頼できるテキストに遡って考察する必要がある。そこで当該部分の古撰本であると考えられる[21]宮内庁書陵部所蔵壬生官務家旧蔵本（壬生本）第九軸裏書の当該部分を見ると次のようになっている（行数は壬生本の通り）。

〔史料10〕

応和元〔年〕ノ九月廿四日頼忠〔朝臣〕、奏式部大甫直幹〔朝臣〕、、勘申弘仁格可
復任郡司文令仰中納言源朝臣前日大外記傳説給申郡司
服解替之時令式部省勘申有郡司可復任由否而勘申無
所見之由而直幹〔朝臣〕、、所申如此宜令勘問彼省

以下、この史料を同じ諸宣旨裏書の中の他の勘物を参考に読解してみたい。

『西宮記』諸宣旨裏書に含まれる醍醐・村上両天皇の日記の逸文には、様々な宣旨が下された時の様子が天皇の視点から記されている。例えば「下検非違使宣旨」の項目の裏書には、次の『村上天皇日記』応和三年（九六三）閏十二月二十七日条の逸文が見えている[22]。

〔史料11〕

同年閏十二月廿七日、令下延光、、仰中右大将藤、命婦藤、和子可レ聴二禁色一宣旨上。

これは村上天皇が命婦藤原和子に禁色を許す旨の宣旨を検非違使に下させた時の記録である。「延光、、」は源延光で当時蔵人頭[23]。「右大将藤、」は権大納言藤原師尹[24]。傍線部は「延光朝臣ヲシテ右大将藤朝臣ニ、命婦藤朝臣和子ノ禁色ヲ聴スベキノ宣旨ヲ仰セシム」と読め、禁色を許す旨の勅旨が蔵人頭を介して右大将（上卿）に伝達され、奉勅

の上卿宣が検非違使に下されたであろうことが読み取れる。

このように、天皇が蔵人などを遣わして大臣・納言に宣旨を下すよう指示する際の表現形式を念頭に次の逸文を検討してみたい。(25)

〔史料12〕
応和二年十二月廿六日、C令㆜国光朝臣給㆛左大臣大和国司申以㆓大掾巨勢忠明㆒為㆚追捕使㆙。B右大将令㆑申、依㆑請。

これは「諸国追捕使」の項目に対応する裏書で、『村上天皇日記』応和二年（九六二）十二月二十六日条の逸文である。ここに見られる「令」「給」を先ほど見た「令」「仰」と同義とすれば、傍線部は「国光朝臣ヲシテ左大臣ニ、大和国司申セル『大掾巨勢忠明ヲ以チテ追捕使ト為サンコトヲ』ヲ給ハシム。〈右大将申セシム、請ヒニ依レ。〉」と読み下すことができる。(26) なお、「国光朝臣」は藤原国光で当時権左中弁、(27)「左大臣」は藤原実頼、「右大将」は権大納言藤原師尹である。(28)

追捕使の補任に関しては、『西宮記』諸国追捕使（当該項目）に「諸国解文申㆑官、下㆓上宣㆒。而畿内大和国及近江等国追捕使。奉　勅宣旨也」とある。この場合は大和国の例なので、この記事から、A国解が太政官に提出され、B右大将が奏聞（割注前半部）、C許可の勅旨を（おそらく殿上弁として）権左中弁が左大臣に伝達（本文）し、D左大臣が奉勅の宣旨を下す、という過程を復元できる。つまりこの逸文は、Cの過程を天皇の視点から記録した記事であると考えられるのである。

同様の記事としては他に、

〔史料13〕
延喜六年十ノ十三ノ、令㆜当時、給㆛大納言藤、興福寺申以㆓左大臣㆒為㆚検校㆙。前例以㆓氏中亜相㆒為㆓件寺別当㆒。今

以二氏長者一可レ当二其事一申請。依レ請。（後略）

というものがある。これは「臨時雑宣旨」の項目に対応する裏書で、『醍醐天皇日記』延喜六年（九〇六）十月十三日条の逸文である。これも傍線部は「当時朝臣ヲシテ大納言藤朝臣ニ、興福寺申セル『左大臣ヲ以チテ検校ト為サンコトヲ』ヲ給ハシム」と読み下すと考えられ、興福寺の俗別当を宣旨を下して任じた時の天皇の日記である。(29)

以上三点の『西宮記』諸宣旨の裏書に見える醍醐・村上天皇日記の逸文を参考に、史料10を読解してみたい。

応和元ノ九月廿四日、頼忠、奏下式部大輔直幹、、勘申弘仁格可レ復二任郡司一文上。令レ仰二中納言源朝臣一、前日令三大外記傳説給二申郡司服解替一之時、令丙式部省勘乙申有下郡司可二復任一由上否甲。而勘下申無二所見一之由上。而直幹、、所レ申如レ此。宜レ令レ勘二問彼省一。(30)

右のように「前日」と「大外記傳説」の間に「令」字を補えば、史料12・13のような「αヲシテβニγ申セル〜ヲ給ハシム」という構文のβとγの部分を省略した構文、もしくは写本の段階でβとγの部分が漏脱してしまったと考える余地があるのではないだろうか。言葉を補って傍線部を読み下せば、「前日大外記傳説ヲシテ（中納言源朝臣ニ）、（某国）申セル『郡司服解ノ替』ヲ給ハシムルノ時」となるだろう。

これをもとにこの記事を解釈すると次のようになる。なお登場する人物については、「頼忠、、」は藤原頼忠で当時右大弁、(31)「式部大輔直幹、、」は橘直幹、「中納言源朝臣」は源兼明、(32)「大外記傳説」は御船傳説のことである。(33)つまり、応和元年九月二十四日に右大弁藤原頼忠は式部大輔橘直幹の勘申した弘仁格の（服解した）郡司は復任すべきであるという条文(34)を村上天皇に奏上した。この奏上を受け、村上天皇は中納言源兼明に次のような仰せを伝えさせた。前日、大外記御船傳説を遣わして兼明に某国司の申請してきた服解郡司の替えの任用を許可する勅旨と、その宣旨を式部省に下すようにとの指示を伝えさせようとした時、式部省に（服解した）郡司は復任するべきか否かを勘申させたところ、服解郡司の復任に関する所見はないとのことであった（故に中納言兼明を上卿として服解した郡司の替えの者の任用を許可する旨の奉勅の宣旨を式部省に下させた）。しかし、今（二十四日）になって直幹が右のように勘申してきた。もう一度式部省に問い合わせるように、となるのではないだろうか。するとこの記事は、宣旨を式部省に下して郡司の任用を許可した時の様子を天皇の視点から記録したものであると考えられるのである。

なお、天皇の勅旨を大外記が上卿に伝達することがあったのかという疑問がある。傳説は蔵人ではなく、彼の行動は大外記としてのものである。この傳説は『村上天皇日記』に散見し、外記として多く勘申を行っているが(35)、一例だけ天皇の使いとして勅旨の伝達を行っていることが確認できる。『西宮記』祈年祭裏書（故実叢書本巻三）に、

〔史料14〕

応和四、二、四、御記云、止二祈年祭一。依レ穢也。於二建礼門前一行二大祓一。左大臣在レ第。遣二大外記傳説一、付二文利奏陰陽寮択申祈年祭日文一。十六日・廿二日。令レ仰云、以二廿二日一可レ行。（後略）

とあり、穢によって延引された祈年祭の日時を天皇は傳説を遣わして私邸にいる左大臣藤原実頼(36)に伝達させている。この例を考えれば、やや異例の感は拭えないが、大外記傳説が史料10の場合も勅旨を上卿に伝達した可能性を想定できるのではないだろうか。

以上、『村上天皇日記』応和元年九月二十四日条を、宣旨を下して郡司を任用した時の記録として読解する可能性を指摘してみた。この読解の可能性が認められるとするならば、これはまさに宣旨による郡司の任用において、天皇が任用許可の勅旨を大臣・納言に伝達する際の実例ということになる(37)。そして、追捕使任用の宣旨を下させた時の記事である史料12との記事の構文の類似性に注目すれば、宣旨による郡司の任用手続きと追捕使の任用手続きは、かなり類似したものであると考えられ、史料12に確認できる左大臣による国司からの追捕使の任用申請の奏上（B）に対

応する、国司による郡司の任用申請を大臣・納言が奏上する過程も想定することもでき、太政官（大臣・納言）による国司の申請内容の奏上についても、間接的にではあるが確認することができるのである。

これらをもとに、宣旨による郡司の任用手続きを復元すると次のようになる。

ⅰ国解が太政官に提出される

ⅱ太政官（大臣・納言）から天皇に奏聞される

ⅲ裁可の勅旨が大臣・納言に示される

ⅳ大臣・納言が勅旨を式部丞に宣す

さて、ここで本章の本題の一つである奉大臣宣条の適用の場について考えてみるならば、右に示した手続きⅳにおいて、式部丞が大臣宣を奉じていることは明らかである。そしてこの手続きであれば、ⅲ以降の過程において勅旨が太政官を経由せずに、内侍によって直接式部省に伝達されてしまう可能性を想定することができるだろう。即ち、宣旨による郡司の任用の場面こそが、奉大臣宣条の適用の場として最も相応しい場面なのである。そしてこのことは、奉大臣宣条定立の理由をも示している。つまり奉大臣宣条は、郡司の任用に関する指示は必ず太政官を関与させるという、第一節第2項で指摘したような通常の任用方法の基本構造を、宣旨による任用の場合にも維持するために、太政官を介さない内侍宣による伝達を禁じているのだと考えられるだろう。

2　宣旨による郡司の任用の特質

前項では、宣旨による郡司の任用手続きの復元を行った。ここでは先に史料9として掲げた『符宣抄』の国解と宣旨の詳細な検討を中心に、宣旨による郡司の任用の特質について考えていきたいと思う。

まず史料9の国解についてであるが、注目すべき第一点目は前項でも触れた国解の提出先である。史料9の国解ではa・bともに「請二官裁一」の文言を伴っており、これらの国解が「官裁」を求めて太政官に提出されたものであることが分かる。これは史料9に掲載しなかった二例についても同様である。このことは、通常の任用方法では国解にもとづく審査がまず式部省によってなされたことと大きく異なる。

そして第二点目は、そもそもこれら『符宣抄』に見える国解で申請されている郡司の任用は、全て当時の任用基準に反する任用申請であるという点である。史料9―aの国解では、大領の欠員に現任少領ではないものの任用が申請されている。(38) このような任用申請は違例越擬と呼ばれるものであり、(39) 次に掲げた史料に見られるように任用基準に反する申請であった。

〔史料15〕延喜式部式上113大領闕条

凡大領闕処、以二少領一転任、以二今擬者一為二少領一。其大少領並闕、先擬二少領一。

つまり、大領の欠員に対しては現任少領を転任させることが原則とされていたのである。そして『北山抄』巻三拾遺雑抄上読奏事には、

〔史料16〕

謂二違例越擬一者、大領之闕、乍レ置二少領一擬〔式カ〕二白丁一也。次第可二転擬一由、見レ式。丹書注二違例越擬之由一。断入有二省判降擬之文一。仍給二定少一。大少領並闕時、擬二大領一者、或云、先可レ擬二少領一云々。注二越擬由一、給二定少一。両領並擬時、大領給二定少一、少領返却。但不レ注二越擬由一。大少領次第転擬者、唯少領之上書二定字一。

とある。これは天皇不出御儀の読奏において、(40) 上卿が式部輔の読み上げる国擬や式部省での試験・審査結果をもとに作成された「奏案」の内容を聞きながら、手元の「擬文」(「奏案」と同内容)に郡領候補者として挙げられている人物

の任用の可否を書き込んでいく（任用可なら「定」字を書き込む）際の措置を解説した部分である。[41] これによれば、違例越擬の場合、断入文[42]に式部省の「降擬之文」、即ち大領ではなく少領に降して擬する旨を記した文書が添えられており、上卿は「定少」と書き込む＝少領に任用するという形で処理されていたのである（おそらく現任少領は大領に転任として処理されたと考えられる）。違例越擬の場合、通常の手続きを踏んで式部省銓擬を経てしまうと、大領への任用ではなく少領への任用として処理されてしまう。だからこそ違例越擬を申請する『符宣抄』の国解では、「官裁」が求められていたのである。

また史料9―bの国解は兄弟間の郡司職の相譲を申請するもので、これは第二節に史料4（5）として掲げた延喜式部格に抵触するものであり、『北山抄』巻三拾遺雑抄上読奏事にも、「件職不レ可二相譲一之由。見二元慶七年格一」とある。この場合も、通常では認められない兄弟間による郡司職の相譲を申請したため「官裁」が必要となったのである。

では次に、史料9の宣旨の方に目を向けてみたいと思う。第二節第3項で指摘したように『符宣抄』に見える宣旨は、大・中納言や大臣が勅を奉じて式部丞に宣している奉勅の下式部省宣旨である。そしてこの宣旨の内容を見ると、勅によって国解で申請された人物の郡司への任用が許可されていることが分かる。つまりこの宣旨は、式部省に違例越擬や相譲の例であっても、特別に任用させるよう処置することを指示するものではなく、単に任用決定の事実を通知しているだけなのである。任用許可の勅裁が出ている以上、この上さらに式部省銓擬や読奏を行って再度天皇の裁可を得るとは考えがたい。したがって、宣旨を奉じた式部省の行うべきことは、候補者の試験や審査即ち銓擬や読奏の準備ではなく、該当人物を正式に任官させるための事務処理（位記や任符の準備など）であると考えられるのである。

以上、『符宣抄』に見える郡司の任用を申請する国解と、それに応じて出された宣旨について検討してきたわけであるが、その要点を示すと次のようになる。

ア この国解は「官裁」を求める形で太政官に提出されている。したがって、式部省銓擬を前提に式部省に宛てて提出される通常の任用方法における国解の提出とは性質を異にするものである

イ 国解で任用が申請されている人物は、違例越擬や相譲など、任用基準に反する任用申請である

ウ 国解に応じて出された宣旨は、式部省に任用決定の勅裁が下ったことを通知するものであった。したがってこの場合は、式部省銓擬や読奏などを経ることなく任用が確定している

さらにもう一点、

エ 国解や宣旨の日付は特定の時期に集中していない

ということも挙げられる。これらを総合すると、宣旨による郡司の任用においては、ア・ウから式部省銓擬や読奏とは無関係に郡司への任用が確定されているということ、さらにエからはこのような任用方法が恒例化されているのではなく、臨時の処分であったことが分かる。つまり宣旨による任用方法は、第一節で見たような銓擬方法、即ち通常の任用方法とは大きく異なっているのである。そしてその理由はイに示したように、国解で任用を申請された候補者たちが、全て違例越擬や相譲といった任用基準に抵触するケースだったからなのである。何故ならば、これらのケースは通常の任用手続きでは式部省銓擬の段階、もしくは読奏の場において問題視され、申請通りに任用が許可されることはないからである。その点においては前項で見た『村上天皇日記』の例も同様である。ここでの任用申請の内容は、服解した郡司の替りに別の人物を郡司に任用するというものであった。これは橘直幹が勘申したように、弘仁格に反する任用申請である。だからこそ某国司は通常の任用方法ではなく、宣旨を用いた任用方法による処理を選択したのである。この場合は中央側の認識の甘さから混乱が生じているが(43)、基本的にはこの例も『符宣抄』に見える国

解・宣旨の例と同類であると考えることができるのである。

　以上の考察から、宣旨による郡司の任用方法とは、郡司候補者の審査機能を有する式部省銓擬や読奏とは無関係に郡司を任用するための臨時の特別な方法であったと結論づけることができる。それでは、このような宣旨による郡司の任用方法はいつまで遡るのだろうか。史料9として掲げた『符宣抄』の例は、全て十世紀に入ってからのものである。この時期は郡司制度が大きく変質した時期であることが指摘されており(44)、宣旨による任用もこの郡司制度の変遷の中で生み出されたものなのだろうか。しかし前項で指摘したように、貞観式たる奉大臣宣条はこの宣旨による郡司の任用方法においてこそ適用されるものであったと考えられるのである。また史料4・5とした元慶年間の史料にも、その存在を見出すことができる。すると、少なくとも九世紀半ば以降の貞観・元慶年間までは確実に遡ることになる。そして次に掲げる史料は、この任用方法が八世紀後半にまで遡る可能性を示唆しているように考えられる。

〔史料17〕『続日本紀』宝亀三年（七四九）四月庚午条

（前略）正四位下近衛員外中将兼安芸守勲二等坂上大忌寸苅田麻呂等言、以二檜前忌寸一、任二大和国高市郡司一元由者、先祖阿智使主、軽嶋豊明宮馭宇天皇御世、率二十七県人夫一帰化。詔賜二高市郡檜前村一而居焉。凡高市郡内者、檜前忌寸及十七県人夫満レ地而居。他姓者十而一二焉。是以天平元年十一月十五日、従五位上民忌寸袁志比等申二其所由一。天平三年、以二内蔵少属従八位上蔵垣忌寸家麻呂一任二少領一。天平十一年、家麻呂転二大領一、以二外従八位下蚊屋忌寸子虫一任二少領一。神護元年、以二外正七位上文山口忌寸公麻呂一任二大領一。今此人等被レ任二郡司一、不三必伝二子孫一。而三腹逓任、四二世于今一。奉レ勅、宜下莫レ勘二譜第一、聴上任二郡司一。

　これは坂上苅田麻呂らが檜前忌寸の大和国高市郡司への任用を申請した際の記事である。この時期における郡司の任用基準は、『続日本紀』天平二十一年（七四九）二月壬戌条に見える「簡二定立郡以来譜第重大之家一、嫡々相継、莫

ㇾ用二傍親一」であったと考えられる。『日本書紀』天武天皇元年七月条（壬申の乱の記事）には、「高市郡大領高市県主許梅」が見え、天平勝宝八歳（七五六）十二月十三日付の東大寺領飛驒坂所公験案（『大日本古文書』第二十五巻、二〇四頁）には、高市郡の擬大領、擬少領としてそれぞれ高市連屋守、高市連広君が位署を加えていることから、大和国高市郡の「立郡以来譜第重大之家」は高市連であったと考えられる。一方、ここで郡司への任用が申請されている「檜前忌寸」とは、関晃氏によると倭漢系諸氏のうち京に本貫を移した在京氏族が、一族の本拠地である檜前村に残った同族を一括して呼ぶ時の総称である(45)。つまり、苅田麻呂らは倭漢系一族を代表して彼らの故地である檜前村の含まれる高市郡の郡司に当時の任用基準に反する（「立郡以来譜第重大之家」の嫡系ではない）倭漢一族の者が任用されることを申請しているのである。

ここで注目すべきことは、大和国司ではない苅田麻呂の申請は倭漢一族を代表したものであるということ、申請の許可が「奉ㇾ勅、宜下莫ㇾ勘二譜第一、聴上任二郡司一」と表現されていることの二点である。前者はこの申請が国擬ではないことを示しており、最終的に許可されたこの任用申請が、通常の郡司の任用方法とは異なっていることを示している。「国擬」はすでに『続日本紀』天平七年（七三五）五月丙子条に確認でき、この時期にも通常の任用手続きにおいては最初に国擬を経るのが原則だったはずである。そして後者からは、この苅田麻呂の申請が奏上された上で許可されたこと、さらに、その許可＝勅旨を何者かが奉じているということが分かる。勅旨が郡司の任用許可であることを考えれば、最終的にこの勅を奉じることになるのは式部省であると考えて差し支えないだろう。つまり史料17では、国擬を経ることなく任用申請が奏上された上で、勅が式部省に下されて郡司の任用が決定されているのである。第一節第1項で見た、Ⅰ国擬→Ⅱ式部省銓擬→Ⅲ郡司読奏→Ⅳ郡司召という郡司の任用手続きは奈良時代以前にまで遡ると考えられるが(46)、史料17がこの任用手続きによるものでないことは明らかである。そしてその理由は、この郡司の任用申請が当時の任用基準に反するものであったからなのである。つまり、ここにも郡司候補者の審査機能を有する式部省銓擬や読奏と無関係に、任用基準に反する人物を郡司に任用していた形跡を認めることができるのである。関連記事は他になく詳細は不明とせざるを得ないが、国擬以下の手続きを経ず、最終的に式部省に天皇の指示（勅）が下されて処理されている点は、宣旨による郡司の任用方法と類似していると考えることができるのではないだろうか。宣旨という形式で命令の伝達が行われていたかどうかについては更に検討を要するが、式部省銓擬や読奏とは無関係に郡司を任用する方法は八世紀後半にまで遡ると考えることができよう。

以上、宣旨による郡司の任用方法について考察してきたが、その特質をまとめると次のようになるだろう。

・郡司候補者の審査機能を有する式部省銓擬や読奏とは無関係に郡司を任用することができる

・したがって国家の規定した任用基準に反する者を任用することが可能であった

・このような任用方法は八世紀後半にまで遡る可能性がある

従来、宣旨による郡司の任用方法は積極的に検討されることはなく、わずかに「法律に明文のない」任命法であり、「律令体制の崩壊と平行」するものであるという評価がなされてきた程度である。(47)しかし本章で明らかにしてきたように、この任用方法は八世紀以来、通常の任用方法とは明確に区別されながら運用されており、少なくとも九世紀半ばには奉大臣宣条という法的裏づけも得ていたのである。郡司の任用のために設けられたもう一つの任用方法、それが宣旨による郡司の任用方法だったのである。

それでは、この任用方法の存在は古代国家の地方支配政策上どのような意味を持つものだったのであろうか。その点について若干の展望を述べ、本章を終えたいと思う。

おわりに

国家の規定した任用基準を満たさない人物を郡司に任用するための第二の方法、それが宣旨による郡司の任用方法であったというのが本章の結論である。では、このような任用方法の存在はいかなる意味を有したのだろうか。八・九世紀の古代国家によって出された郡司の任用に関する法令の多くは、任用基準の設定・変更をその内容としている。ここには、当時の対郡司政策＝地方支配政策が端的に表されており、在地首長制論を念頭に置きながら、これら任用関連法令を検討する研究が進められてきた。(48) しかし本章で示したように、一方で古代国家は自らが設定した任用基準とは無関係に郡司を任用する方法も認めていたのである。このことは八・九世紀の古代国家の対郡司政策が、必ずしも完全無欠なものではなかったことを示しているといえよう。つまり、古代国家が任用関連法令を用いて郡司層を完全に把握し、彼らを思いのままにコントロールして地方統治を実現していたとは必ずしもいえないのである。任用関連法令の分析の中から浮かび上がってくるのは、飽くまで古代国家の理想とする郡司像であって、郡司を含む当時の地方有力者層の真の姿であるとは限らないのである。古代国家は郡司の任用基準の設定を梃子に地方有力者層の把握を試みる一方で、それによらない任用方法も承認することにより、地方有力者層の意思も尊重していたのである。このことは国家の側から見れば消極的な見方ではあるが、古代国家の地方支配政策における郡司の重要性を示しているといえるだろう。

そしてもう一つ、宣旨による郡司の任用方法の存在が示す重要な事実がある。それは天皇と郡司の関係である。宣旨による任用方法のための条文と考えられる奉大臣宣条は、郡司の任用決定の勅旨が、内侍宣によって太政官を介することなく直接式部省にもたらされることを禁止するものであった。当該条文が貞観式によって定立されたということは、そのような規制を必要とする背景が存在していた、即ちかつては内侍宣によって郡司が任命される場合もあり得たということなのである。平安時代初期の内侍宣は「実質に於ては、誠に充実したもの」であったという土田氏の指摘[49]を勘案すれば、通常の手続きを踏まず、太政官もかかわらせない内侍宣による郡司の任用が、即ち天皇の意思がよりストレートに反映される形での郡司の任用が八世紀から行われていた蓋然性は高いのである。そしてこの天皇と郡司の直接的な関係は、なぜ郡司に対しては宣旨を用いた特別な任用方法を用意することができたのだろうかという根本的な問題とも深くかかわっている。そもそも宣旨による任命とは、一般的には摂関・蔵人・検非違使などといった令に規定されていない、いわゆる宣旨職の任命の際に用いられるものである。そしてこれらの地位は天皇との私的な関係によって成り立つものである[50]。この宣旨職の一般的性格を念頭に置くならば、郡司を宣旨によって任用するというぃわば超法規的措置を可能ならしめていたのは、郡司候補者＝地方有力者と天皇との直接的な結びつきであったと考えることができるだろう。このことは、外官であるにもかかわらず郡司（郡領）が奏任の官とされていることと至極対応する。

南部昇氏は、郡司の子弟が兵衛として天皇の身を守ったことや、郡司の姉妹・娘が采女として天皇の皇子女を産む資格があったことを挙げ、「八世紀の天皇と郡領は国司を跳び越え、ある種の精神的紐帯によって直接結びついていたのではないか」と指摘している[52]。そして南部氏はこの天皇と郡司の関係を、「律令法には現れない天皇の宗教的な支配機能」にかかわるものであると評価している。しかし、補助的であれ宣旨による郡司の任用方法が存在し、それが内侍宣を用いた太政官を介さない天皇による直接的な任用方法にもなり得たと考えられる以上、郡司の任用制度自体に天皇と郡司の強い紐帯を認めてもよいのではないだろうか。

以上、宣旨による郡司の任用について考察してきた。この考察を通して明らかになったことは、古代国家は自ら設定した任用基準に反する者を郡司に任用するための制度を用意していたということと、天皇と郡司（郡領）は任用制度面においても強い紐帯で結びついていたということである。これらは、従来の郡司制度の研究史の中で積極的に注目されてこなかった視点といえるだろう。このような天皇と郡司（郡領）との強い結びつきは、前章の結論も踏まえるならば、古代国家の地方支配原理そのものである。奉大臣宣条は、通常とは異なる任用方法においても、この原理が貫かれていることを明確に示しているといえるだろう。

註

（1）虎尾俊哉編『訳注日本史料　延喜式　中』（集英社、二〇〇〇）による。なお註番号は123番である。
（2）土田直鎮「内侍宣について」（『奈良平安時代史研究』吉川弘文館、一九九二、初出一九五九）。
（3）養老選叙令3任官条、『令集解』同条。
（4）虎尾俊哉「貞観式の体裁」（『古代典籍文書論考』吉川弘文館、一九八二、初出一九五一）。
（5）前掲註(2)土田論文。
（6）須原祥二「式部試練と郡司読奏」（『古代地方制度形成過程の研究』吉川弘文館、二〇一一、初出一九九八）。
（7）『儀式』太政官曹司庁叙任郡領儀。
（8）Ⅳの郡司召は、通常の除目によって任命される官職の任官儀礼（除目下名儀）と同様、新たな任官確定者の名前を読み上げる（唱名）という行為を儀礼の核心としている。佐々木恵介「古代における任官結果の伝達について」（『日本律令制の展開』吉川弘文館、二〇〇三）によれば、令制当初から確認できる一般官職の任官儀礼の目的は、任官結果を公表し確定させることにあったと考えられる。したがって、ほぼ同じ構造をとる郡司召の機能も、任官結果の公表と確定にあったと考えられ、「銓擬」の過程とは一線を画して考えるべきだろう。

（9）　なお、表2に挙げた元慶八年度の読奏では参議藤原山蔭が読奏を行っており、彼は式部輔ではない。この点については、この時の読奏は当日条に「此儀経レ久停絶。尋二検旧儀一而行之」とあるように、久方ぶりの天皇出御儀であったことに関連する措置であったと考えておきたい。なお、この時も『日本三代実録』の記事では、「式部省奏諸国銓擬郡司擬文」と式部省奏として表現されている。また、天皇出御儀のもう一つの実例である『西宮記』郡司読奏所引『寛平日記』では、読奏は参議式部権大輔の菅原道真がつとめている。なお、天皇不出御儀の次第を載せる『西宮記』『北山抄』においては、「読奏」に相当する文書を上卿に対して読み上げるのは式部輔と明記されており、読奏の奏上主体は基本的に式部省とされていたと考えてよいと思われる。

（10）　なお、神谷正昌「九世紀の儀式と天皇」（『平安宮廷の儀式と天皇』同成社、二〇一六、初出は一九九〇）によると、九世紀半ば以降になると天皇が紫宸殿に出御することが稀になり、十世紀にかけて多くの儀式において天皇不出御儀が整備されていくとされる。読奏もその例外ではなく、宜陽殿を用いた不出御儀が成立する。この場合は宜陽殿で式部輔は上卿の公卿に式部省銓擬の結果を報告し、それを上卿が御座所（清涼殿など）の天皇に奏聞し、勅裁を式部丞に伝えることとなる。この場合はなおさら式部省が内侍宣を奉じる可能性が想定できず、不出御儀においても、読奏は奉大臣宣条適用の場として不適切なのである。不出御儀の読奏の次第については前掲註（6）須原論文、森公章「試郡司・読奏・任郡司ノート」（『古代郡司制度の研究』吉川弘文館、二〇〇〇、初出一九九七）参照。

（11）　本史料については、前田尊経閣文庫所蔵巻子本（十八巻本）『西宮記』に拠った（『尊経閣善本影印集成』八木書店、一九九三・九五）。他の古写本（前田尊経閣文庫所蔵大永鈔本『西宮記』、宮内庁書陵部所蔵壬生官務家旧蔵本『西宮記』）や刊本では、

国解ニハ今擬と注セリ。而省作二読奏一之時、奏料幷卿料如二国解一今擬と注。上卿幷輔料ニハ国擬と注。惣同事也。（後略）

と、傍線部「幷卿料」の字句が挿入されている（なお、前田家巻子本『西宮記』を底本とする新訂増補故実叢書は「　」で傍点部を補っている）。しかし、『西宮記』の載せる読奏の次第は天皇不出御儀であり、この場合儀式に式部卿は参加しない。したがって、式部卿用の「読奏」を作成する必要性は認められない。このような事情と、前田家巻子本『西宮記』が平安末から鎌倉初期にかかる写本であるという点を考慮し、同本に従うこととした。なお写本については、和田英松「西宮記考」（新訂

増補故実叢書『西宮記』解題、明治図書出版、一九五二、初出一九二〇)、早川庄八「壬生本『西宮記』について」(『日本古代の文書と典籍』吉川弘文館、一九九七、初出一九七〇)、北啓太「壬生本『西宮記』旧内容の検討」(『史学雑誌』一〇一―一一、一九九二)、橋本義彦「『西宮記』」(『日本古代の儀礼と典籍』青史出版、一九九九、初出一九九五)参照。

(12) ここでいう「読奏」とは、「擬文」「奏案」などと表記されることもある文書である。『西宮記』郡司読奏の記述によれば、「擬文」(「読奏」)には全国の郡領候補者の総数と畿内・七道の順にまとめられた各国の朝集使名と現任郡領名(この時に退任する者)、後任候補者名(これが国擬・国擬者、今擬・今擬者と称される)、さらに譜第の有無とその種類(立郡譜第・傍親譜第・労効譜第・無譜)、そして候補者各自の国司レベルでの銓擬理由や試郡司の結果などを記したと考えられる「断入文」(前掲註(6)須原論文)が添えられている。この文書は式部省により三通用意され、天皇、上卿、式部輔の手元に配られる(上卿・式部輔の手元にある「読奏」に関しては『北山抄』では上卿料を「擬文」、式部輔料を「奏案」としている)。

(13) 厳密には掃部寮も関与するが、それは座の設営に関することであり、読奏の内容そのものにかかわっているわけではない。

(14) 『宮内庁書陵部本影印集成』(八木書店、二〇〇六・〇七)により翻刻。故実叢書本(巻十五宣旨事、当該巻の底本は宮内庁書陵部所蔵松岡本)など活字化されたテキストもあるが、字句等に若干の相違が見られることから、当該箇所の最も良質な古撰本と考えられる宮内庁書陵部所蔵壬生官務家旧蔵本を用いた。『西宮記』の写本について前掲註(11)諸論文参照。

(15) 他の二例は応和三年(九六三)尾張国海部郡大領の任用に関するものと、康保二年(九六五)美濃国各務郡大領に関するものである。また貞元二(九七七)・三年讃岐国多度郡大領に関するものも掲載されるが、これは任用申請の国解が提出された翌年に式部省の請奏が添えられ、式部省厨家料一分代による任用として宣旨によって許可された例である。故に他の四例とはやや性質の異なるものである。

(16) 五味文彦「宣旨類」(『院政期社会の研究』山川出版社、一九八四、初出一九八三)。

(17) 早川庄八『宣旨試論』(岩波書店、一九九〇)。

(18) 史料9―aの宣旨の奉者大江斉光は、『公卿補任』天元四年の尻付より天徳三年に式部大丞に在任していることが確認でき、bの藤原雅頼は『類聚符宣抄』巻七依着座恪勤預爵事に収録される応和四年三月五日付の式部丞の殿上の上日を式部省の上日に加えることを許可した奉勅の下外記宣旨の中に、「式部少丞正六位上藤原朝臣雅材」と見えている。

（19）前掲註（17）早川論文の分類名称による。

（20）当該逸文を含む裏書が対応する本文は史料7同様、式部省に下されるべき宣旨の内容を列挙した部分である。そこには「復任。郡司復任、不レ経レ奏之間、官以二上宣一仰二官掌復任一。以二傍官掌一申下。」とあり、郡司の復任に関する宣旨が式部省に下されていたことが確認できる。

（21）写本については前掲註（11）諸論文参照。

（22）なお、本文と裏書の対応については、前田尊経閣文庫所蔵大永鈔本『西宮記』（壬生本の転写本）を参照した。冊子本である大永鈔本『西宮記』では、本来裏に記されていた裏書をそれぞれの対応部分の末尾に記載していることから、裏書の勘物と表の項目との対応関係を知ることができる。

（23）『公卿補任』康保三年（九六六）条、源延光尻付によると、延光は天徳四年（九六〇）九月十六日に蔵人頭に任じられている。康保三年九月十七日には参議に任じており、この時に頭を辞したと考えられる。

（24）『公卿補任』応和三年条。

（25）この表現形式を模式化するならば、「令三α仰二β〜一」→「αヲシテβニ〜ヲ仰セシム」となる。即ち、天皇がα（蔵人など）を遣わし、β（大臣や大・中納言）に〜という内容の宣旨を下すよう伝達させるという表現方法である。

（26）この表現形式を模式化するならば、「令三α給二βγ申〜一」→「αヲシテβニγ申セル〜ヲ給ハシム」となる。つまり、宣旨を下して許可する内容が「γ申セル〜」と、申請者を明記する形で詳細に記される表現形式である。

（27）『西宮記』巻三列見の傍注（新訂増補故実叢書『西宮記』第一）に、応和元年に国光が権左中弁であった旨が記され、『類聚符宣抄』巻九文章生試に見える応和三年八月一日付式部省解状には、国光が権左中弁兼式部権大輔として位署を加えていることから、応和二年にも権左中弁であったと考えられる。

（28）『公卿補任』応和二年条。

（29）大納言は藤原国経、左大臣は藤原時平（『公卿補任』延喜六年条）。「当時」は源当時のことで『公卿補任』延喜十一年条の尻付には、

（前略）同〔寛平〕七八十六左少弁。同八正廿六権右中弁。二月十五兼木工頭。五月廿五日右中弁。同九五廿五左中弁。昌泰元十一廿八正五位下。同四四九聴雑袍。延木二正七従四位下。同七正十三兼周防権守。同八正十二遷右兵衛督。

とあり、延喜六年には左中弁であったと考えられるが、『弁官補任』延喜五年の項には、同年三月二十五日に弁を辞した旨が記されており判然としない。なお『日本紀竟宴和歌』には、同年閏十二月十七日に「従四位下行左中弁兼木工頭」と見えている（『大日本史料』第一編之三、七五六頁）。

（30）読み下しは次の通り。

応和元年九月二十四日、頼忠朝臣、式部大輔直幹朝臣ノ勘申セル弘仁格郡司復任スベキノ文ヲ奏ス。中納言源朝臣ニ仰セシム「前日大外記傳説ヲシテ、申セル『郡司服解ノ替』ヲ給ハシムルノ時、式部省ヲシテ郡司復任スベキノ由有リヤ否ヤヲ勘申セシムルニ、所見無キノ由ヲ勘申ス。而ルニ直幹朝臣ノ申ス所此ノ如シ。宜シク彼ノ省ニ勘問セシムベシ」。

（31）『公卿補任』応和三年条藤原頼忠尻付によると、天徳四年四月二十二日に右大弁、応和三年九月四日に参議に任ぜられて右大弁は「如元」。

（32）『公卿補任』応和元年条。

（33）『外記補任』応和元年条。

（34）『類聚三代格』巻七郡司事所収の宝亀六年四月二十二日勅が該当する。この勅は鼇頭標目に「弘式」とあり、また『弘仁格抄』式部下には「勅　宝亀六年四月二十二日」とあることから弘仁式部格だったことが確認され、内容も「服解郡司理須二復任一。不レ可下停二前人一擬中他人上」とあり、服解した郡司は原則として復任することになっていたようである。

（35）『三代御記逸文集成』（国書刊行会、一九八二）より『村上天皇日記』に見える傳説が勘申を行う、もしくは勘申を命ぜられている記事を列挙しておくと、天暦七年二月十三日条（「失火百姓賑給例文」の勘申）、同八年十二月十五日条（左大臣に傳説の勘申「山陵国忌廃置」を給う）、天徳四年五月四日条（傳説を召し「皇后依服喪出宮否之例」の勘申を命じる）、同年同月二十五日条（「権中納言転正時付兼字例文」を勘申）、応和二年十二月条（「新薬師寺文」を勘申）、同三年四月十二日条（「神事間忌失火穢例文」を勘申）となる。

（36）『公卿補任』応和四年条。

（37）勿論、他の読み方も十分想定され、この読解は一試案に過ぎないことを断っておきたい。しかし、本章で試みた読解が誤っていたとしても、後に掲げたⅰ～ⅳの宣旨による郡司の任用過程の復元案には大きな影響はないと考えられる。先にも指摘したが、史料9の国解・宣旨からｉ・ⅳに相当する過程は復元可能であり、残りのⅱ・ⅲの過程もｉ・ⅳからその存在を十分推定し得るからである。

(38) 史料9に掲げなかった残りの二例もこのケースにあたる。

(39)『西宮記』郡司読奏の裏書に「違例越擬とハ不レ経二少領一度擬二大領一者也」とある。

(40) 不出御儀の大まかな流れについては前掲註(10)参照。

(41)「奏案」「擬文」に関しては前掲註(12)参照。

(42) 前掲註(12)参照。

(43)『北山抄』巻三拾遺雑抄上読奏事の勘物にも、天延三年（九七五）度の読奏において、服解者に替え別人を任用することについて疑義が呈されたというものが見えている。服解者の替えの任用については当時混乱することが多かったようである。

(44) 坂上康俊「負名体制の成立」（『史学雑誌』九四―二、一九八五）、山口英男「十世紀の国郡行政機構」（『史学雑誌』一〇〇―九、一九九一）、森公章「雑色人郡司と十世紀以降の郡司制度」（前掲註(10)書、二〇〇〇、初出一九九八・九九）など。

(45) 関晃「倭漢氏の研究」（『関晃著作集　第三巻』吉川弘文館、一九九六、初出一九五三）。

(46) 早川庄八「選任令・選叙令と郡領の「試練」」（『日本古代官僚制の研究』岩波書店、一九八六、初出一九八四）、森公章「評司の任用方法について」（前掲註(10)書、初出一九九七）。

(47) 宮城栄昌「延喜・天暦時代の郡司の任命法」（『延喜天暦時代の研究』吉川弘文館、一九六九）。

(48) 主な研究としては、磯貝正義「郡司任用制度の基礎的考察」（『郡司及び采女制度の研究』吉川弘文館、一九七八、初出一九六二）、同「桓武朝の譜第郡司政策の研究」（同書、初出一九六五）、新野直吉「郡司制の諸問題」（『日本古代地方制度の研究』吉川弘文館、一九七四）、米田雄介「郡司の出自と任用」（『郡司の研究』法政大学出版局、一九七六）、今泉隆雄「八世紀郡領の任用と出自」（『史学雑誌』八一―一二、一九七九）、山口英男「郡領の銓擬とその変遷」（『日本律令制論集　下巻』吉川弘文館、一九九三）、森公章「律令国家における郡司任用方法とその変遷」（前掲註(10)書、初出一九九六）、毛利憲一「郡領の任用と「譜第」」（『続日本紀研究』三三八、二〇〇二）、同「郡領任用政策の歴史的展開」（『立命館文学』五八〇、二〇〇三）、須原祥二「郡司任用制度における譜第資格」（『日本史研究』四八八、二〇〇三）など。

(49) 前掲註(2)土田論文。
(50) 今江広道「「令外官」の一考察」(『続日本古代史論集　下巻』吉川弘文館、一九七二)。
(51) 養老選叙令3任官条。前掲註(46)早川論文によれば、大宝選任令でも同様であったと考えられる。なお、早川氏は畿内政権論を念頭に、郡司(郡領)が奏任の官であることの理由を、畿内政権の首長である天皇と、畿外諸地域の首長である郡司との対立関係の中に求めている。しかし、前章でも見たように、その理由は対立関係に限らない天皇と郡司の強い紐帯に求めるべきだろう。
(52) 南部昇「大宝令的郡司制創出の意義」(『日本古代中世の政治と宗教』吉川弘文館、二〇〇二)。

第二部　郡司任用制度と郡司層

第一章　郡司譜第考

はじめに

重厚な研究史を擁する郡司制度の研究にあって、郡司の譜第は未だ論じ尽くされ得ないテーマの一つである。磯貝正義(1)、新野直吉(2)、米田雄介(3)氏らにより基礎的な史料の収集と分析が行われ、通説的な見解が形成されたあとも、郡司の譜第に関する研究は連綿と続けられている。それは郡司の譜第が、その任用をめぐる「譜第主義」と「才用主義」という対概念の一方を規定していたからである。そのため、今泉隆雄氏による「譜第主義」と「才用主義」の止揚の試み(4)や、山口英男氏による法制度の整備という観点からの郡司任用政策の考察(5)など、郡司制研究の画期をなしてきた諸研究においても、郡司の譜第の意味は常に問われ続けてきた。それでも郡司の譜第をめぐる議論はなお終息を見せず、その後も毛利憲一氏(6)や須原祥二氏(7)らによる検討が行われている。

そもそも郡司の任用における「譜第主義」と「才用主義」の問題は、令に規定された郡司任用規定をどちらの基準で理解すべきなのか、という点が議論の端緒となる。それは令文をどう解釈するのかで、その後の任用制度の展開・意義づけが左右されるからである。その意味で、律令制的な郡司制度の出発点として、令制における郡司の任用規定と譜第とのかかわりを論ずることは、重要な課題であるといえよう。本章はこの点を念頭に、従来の研究の驥尾に付しながら、郡司の譜第について卑見の一端を述べようとするものである。

そこでまず、第一節で、継受法としての側面に留意しながら、日本令の郡司規定について考察したい。そして第二節では、郡司の譜第を具体的な事例に即しながら論じてみたいと思う。

一　日本令の郡司規定

これまでも多くの先行研究が、郡司関連条文の分析を通し、日本令における郡司の任用規定を論じてきた。しかし令文の記載から郡司任用の在り方や位置づけを読みとる際、慎重を要する点がある。それはいうまでもなく、日本令が唐令を継受した上で作成されているということである。例えば、養老戸令33国守巡行条の、

（前略）其郡境内、田疇闢、産業修、礼教設、禁令行者、為㆓郡領之能㆒。（中略）人窮遺、農事荒、奸盗起、獄訟繁者、為㆓郡領之不㆒。（後略）

という記述は、郡領の職掌を具体的に列挙したものとして言及されることがある。(8) しかしこの条文は、「郡」や「郡領」といった日本固有の表記を除けば、『晋書』巻三武帝本紀泰始四年六月甲（丙）申朔詔とほぼ同文である。(9) したがって戸令巡行条は、西晋の制度が、唐令を経て日本令に継受された結果であり、日本の郡司の特質を表しているとは必ずしもいいきれない。本条のみならず、日本令を論じる際には、母法たる唐令の存在に留意しなければならない。この視点を抜きにして行われた令文の検討は、唐令の論理を間接的になぞっただけになりかねず、日本の郡司制度の特質の解明に寄与するところも少ない。

もっとも、郡司研究の出発点をなした坂本太郎氏の研究においても、唐令を念頭にすでに郡司と中国の県令との比較検討はなされているし、(10) 野村忠夫氏も郡司と唐の流外官との対応関係を論じている。(11) また井内誠司氏も郡領の任用

における「才用」の意味を、関連する日唐令の比較から考察している。[12]このように従来も、唐令や唐制に留意した研究が見られるが、それらは限定的な条文の比較検討にとどまっているように思われる。令制に構造化された郡司制度の特質を問うには、広く郡司に関連する令文を母法たる唐令の継受の在り方を踏まえつつ概観する必要があるだろう。

そこで本節では、継受法であることに留意しながら、日本令の郡司関連条文を検討してみたい。

1　郡司関連条文と唐令

次に掲げた表3は、養老令文中で郡司に言及した条文の一覧である（なお表に掲げた条文は、大宝令でもほぼ同義だったと推定される）。このうちA類は、『唐令拾遺』や『唐令拾遺補』、もしくは北宋天聖令及び同令附載の不行唐令[13]（開元二十五年令）により、現段階で対応する条文が確認でき、母法たる唐令をほぼそのまま引き写した条文群である。一方B類は、対応する唐令が確認されるが、A類と異なり、相当程度改変されている条文群である。そしてC類は、現段階では対応唐令を復元できていないか、あるいは想定されていない条文群である。なお、B—①②⑤⑥とC—①③⑤は郡司に言及するものの、郡司制度と直接関係を持たない条文であることから、今回は考察の対象外とした。[14]また、正確な唐令の復元が困難な職員令も除外した。

まずA類から分かることは、⑤を除き、唐令の「県」「県令」「県官人」を「郡」「郡司」に置き換えた上で条文をほぼそのまま引き写していることである。したがってこれらの条文から、郡司が唐の県官人に准えられていることが確認できる。しかし、その内容は引き写しであるため、郡司の特質を読み取るには限界がある。そこに示されているのは、日本令制定者の意図する、飽くまで唐令を前提とした上での郡司の法制上の位置づけにとどまるだろう。[15]

そのような中で、⑤のみが唐の流外官規定を郡司に読み替えている点が注目される。郡司は県官人のみならず、流

表3 郡司関連条文一覧

〈A類〉

No.	養老令	内容	対応唐令	対応関係（養老令—唐令）	備考
①	戸令33国守巡行条	国守が巡行の際に判定する「郡領之能」を列挙	復旧唐戸令三八条（開元七）	国守—州刺史 郡—県 郡領—県令	
②	賦役令13口及給侍条	課口等の死亡届の規定	天聖令附載不行唐賦役令10条（開元二五）	国郡司—県	
③	考課令54国郡司条	国郡司の考の進降規定	復旧唐考課令三六条（開元二五）	国郡司—州県官人 国郡司—刺史・県令	
④	考課令65殊功異条	優れた成績の国郡司政の報告規定	復旧唐考課令四三条（開元二五）	国郡司政—州牧・刺史・県令政	
⑤	考課令67考郡司条	郡司の勤務評定に関する規定	復旧唐考課令四四条（開元七）	**郡司—流外官**	
⑥	営繕令16近大水条	洪水時の堤防の管理規定	復旧唐営繕令八条（開元二五）	国郡司—刺史・県令	北宋天聖営繕令23条では「州県長吏」
⑦	雑令12取水漑田条	碾磑の設置許可の規定	北宋天聖雑令15条	国郡司—州県	宋令と養老令の文言がほぼ一致することから、唐令もほぼ同文であったと考えられる
⑧	（戸令32鰥寡条）	（路上の病人の収容規定）	（復旧唐戸令三二条〈開元二五〉）	（当界郡司—当界官司）	『令義解』本条には「当界郡司者、挙其一端」とあり、必ずしも郡司のみに関する条文であるとは限らない

〈B類〉

No.	養老令	内容	対応唐令	対応関係（養老令—唐令）	備考
①	△賦役令19 舎人史生条	主政帳は免徭役	天聖令附載 不行唐賦役令15条（開元二五）	主政・主帳—佐・史	唐の州県佐・史は主典相当官で雑任。ただし佐・史は免課役
②	△学令2 大学生条	国学生は郡司の子弟を採用	復旧唐学令補一乙条	国学生—州県学生 郡司子弟—部下県人	学生に関する条文
③	選叙令3 任官条	郡領を奏任、主政帳を判任と規定	復旧唐選挙令二条（開元二五）	—	
④	選叙令13 郡司条	郡司の任用基準	復旧唐選挙令補二条（開元七）	**郡司—流外官**	一般官人の任用基準を定めた4応選条とは別に立条
⑤	△選叙令27 国博士条	国博士・医師の考限・叙法は郡司と同じ	復旧唐選挙令補三条（開元七）	—	国博士・医師に関する条文
⑥	△軍防令37 兵衛考満条	兵衛から郡司への転任の際の規定	復旧唐軍防令二一条（開元七）	—	兵衛に関する条文
⑦	儀制令11 遇本国司条	国司に対する郡司の下馬規定	復旧唐儀制令一七条	（郡司—県令）	

〈C類〉

No.	養老令	内容	備考
①	△戸令34 国郡司条	国郡司の所部における迎送の禁止や供給の制限	対応する唐令が存在した可能性あり（利光一九九四）「供給」に関する条文

②	田令32 郡司職分田条	郡司職分田に関する規定	国司の職分田を定めた31在外諸司職分田条とは別に立条
③	△学令14 解経義条	国郡司の国学における教授に関する規定	国学に関する条文
④	選叙令15 叙郡司軍団条	郡司と軍団の官人の考限を規定	国司を含む一般官人の考限を定めた9遷代条とは別に立条
⑤	△軍防令38 兵衛条	兵衛の任用基準、采女の貢進基準	兵衛・采女に関する条文
⑥	儀制令18 元日国司条	国府における元日の儀式に関する規定	対応する唐令が存在した可能性あり（大隅一九九二）
⑦	（僧尼令5非寺院条）	（国郡司による僧尼の管理規定）	（対応する唐道僧格は復元が不十分）

*唐令は『唐令拾遺』『唐令拾遺補』（東京大学出版会、一九六四、一九九七）の復元に従った。ただし『北宋天聖令』及び同附載の不行唐令も参照した。

*C—①の（利光一九九四）は、利光三津夫「職制律監臨官強取猪鹿条について」（『律令研究続貂』慶應通信、一九九四）。

*C—⑥の（大隅一九九二）は、大隅清陽「儀制令と律令国家」（『律令官制と礼秩序の研究』吉川弘文館、二〇一一、初出一九九二）。

外官にも准えられているのである。従来も坂本氏が郡司と県令との、野村氏が流外官との対応関係を指摘しているが、(16)意外にも郡司がこの双方に准えられていることにはあまり注意が払われていない。ところがこの点は看過し得ない重要な問題である。何故なら唐制では、県令を含む県官人は例外なく流内官とされるからである。

唐では、(17)定員の決められた官人には流内官・流外官・雑任の三段階があり、本来的な意味での「官」は流内官のみを指し、流外官以下は職掌人などと呼ばれ、官と民の中間にあって官庁機構を底辺で支えていた。このうち流外官は、告身（辞令）が発行される点で雑任以下と区別されるが、その大部分は京師の官署に属し、流内官たる府・州官人や県官人の下に置かれたのは、流外官ではなく、雑任とされる胥吏であった。したがって、唐制においては県官人は勿論のこと、その下に配された地方役人である胥吏も含め、彼らが流外官とされることはあり得ない。日本令は郡司を県令に准える一方で、流外官にも准えるという点で模範とした唐制を逸脱しているのである。

以上から、日本令が県・県官人に関する唐令のみを、単純に引き写して全ての郡司関連条文を立てたわけではないことが分かる。日本令制定者は、条文の内容によって県官人と流外官の規定を選び分けながら、郡司関連条文を制定したのである。そしてこれにより、日本令は唐令の論理を逸脱してしまい、その結果、条文の内容を改変、もしくは新立せざるを得ない場合が生じたのではないだろうか。

このように考えると、A類は、県官人規定と流外官規定を選び分けながら唐令をそのまま使用できたケースであったのに対し、B・C類は、唐令をそのまま用いることができず、改変や新立を余儀なくされた条文ということになる。すると、B・C類にこそ日本令における郡司の特質が最も端的に表れていると考えられ、同時に、郡司を令制に位置づけるに際し、県官人のみならず、流外官規定をも援用しなければならなかった理由もここに集約されていると予想されよう。したがって、これらを読み解くことで、令制に構造化された郡司の特質を明確にし得るのではないだろうか。そこでB・C類に分類される条文を検討してみたい。

まずB―⑦、C―⑥に注目したい。これらはともに儀制令である。C―⑥は、現段階では対応する唐令が確実には復元されていないが、その存在を推定でき、日本令が特別な郡司の規定として改変を加えていること、またB―⑦とあわせて、中央とは区別された地方における国司に対する郡司の致敬を定めた条文であることが大隅清陽氏によって指摘されている(18)。したがってこれらの条文は、郡司の特殊性を示すと同時に、国司に従う属僚としての郡司の地位を明示するものといえよう(19)。

さらにC—②④は、郡司を他の官人と区別した条文であると考えられる。②の田令32郡司職分田条は、他の地方官の職分田を規定した31在外諸司職分田条とは別個に立てられているが、これは、現地の有力者である郡司に認められる職分田の存在形態の特殊性による区別である。郡司職分田は、地方有力者層の影響力が強い土地を読み替える形で設定されたと考えられることから、国家の管理のもと、任期中一時的に給付される国司職分田などとは性質を異にしており、同一の条文で規定することができなかったのである。(20) ここから郡司の官人としての異質性を読み取ることができるだろう。

C—④選叙令15叙郡司軍団条についても、国司を含む官人一般に対する同様の規定が、9遷代条に見られることから、郡司や軍団官人を、考限の面において他の官人と区別しようという意図が読み取れ、流外官規定を引き写したA—⑤の考課令67考郡司条と対応する。また、考限を他の長上官よりも長くすることは、国司・郡司間の地位の格差、即ち国司の属僚たる郡司の位置づけを明示することにもつながるだろう。

以上のB・C類の条文の検討からは、i郡司を他の官人とは区別するという要素と、ii郡司を国司の属僚として位置づけるという、二つの要素を抽出することができる。日本令制定者が唐令の内容を改変・新立したことにより、唐令のままでは表現し得ないこれら二つの要素が令文内に組み込まれているのである。

この点を踏まえた上で、郡司の任用について定めた条文であるB—④の選叙令13郡司条と、B—③選叙令3任官条を分析してみたい。

2 郡司条と任官条

次に掲げたのが、B—④選叙令13郡司条である（傍点は確実に復元可能な大宝令の文言）。

凡郡司、取下性識清廉、堪二時務一者上、為二大領少領一。強幹聡敏、工二書計一者、為二主政主帳一。其大領外従八位上、少領外従八位下叙之。其大領少領、才用同者、先取二国造一。

まず、この条文が官人一般の任用を規定した選叙令4応選条とは別個に立てられていることから、ここからも郡司を他の官人とは区別するという要素（i）を確認できる。さらに本条では、郡領（大・少領）に対する外位の初叙規定が定められていることも注目される。

令制下の外位制の意義・特質については見解が分かれるが[21]、神亀五年格以前の外位は、官位相当に組み込めない官職のために用意された「補助的位階」であること[22]、また「令制「国」」や「公的「家」」など、国司・本主を基点とする独自の秩序の構成員に与えられる位階であることなどが指摘されている[23]。これらの指摘のうち、前者からは前項で示したiの要素を、後者からはiiの要素を読み取ることができる。したがって、外位の規定が取り込まれた郡司条には、他のB・C類の条文から抽出できた二つの要素を、ともに確認できる。

さらに注目すべきは、この条文が次に掲げた復旧唐選挙令補第二条（開元七年令、『唐令拾遺補』による）を改変して定立されていることである（復元典拠は『旧唐書』巻四三食貨志など）。

凡択二流外一、取下工二書計一兼頗暁中時務上。

このように郡司条は、唐令の流外官の任用規定を改変することで定立されているが、実はこの点にこそ、日本令制定者が唐の流外官規定を援用した理由が端的に表れていると考えられるのである。

郡司の任用については早川庄八氏が指摘したように、奏任たる郡領は大宝令施行後も他の奏任の官と異なり、例外的に式部試練の対象とされ、特別な任用方法がとられていた[24]。つまり郡領の任用は、他の官人と明確に区別されていたのである[25]。そしてこのような郡司（評官人）任用の在り方は、孝徳朝まで遡る可能性が高い[26]。

この点を考慮した時、唐制では県官人を含めた流内官が流内銓と呼ばれる試験によって任用されるのに対し、流外官は流外銓（小銓）によって任用されることになっていた[27]という事実は非常に示唆的である。つまり、流内官と流外官はそれぞれ別に任用が行われていたということと、日本においては郡司の任用が他の官人と区別されていたという事実とは極めて類似しているのである。唐の流外官規定を改変しつつ郡司条を定立した理由は、郡司を他の官人とは区別して任用するという、孝徳朝以来の在り方を令制に構造化するためだったのではないだろうか[28]。

さらに孝徳朝以来の郡司任用の在り方は、B—③選叙令3任官条とも深くかかわっている。次に掲げたのは『通典』巻一五選挙三歴代制下に拠って復原される復旧唐選挙令第二条である（開元二十五年令、『唐令拾遺補』による）。

> 諸諸王及職事正三品以上、若文武散官二品以上、及都督・都護、上州刺史之在㆓京師㆒者冊授。（中略）五品以上皆制授。六品以下守五品以上、及視五品以上皆勅授。○自㆓六品㆒以下旨授。其視品及流外官、皆判補之。

この条文は官人の任官区分を規定しているが、唐制では視六品以下と流外官が判補とされ、それ以外の官人は旨授までのいずれかに分類される。したがって流内官たる県官人は、それぞれの官位相当にしたがって旨授までに分類されることとなる。そしてこれに対応するのが、B—③選叙令3任官条（大宝選任令でもほぼ同文[29]）である。

> 凡任官、大納言以上、左右大弁、八省卿、五衛府督、弾正尹、大宰帥勅任。余官奏任、主政、主帳及家令等判任。舎人、史生、使部、伴部、帳内、資人等、式部判補。

ここからは、郡司の主政帳が判任に分類されていることが分かり、郡領に関しては『令集解』同条に付された諸註釈が説くように、奏任に分類されていたと考えられる。前掲復旧唐令で流外官が判補とされていたことを勘案すれば、任官区分に関しては、郡司は流外官ではなく流内官に近い位置づけを与えられていると考えられる。

ここで想起したいのが、奏任である郡領に関しては特別に郡司読奏という場が設けられ、天皇の直接的な関与によって任用が確定することになっていたということである。[30]そして先にも触れたように、読奏を含めた郡司任用の在り方は孝徳朝にまで遡る可能性が高い。したがって、任用基準では流外官に准えられた郡司が、任官区分では流内官に相当させられているのは、特に郡領を天皇との直接的な関係性の中で任用するという、孝徳朝以来の任用の在り方に強く規制された結果だと考えられるだろう。

このように見ていくと、日本令には、郡司条や任官条を軸に、孝徳朝以来の郡司の特別な任用方法が構造化されていることが分かる。第一部第一章で指摘したように、地方有力者である郡領を他の官人とは別に天皇との直接的な関係性の中で任用することで、古代国家の地方支配上の中央集権性は支えられていた。地方有力者を天皇の権威のもとで奏任たる郡領に転身させることが、郡司（郡領）任用の持つ歴史的意義なのである。その意味で、郡司は古代国家にとってユニークかつ重要な存在であり、他の官人と同一には扱い得ない側面を有するのである。日本令制定者は郡司を県官人に准えるとともに、唐令の流外官規定をも巧みに取り入れることで、このような郡司の特質を令制に構造化しているのである。従来も、選叙令が一般官人の任用を規定した応選条とは別に郡司条をわざわざ立条した意味が問われてきたが、[31]本章ではその理由を、郡司の特殊な任用の在り方に求めたい。[32]

したがって、前項で確認した郡司を他の官人とは区別するという令文の意図（要素ⅰ）は、このような郡司の特質に由来するものといえよう。同時に、一般官人と同一に論じられない性質を持った郡司は、国司との関係性を曖昧にしかねない。だからこそ、殊更に国司の属僚としての郡司の地位を強調する条文（要素ⅱ）も必要だったのである。[33]

3　郡司関連条文と「譜第主義」、「才用主義」

前項までで論じたように、日本令の郡司関連条文は、郡司を唐の県官人に准えつつ、流外官の規定も巧みに援用しながら、孝徳朝以来の郡司任用方法やそこに由来する特質を令制に構造化することを目的としているのである。そこからは、「譜第主義」であれ「才用主義」であれ、明確な郡司の任用基準を示そうという意図を読み取ることは難しいように思われる。従来、日本独自の郡司の任用基準が示されているとされた選叙令13郡司条も、唐の流外銓を念頭に、郡司独自の任用方法を令制に構造化する役割を果たしているのである。

確かに郡司条と対応する唐令とを見比べると大きな改変が認められる。具体的には、ア「性識清廉」「強幹聡敏」「才用」などの文言を付加する、イ郡領の初叙規定を付加する、ウ「才用」が同じ場合の「国造」優先規定を付加する、というものである。これらについて検討しておきたい。

まずアについては、従来ここから令制の「才用主義」が論じられてきた。しかし、「性識清廉」は「堪時務」に、「強幹聡敏」は「工書計」にかかる抽象的な文言である。そして「堪時務」や「工書計」という文言は、復旧唐選挙令補第二条から引き写したものである。しかも当該唐令は流外官の任用規定であり、流外官のほとんどが中央官署の職掌人であることを考えれば[34]、そもそもこれらの文言は、現地採用の地方官である郡司の任用を定めた郡司条にはそぐわない。「才用」の中身を指すと考えられるこれらの文言は、「性識清廉」「強幹聡敏」の語も含め唐令から移植された概念であり、しかも郡司の任用条件としては必ずしも適切ではない。だとすれば、郡司条に見えるこれらの文言から日本令における郡司の特質を積極的に読み取ることには慎重になるべきだろう。

次に、イの外位の初叙規定については、前項で述べた通り郡領を他の官人とは区別しつつ、国司の属僚に位置づけるために盛り込まれたと考えられる。

最後にウについては、ここや軍防令37兵衛考満条の「兵衛→郡司コース」の存在を根拠に、令制の「譜第主義」的側面を主張する見解[35]もあるが、両者ともその本質は任用基準に現地採用の要件を組み込むことにあるとすべきであろう。すでに指摘されているように、郡司条の国造優先規定は飽くまで註であるし、兵衛も全ての郡から出されているわけではないことを再確認しておきたい(36)。

以上のように郡司条が示しているのは、地方官としての資質を持つ現地出身者を、他の官人とは区別しながら（孝徳朝の任用方法そのままに）、国司の属僚として郡司に任用する、ということであり、「才用主義」もしくは「譜第主義」とはっきり判断できる内容とは認めがたい。従来、令制における郡司の任用については、律令官人としての資質・能力を重視する「才用主義」であったという見解(37)と、代々郡司職に就任してきた家系に属していることを重視する「譜第主義」の要素が組み込まれていたという見解(38)が提示されていた。しかし、郡司関連条文から明確に読み取れるのは、孝徳朝以来の任用の在り方を令文の中に構造化するという意図であり、郡司条についてもそのように理解することができる。

そもそも令制に、「才用主義」の要素を見出せるのは当然のことである。官人としての能力を有する者を任用するという原則は、極めて高い普遍性・一般性を備えている。にもかかわらず「才用主義」が問題とされるのは、個人の才能や資質とは対極にある、系譜や出自にもとづく「譜第主義」による任用を、令文に見出そうとするからである。つまり、「才用主義」は、「譜第主義」の存在を前提として初めて議論の対象たり得るのである。

しかし、日本令の郡司関連条文からは、明確に「譜第主義」を読み取りがたい。令文中には「譜第」という語句や概念自体が現れないのである。とすれば、少なくとも日本令の郡司関連条文の分析においては、自ずと「才用主義」という視点も有効性を失うことになるだろう。

したがって、令制には郡司任用の実質的規定はなく、郡が円滑に統治できればよいという程度の意味しか持たなかった(39)と考えるのが妥当であり、それ以上に本章では、孝徳朝以来の任用の在り方が令制に構造化されている点を重視したいと思う。

さらに踏み込んでいうならば、大宝・養老令制定段階の郡司政策では、孝徳朝以来の任用の在り方を踏襲するにとどまり、具体的な任用基準を国家が一元的に示す段階には至っていなかったのではないだろうか。だからこそ、令規定から「才用主義」や「譜第主義」などといった郡司の任用基準を明確に読み取ることができないのである。

しかしながら郡司の譜第は、『続日本紀』天平七年（七三五）五月丙子条を初見とし、八世紀以降の郡司任用政策に頻出する重要概念である。そこで次節では、具体的な事例を素材に郡司の譜第について考察したいと思う。

二　郡司の譜第

郡司の譜第について基礎的な考察を行った新野直吉氏は、「譜第郡司の家」を「大化孝徳朝立郡以来代々郡領に襲任して来た家」と解釈した(40)。つまり郡司の譜第とは、孝徳朝の立郡（評）を起点としているのである。『常陸国風土記』や『皇太神宮儀式帳』、『続日本紀』天平七年五月丙子条や『類聚国史』巻一九延暦十七年（七九八）三月丙申条などで、孝徳朝が郡（評）制の出発点と認識されていることを勘案すれば、郡司の譜第が同朝以降にしか存在し得ないことは明らかである。しかし従来の研究では、郡（評）制以前に遡る地方豪族としての大王やヤマト政権に対する仕奉の事実と、郡司の譜第をあまり明確に区別してこなかったように思われる。この両者を区別することなく郡司の譜第を論じてもよいのだろうか。本節ではこの点について検討してみたい。

1　郡司の譜第と「世」

まず、天平二十年（七四八）の「海上国造他田日奉部直神護解」（『正倉院古文書正集』第四四巻、『大日本古文書』第三巻一五〇頁）に注目してみたい。下総国海上郡大領への任用を願うこの文書は、式部試練の際の口頭による譜第申上に備えて作成されたと考えられるが[41]、そこで神護は、「祖父・父・兄良我仕奉祁留次爾在故爾」自らも大領に任じられることを請うている。神護の属する他田日奉部直氏は、敏達天皇六年に設置された日祀部[42]を管掌する国造氏族であったと考えられる。したがって、大王への仕奉という点では、遅くとも敏達朝まで遡れるはずである。

ところが神護は、自らの譜第を主張する際にその上限を「難波朝庭少領司」であった祖父の忍までとしている。これは、郡司への任用の際に問題とされる譜第が、飽くまで郡司（評官人）の譜第だったことを明確に示している。ここから郡司の任用に関しては、郡司の譜第と、それ以前の地方豪族としての仕奉とが区別されていたことが分かるだろう。このような観点から、郡司の譜第を再検討してみたい。

次に掲げたのは『続日本紀』天平七年（七三五）五月丙子条である。

> 制。畿内七道諸国、宜下除二国擬一外、別簡二難波朝廷以還譜第重大四五人一副上之。如有下雖レ无二譜第一、而身才絶レ倫、幷労勤聞レ衆者上、別状亦副、並附二朝集使一申送。其身限二十二月一日一、集二式部省一。

この史料は郡司の譜第の初見記事とされる。もっとも、天平六年出雲国計会帳に「軍毅譜第帳」が見えることから、「郡司譜第帳」も天平五年頃まで遡り得るが、いずれにしても郡司の譜第が確認されるのは天平初年ということになる。そして傍線部の「難波朝廷以還譜第重大」という表現から、ここで問題とされている譜第も「難波朝廷」＝孝徳朝以降のもの（郡司の譜第）であることは疑いない。さらにもう一つ重要なのは、譜第が「重大」であるということ、換言すれば譜第の軽重、即ち「優劣」[43]が問われていることだろう。譜第が「重大」であるというのはどのような状態を指すのだろうか。

そこで注目されるのが『類聚三代格』巻七郡司事所収天長四年（八二七）五月二十一日太政官符所引の天平十年（七三八）四月十九日太政官符である。

（前略）太政官去天平十年四月十九日符偁、奉レ勅、郡司縁二身労効一被レ任一世者、不レ得下取二譜第一之限上者。因レ茲省家所レ行労効二世已上既為二譜第一。（後略）

ここでは「労効」と称される、中央官庁や国府での勤務経験などが評価され郡司に任命された者[44]の譜第資格に言及している。これによれば、天平十年以降は「二世」以上に限って譜第を認定していたことが分かる。「一世」では譜第を認めないが「二世」では認めるというのは、「一世」よりも「二世」の方が譜第という点においてより「重大」であると評価されるからだろう。したがって譜第が重大であるということには、より多くの「世」を積み重ねているという意味が含まれていると考えられる。『北山抄』巻三読奏事でも、

（前略）譜第二世之者、祖別随有二二人一。三世者有二三人一。（後略）

と、譜第の二世（三世）とは、それぞれの祖別＝系譜にしたがって二人（三人）の郡司就任者がいることを意味するとしており、譜第は「世」の積み重ねにより評価されるものだったことが分かる。

それでは、ここで問題となる「世」とはいかなる概念であろうか。養老継嗣令1皇兄弟子条には、

（前略）自二親王一五世、雖レ得二王名一、不レ在二皇親之限一。（後略）

とあり、この場合の「世」は「世代」を意味している。また、養老田令6功田条では功田の継承について、大功は「世々不絶」、上功は「伝三世」、中功は「伝二世」、下功は「伝子」としている。集解同条に見える古記は、この功田

の継承について、

古記云、一世尽竟、伝二二世一。嫡孫庶孫各承二父分一。

と注釈（「一世」〈子世代〉が尽きてから、「二世」〈孫世代〉が親の分を継承）することからも分かるように（飽くまで条文解釈の一例だが）、「世」は明らかに「世代」を意味している。

これらの例を踏まえれば、郡司の譜第における「世」の積み重ねとは「世代」を基準にしたものだと考えられる。したがって、同一世代（兄弟間など）にいくら多くの郡司就任者がいたとしても、それは譜第重大とは認められなかったのではないだろうか[45]。譜第重大というのは、自らの連なる系譜のより多くの世代において郡司就任の事実が積み重ねられているということを意味しているのである。

叙上のように郡司の譜第とは、飽くまで孝徳朝以降を起点とし、なおかつその軽重（「優劣」）は、世代（「世」）を基準に決定されると考えられる。とするならば、孝徳朝の評（郡）制スタート以降、一定の世代交替の時間を経なければ譜第の軽重を軸にした優劣を問うことはできない。つまり、譜第の軽重にもとづく任用基準を設定するには、一定の世代交替の時間が必要なのである。

このように考えると、史料上初めて郡司の譜第に言及した天平七年制の意義を見極めるには、天平七年という時期の郡司の譜第をめぐる状況を明らかにしなければならない。そこで次項ではこの点について検討してみたい。

2　『紀伊国造次第』から見る譜第

天平七年段階の郡司の譜第の状況を考えるにあたり、本項では『紀伊国造次第』に注目してみたい。

この史料は、貞観十六年（八七四）に、第三十六代紀伊国造広世が作成した改写本をもとし、天正年間までの国造職の継承次第を記した史料であるが、奈良・平安時代の記述の信憑性もかなり高いとされている。(46) 国造職の継承を示す史料ではあるが、国造が郡司に近い地方有力者の地位であること、記述の中には国史に登場する人物が散見し具体的な年代確定が可能であること、さらには名草郡の立郡者を含め、郡司就任者を若干ながら確認できることから、郡司の譜第が積み重ねられていく様子を知る手がかりとなる。次に掲げた図1は、『紀伊国造次第』の七・八世紀代の記述をもとに作成したものである。(47)

まず注目されるのは、「立二名草郡一兼二大領一」とされる第十九代忍穂である。彼は「大山上」を有しているが、この冠位は大化五年（六五〇）と、それに続く天智三年（六六四）の冠制（～天武十四年〈六八五〉）に見られるものである。父の忍勝（押勝）が敏達朝の人であることを考えれば、忍穂の冠位は大化五年冠制である可能性が最も高い。(48) したがって、名草郡の立郡も孝徳朝大化年間＝「難波朝廷」時代の出来事と考えられる。すると彼を基点（「立郡世代」）に、天平七年までの世代交代の様子をうかがうことができる。

まず国造職に関しては、神亀元年（七二四）に任じられた真祖が「立郡世代」から見て「子世代」、次いで天平元年（七二九）に任じられた豊嶋が「曾孫世代」となり、天平七年当時は「曾孫世代」の豊嶋が国造であったと考えられる。実際には豊嶋の父である建嶋は国造に任じられていないが、可能性として、天平七年までに「立郡世代」から見て最大三世まで譜第が積み重ねられることが分かる。

もっとも、曾孫世代の二十八代吉継のあとは、孫世代（二十九代豊）→来孫（玄孫の子）世代（三十代五百友）→孫世代（三十一代国栖）→曾孫世代（三十二代豊成）と、世代を前後した継承を示しているが、ここではその継承事情については先行研究に譲り、(49) 可能性として、天平七年段階では「曾孫世代」まで国造職を継承し得たという事実を指摘したい。

図1　紀伊国造系図

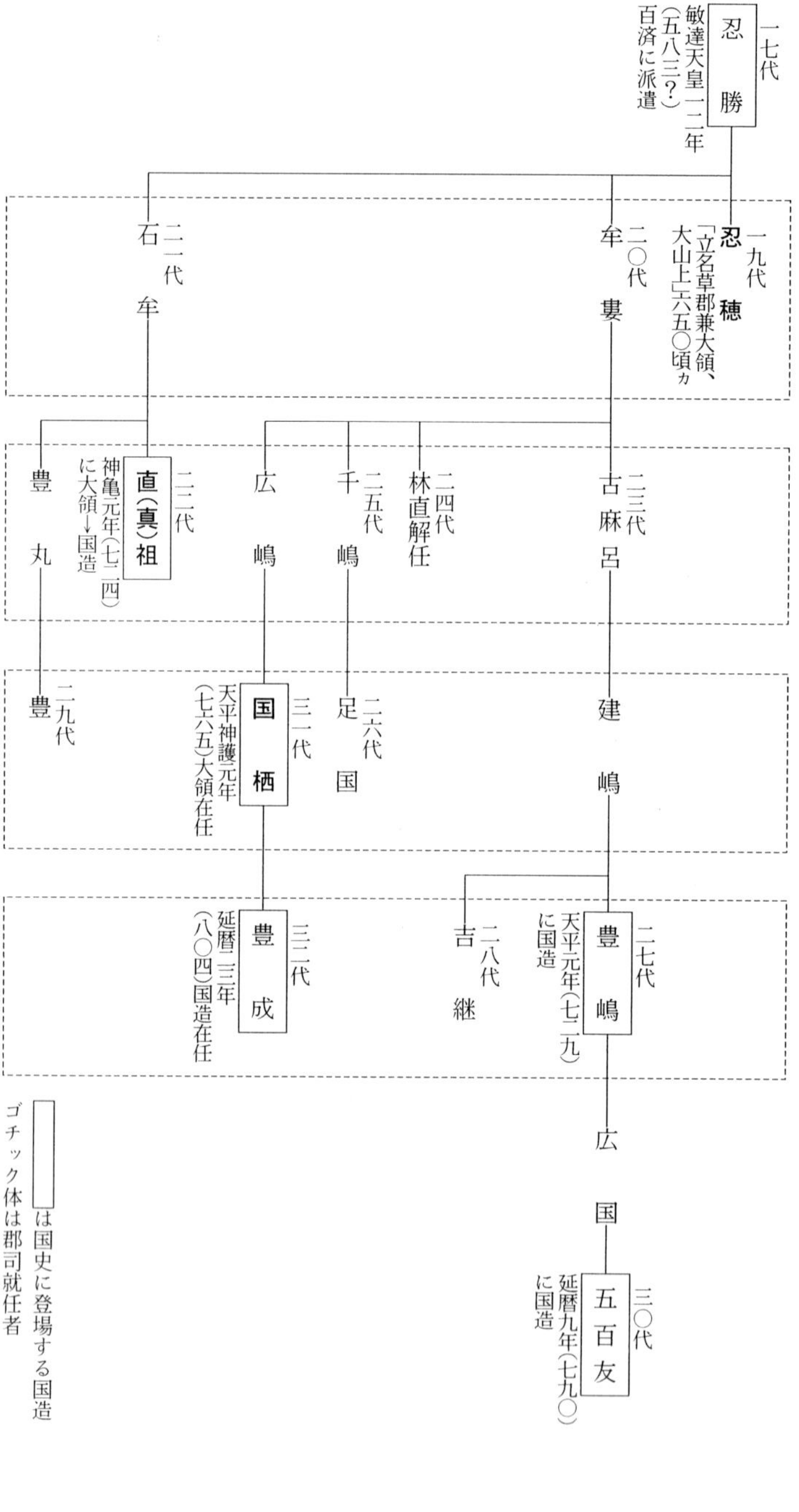
〈立郡世代〉
〈子世代〉
〈孫世代〉
〈曾孫世代〉
一七代
忍　勝
敏達天皇一二年
(五八三?)
百済に派遣
一九代
忍　穂
「立名草郡兼大領、
大山上」六五〇頃ヵ
二〇代
牟　婁
二一代
石　牟
二三代
古　麻　呂
二四代
林直解任
二五代
千　嶋
広　嶋
二二代
直(真)祖
神亀元年(七二四)
に大領→国造
豊　丸
建　嶋
二六代
足　国
三一代
国　栖
天平神護元年
(七六五)大領在任
二九代
豊
二七代
豊　嶋
天平元年(七二九)
に国造
二八代
吉　継
三二代
豊　成
延暦二三年
(八〇四)国造在任
広　国
三〇代
五　百　友
延暦九年(七九〇)
に国造
□は国史に登場する国造
ゴチック体は郡司就任者

一方この系図には、三名の名草郡司就任者を確認できる。①第十九代国造にして名草郡を立てた忍穂、②神亀元年十月壬寅に名草郡大領として聖武天皇の紀伊行幸に供奉し、第二十二代国造に任じられた真祖（『続日本紀』）、③天平神護元年（七六五）十月庚辰に同郡大領として称徳天皇の紀伊行幸に供奉し（同右）、延暦年間に第三十一代国造に就任した国栖、の三人である。

『紀伊国造次第』の第三十六代槻雄の注記には、「已上不レ兼二大領一」とあるため、系図中に「兼大領」の注記を持つ忍穂以外は、国造と大領を兼任していなかったと考えるのが自然である（②真祖は国造就任に伴い大領を辞任し、③国栖は大領辞任後の高齢での国造就任と考えられる）。この点については、『令集解』選叙令13郡司条に付された穴記に、「先取二国造一。謂、非二兼任一。而解二退国造一任二郡領一也」とあることから、出雲国造[50]の例外を除き、国造が郡司を兼任することはなかったようである。また、郡領が国造に任じられる例も散見するが[51]事例は少ない。したがって、国造と郡司の兼任は必ずしも一般的ではなく、その意味で国造職の継承を示すことを目的とした『紀伊国造次第』に見えるのは、断片的な郡司就任者ということになってしまう。しかし本項で明らかにしたいのは、天平七年までにどの世代まで郡司職が継承され得るのかということであり、その点では本史料に示された郡司就任者の情報は十分に検討に堪え得るものである。

そこで郡司就任者の現れる世代に注目してみると、まず忍穂が七世紀半ば頃に立郡し、「大領」を兼ねている。そして「子世代」の真祖が神亀元年の大領在任中に国造に任じられ、さらに天平神護元年に、「孫世代」の国栖が大領に在任していることが確認できる。したがって天平七年段階では、国栖がすでに郡司に就任していたか、あるいは本系図には現れない人物が郡司職に就いていたと考えられるが、いずれの場合も「子世代」か「孫世代」になるだろう。つまり郡司の譜第が、一世もしくは二世まで積み重ねられていることが確認できる。

以上、紀伊国造職と名草郡司職の世代交替の様子を概観した。地域ごとの事情により世代交替には差が生じるだろうが、孝徳朝以降天平七年に至るまでの間、郡司の譜第は二世（「孫世代」）から三世（「曾孫世代」）ほど積み重ねられていたと考えるのが妥当だろう。天平二十年に大領就任を願った他田神護は、「難波朝廷少領司」の忍の孫であった。そして神護が三十一年に及ぶ中央出仕の後、兄の後を襲って郡領への就任を願っていることを考慮すれば、曾孫世代まで交替が進んでいた可能性もあり、天平七年段階の郡司の譜第がおよそ二・三世であるという推定は適正なものといえるだろう。

このように、天平七年段階で想定される郡司任官申請者の譜第は、零世（無譜第）から最大三世までの四パターンとなる。古代の氏族は傍親継承が主であった(52)ことを勘案すれば、世代交替には相応の時間を要したであろう。すると天平七年という時期は、郡司の譜第を基準とした任用政策を漸く打ち出せるようになった程度に譜第が積み重ねられた時期であると評価するのが妥当である。

つまり、譜第の軽重を任用基準の軸にした天平七年制は、即座に適応されるべき政策というよりも、将来を見据えた政策と捉えるべきであろう。天平七年制で初めて郡司の譜第に言及されたのは、この時期に至り漸く郡司の任用に譜第基準を導入できる程度に世代交替が進んだからである。したがって、これ以前は郡司の譜第を基準とした任用は事実上不可能だったと考えざるを得ない。何故ならば、郡司の譜第が十分に積み重ねられていない段階では、軽重のような客観的な基準で譜第に優劣をつける術がないからである(53)。先に指摘したように、郡司の任用に際して問題にされるのは、飽くまで郡司の譜第なのである。

叙上のように考えると、少なくとも郡司の譜第を基準とした任用基準を令制定段階で設定することは不可能である。仮に地方豪族としての仕奉の事実をもって令制に「譜第主義」的要素を認めるにしても、その「譜第主義」は天平七年制以降のものとは明確に区別されなければならないのである。

それでは、天平七年制以前の郡司の任用は実際にどのように行われていたのだろうか。次にこの点を考察してみたい。

3　天平七年制の意義

天平七年制以前にも、郡司の任用に関する法令が『続日本紀』等に散見する。そのうち次の三史料に注目してみたい。

a『続日本紀』文武天皇二年（六九八）三月庚午条

任二諸国郡司一。因詔、諸国司等銓二擬郡司一、勿レ有二偏党一。郡司居レ任、必須レ如レ法。自今以後不二違越一。

b同和銅五年（七一二）四月丁巳条

詔。先レ是、郡司主政主帳者、国司便任、申二送名帳一、随而処分。事有二率法一。自今以後、宜下見二其正身一、准レ式試練、然後補任上、応レ請二官裁一。

c同六年五月己巳条

制。夫郡司大少領、以二終身一為レ限、非二遷代之任一。而不善国司、情有二愛憎一、以レ非為レ是、強云二致仕一、奪レ理解却。自今以後、不レ得二更然一。（後略）

これらの史料は傍線部に示されるように、郡司の任免に関しては国司の裁量に任される部分が大きかったことを示している。特にcは、国司が恣意的に郡司を任免していたかのような印象を与える。もしこの時期に明確な郡司の任用基準が存在していれば、国司に対し「偏党」のない銓擬を求めたり、「愛憎」による解任を戒めたりする必要はないだろう。前節で指摘したように、令文からは明確かつ具体的な任用基準を読み取ることは困難であることからも、この時期には郡司の任用に関する客観的かつ一元的な任用基準が欠如していたと考えられる。だからこそ国司に裁量権を与え、郡司を任用させていたのである。では、これらの史料をもとに、天平七年制以前の郡司任用は国司の一方的な意向により行われたと理解してよいのだろうか。

次に掲げたのは『日本書紀』大化元年（六四五）八月庚子条に見える、いわゆる東国国司詔の一部である。

（前略）若有二求レ名之人一、元非二国造・伴造・県稲置一、而輙詐訴言、自二我祖時一、領二此官家一、治二是郡県一。汝等国司、不レ得三随レ詐便牒二於朝一。審得二実状一而後可レ申。（後略）

薗田香融氏や早川庄八氏が明らかにしたように、この史料から東国国司が評官人の候補者を引率して上京するという任務を負っていたことが確認できる。[54] しかし、早川氏がその任務について「「国造、伴造、県稲置」らの土地・人民に対する支配関係あるいは所有関係を否定しないどころか、それらの存在を前提とし、これに依存しつつその任務をはたすべきものであった[55]」と指摘したように、評官人候補者の選定は地方社会の情勢に強く規制され、東国国司らの意向が反映される余地は少なかったと考えられる。実際に先に掲げた東国国司詔を見ても、地方豪族らの仕奉の事実は自己申告にもとづくものとされており、その実状を審査する国司の立場は極めて受動的である。

先に令文の検討から、令制定段階では具体的な郡司の任用基準を国家が一元的に示すには至っていなかったのではないかと推測したが、これは令制が、叙上のような地方社会の情勢に強く規制された評官人の任用の在り方の延長線上に位置しているからではないだろうか。とするならば、東国国司と令制国司との違いはあるものの、a〜cに示したような郡司任用における国司の裁量権も、地方社会の動向に強く規制された上でのものだったと理解しなければならない。天平七年以前の古代国家は、郡司の任用に際し地方社会の意向を尊重しなければならず、一元的な任用基準を主体的に設定する段階には至っていなかったのである。したがって国司に与えられた裁量権も過大に評価できない。実際に国司が果たした役割は、各地方有力者の主張する「自二我祖時一、領二此官家一、治二是郡県一」といったような、大王やヤマト政権に対する仕奉の事実の申告を受け、各勢力間の利害調整を行った上で郡司候補者を決定するという受動的なものだったのではないだろうか。「偏党」による銓擬も、「愛憎」による解任も、飽くまで地方有力者層の利害調整の中でのことであり、国司が恣意的に郡司の任用を行っていたわけではないだろう。

このように考えると、天平七年制の歴史的意義は極めて大きい。天平七年制は国家が〝郡司の譜第〟という明確な任用基準を示したという点において、従来の任用の在り方と一線を画するものなのである。即ち、それまで地方有力者層の意向を尊重し、いわば受動的に行ってきた郡司の任用を改め、譜第の軽重という客観的かつ一元的な任用基準を示すことで、国家が主体的に郡司の任用を管理・把握する方向性を打ち出したのである。また、いわゆる「大化前代」の仕奉の事実ではなく、飽くまで孝徳朝以降の郡司としての譜第を基準としていることも重要である。これは、郡司任用に際し、部民制的な多元的・重層的諸関係(56)にもとづく「大化前代」(孝徳朝以前)の仕奉の事実を対象外とするという点で、中央集権的な地方支配体制の強化をも意味しているのである(57)。

従来、郡司の任用における譜第については、「大化前代」以来の仕奉の事実も含めて論じられることが多かった。確かに郡司の譜第が任用基準たり得るまでの間、任用に際し「大化前代」の仕奉の事実が重視されていた(58)であろうことは東国国司詔からも明確である。しかし、それは郡司としての仕奉でないこと、そして必ずしも国家が主体的に設定したものではないという点で、天平七年制以降とは截然として理解されるべきなのである。

したがって〝郡司の譜第〟は、天平七年制によってはじめて歴史的意義を持ちえたと評価したいと思う。

おわりに

本章では令制の郡司関連条文を起点に、郡司の譜第について論じてきた。

郡司関連条文は唐令を巧みに継受しながら、他の官人とは区別して郡司（郡領）を天皇との直接的な関係性の中で任用するという、孝徳朝以来の在り方を令制に構造化することを目的としており、必ずしも明確な任用基準を示すものではなかった。この任用の在り方は、古代国家の地方支配の根幹であり、それを構造化したという点で大宝・養老令は一定の意義を持つ。しかし、その任用の在り方が孝徳朝以来のものであることを考えれば、郡司制度において大宝・養老令が持つ意義は限定的にならざるを得ない。以上の理由から、「才用主義」であれ「譜第主義」であれ、令制に明確な任用基準を見出す見解には左袒しがたい。

令制で明確に規定されなかった郡司の任用基準は、天平七年制で初めて郡司の譜第の軽重（優劣）を中心に提示されるに至る。郡司の譜第には地方豪族としての「大化前代」以来の仕奉は含まれず、自らの属する系譜上の世代をベースとした郡司就任者の数によって軽重が決定されるものだった。そして天平七年とは、郡司の譜第が二～三世程度積み重ねられ漸くその軽重を問えるようになった時期であり、したがってこれ以前に郡司の譜第による任用基準は存在し得ないのである。

そもそも令文に、郡司の任用基準が明確に規定されなかったのは、孝徳朝の立評以来、郡司（評官人）の任用が地方社会の情勢に強く規制されていたからである。結果として郡司の任用は、地方有力者層の意向を前提に国司の裁量に任され、古代国家は明確かつ一元的な任用基準を打ち出せずにいた。その意味で郡司の譜第を軸に、客観的な任用基準を一元的に提示した天平七年制は画期的な政策だったのである。これは具体的な任用基準を、国家が主体的に設定したと同時に、その基準の根元を孝徳朝以降の郡司への任用に求めた点で、中央集権的な地方支配の強化にもつながっているのである。

天平七年制を契機に、郡司の任用関連法令はしばしば発令されるようになる。天平二十一年（七四九・天平勝宝元年）勅では、「立郡以来譜第重大之家」の「簡立」と、そこからの「嫡々相継」が規定され[59]、譜第による任用基準はここに至って最も先鋭化する。その後、延暦十七年には譜第による任用基準が廃止され、「芸業著聞、堪レ理レ郡者」を郡司に任用することとなり[60]、郡司の任用政策は大きく変化する。しかしここで見落としてはならないのは、いずれの場合も郡司の任用基準が国家によって一元的に設定されていることである。任用基準の具体的な中身は、時の政権や地方情勢により変更されているが、それらは国家の号令のもとで統一的に改変されているのである。ここに古代国家の地方支配上の中央集権性を確認することができるだろう。したがって、その後の任用関連法令の変遷という観点からも、天平七年制の画期性は単に任用基準の明確化という行政技術的整備[61]にとどまらず、古代国家による中央集権的な地方支配の深化という点でも高く評価されるべきなのである。

第一部第一章で指摘したように、孝徳朝以来、古代国家の地方支配における中央集権性は、郡司読奏によって郡司と天皇が直接的な関係を構築することで確保されており、そこに郡司の重要性が認められるのである。とするならば、郡司の譜第が「重大」である人物を任用するというのは、天皇との関係性がより「重大」な人物を郡司に任用することを意味する。すると、郡司の譜第を主たる任用基準とする天平七年制は、孝徳朝に創出された中央集権的な地方支配構造と密接にかかわっていることはもはや明白だろう。郡司の譜第を基準に任用を続けていけば、地方支配における天皇の存在は次第に強調されることとなり、中央集権性は強化され安定化に向かう。天平七年制から天平二十一年勅への移行に見られる任用基準の先鋭化は、特にこの方向性をよく示しているといえるだろう。

このように郡司の譜第は、孝徳朝に構築された郡司と天皇との直接的な関係を基軸とする古代国家の中央集権的地方支配を貫徹し、より強固なものとするために導入された、地方支配政策上の最重要概念の一つであったと評価できるのではないだろうか。

したがって、孝徳朝の立評と読奏を中心とした任用手続きの創出は、中央集権的地方支配体制構築のための基礎作業として、天皇と郡司の間に設けられた〝バイパス〟と表現することができよう。そして中央集権性を具象化するため、この〝バイパス〟に注入されたものこそが、天平年間の郡司の譜第を基準とした任用政策といえるのではないだろうか。この両者が相俟つことにより、古代国家の地方支配は深度を増し、本格化していったのである。(62)

註

(1)　磯貝正義「郡司任用制度の基礎的研究」(『郡司及び采女制度の研究』吉川弘文館、一九七八、初出一九六二)。
(2)　新野直吉「郡司制の諸問題」(『日本古代地方制度の研究』吉川弘文館、一九七四)。
(3)　米田雄介「郡司の出自と任用」(『郡司の研究』法政大学出版局、一九七六)。
(4)　今泉隆雄「八世紀郡領の任用と出自」(『史学雑誌』八一―一二、一九七二)。
(5)　山口英男「郡領の銓擬とその変遷」(『日本律令制論集　下巻』吉川弘文館、一九九三)。
(6)　毛利憲一「郡領の任用と「譜第」」(『続日本紀研究』三三八、二〇〇二)。
(7)　須原祥二「郡司任用制度における譜第資格」(『日本史研究』四八八、二〇〇三)。
(8)　亀田隆之「古代の勧農政策とその性格」(『日本古代用水史の研究』吉川弘文館、一九七三、初出一九六五)など。
(9)　島善高「唐代慮囚考」(『律令制の諸問題』汲古書院、一九八四)。

（10）坂本太郎「郡司の非律令的性質」（『坂本太郎著作集　第七巻』吉川弘文館、一九八九、初出一九二九）。
（11）野村忠夫「律令郡司制の形成」（『奈良朝の政治と藤原氏』吉川弘文館、一九九五、初出一九五二）。
（12）井内誠司「郡領任用における「才用」」（『民衆史研究』五三、一九九七）。
（13）天一閣博物館・中国社会科学院歴史研究所天聖令整理課題組校証『天一閣蔵明鈔本天聖令校証　附唐令復原研究』（北京、中華書局、二〇〇六）による。
（14）B—②は国学生に関する規定、⑤は国博士・医師に関する規定、⑥は兵衛の郡司への転任に関する規定であり、郡司と直接かかわるものではない。同様に、C—①は日本独自の慣習である「供給」に関する規定（早川庄八「「供給」をタテマツリモノとよむこと」『中世に生きる律令』平凡社、一九八六、初出一九八〇、利光三津夫「職制律監臨官強取猪鹿条について」『律令研究続貂』慶應通信、一九九四参照）、③は国学に関する規定、⑤は兵衛・采女に関する規定である。なおB—①は、賦役制に関する規定で、この条文の改変は、日唐における課役制・差科制や雑徭の性質の違いに由来するものであると考えられる（大津透「唐日律令制下の雑徭について」『日唐律令制の財政構造』岩波書店、二〇〇六、初出二〇〇五参照）。ただし、ここで主政帳が、賦役の面においては郡領（大少領）とは分けて、唐の雑任たる州県の佐・史に准えられている点が注目される。延喜式部式上118郡領氏条に見られるような、郡領と主政帳の出身階層を峻別するという意識が反映された結果であろう。
（15）なお大町健「律令制的郡司制の特質と展開」（『日本古代の国家と在地首長制』校倉書房、一九八六）、中村順昭「律令郡司の四等官」（『律令官人制と地域社会』吉川弘文館、二〇〇八、初出一九九八）などは、令文の規定などから官人制内の郡司の位置づけを論じた研究として重要である。
（16）前掲註(10)坂本論文、(11)野村論文。
（17）以下、唐制に関しては、池田温「中国律令と官人機構」（『前近代アジアの法と社会』勁草書房、一九六七）、「律令官制の形成」（『岩波講座世界歴史5　東アジア世界の形成Ⅱ』岩波書店、一九七〇）による。
（18）大隅清陽「儀制令と律令国家」（『律令官制と礼秩序の研究』吉川弘文館、二〇一一、初出一九九二）。
（19）この点については、早くに前掲註(10)坂本論文で指摘されている。また、毛利憲一「外位制の再検討」（『立命館史学』二三、二〇〇二）では、外位制の観点からこれらの条文を踏まえ、令制「国」には国司を基点とする独自の内部秩序が設定されていたことを論じている。

(20) 本書第三部第二章。

(21) 主要な研究としては、野村忠夫「内・外位制と内・外階制」(『律令官人制の研究』吉川弘文館、一九六七)、大町健「律令制的外位制の特質と展開」(『日本古代の国家と在地首長制』校倉書房、一九八六、初出一九八三)、仁藤敦史「外位制度について」(『古代王権と官僚制』臨川書店、二〇〇〇、初出一九九〇)、前掲註(19)毛利論文などが挙げられる。

(22) 前掲註(21)大町論文では、「土人」の官人であることや、官人に准じる立場であることが原因で、官位相当に組み込まれなかった郡司や帳内・資人らのために設定された「補助的位階」が外位であるとする。また、前掲註(21)仁藤論文では、外位制を郡司・帳内の考課の評定権を持つ国司・本主の権限が、天皇を頂点とする位階制秩序と抵触しないようにするために設けられた「補助的位階」であるとしている。

(23) 前掲註(19)毛利論文。

(24) 早川庄八「選任令・選叙令と郡領の「試練」」(『日本古代官僚制の研究』岩波書店、一九八六、初出一九八四)。

(25) なお主政帳に関しては、和銅五年(七一二)から式部試練の対象とされた(『続日本紀』同年四月丁巳条)。

(26) 森公章「評司の任用方法について」(『古代郡司制度の研究』吉川弘文館、二〇〇〇、初出一九九七)、本書第一部第一章、須原祥二「評制施行の時期をめぐって」(『古代地方制度形成過程の研究』吉川弘文館、二〇一一)。

(27) 『唐六典』巻二吏部郎中条、『旧唐書』巻四三職官志吏部郎中、『新唐書』巻四六百官志吏部郎中。

(28) なお野村忠夫氏は、郡司を流外官に対応させた理由として、国司に対する郡司の身分的・行政的な従属を、唐制で流内官の下に置かれる卑官たる流外官に准えることで表現したとしており(前掲註(11)野村論文)、前項で確認したiiの要素も認められることを指摘しておきたい。

(29) 前掲註(24)早川論文。

(30) 本書第一部第一章。

(31) 前掲註(7)須原論文など。なお須原論文では、郡司条が別に立てられた理由を、地域社会の多様性に配慮した郡司の任用要件と、一般官人のそれとの違いに求めている。本章では、郡司に求められた資質の特殊性のみではなく、古代国家の地方支配上の郡司の位置づけに深くかかわって郡司条が別に立てられているという点を強調したい。

(32) なお、郡司条については、大宝令以前の関連史料として、『日本書紀』大化二年正月詔（改新詔）や持統天皇八年三月甲午条が挙げられる。前者については、この段階で評官人の任用原則を示すような命令が出された点は否定しないが、詔文自体は大宝令の潤色を受けており、郡司条の原型ができていたとは即断できない。また、後者については、「大領」「少領」に冠位が授与されているが、これは律令外位制成立以前の冠位授与であり、郡司条に見られる外位の初叙規定の意義とは性格を異にしている。ここでの冠位の授与は、天皇と評官人との結びつきを強調すると同時に、彼らを官人制秩序に組み込むことに主眼が置かれていたと考えておきたい。

(33) なお、今回取り上げたB・C類の日本令と対照させた復旧唐令は、開元七年令と二十五年令であり、日本令が直接の藍本とした唐令（永徽令）ではない。したがって、B類の日本令については、開元七・二十五年令の文言とは異なっていても、永徽令では一致していた可能性があり、C類についても、ほぼ同文の条文が存在していた可能性が否定できない。したがって、この点について若干補足しておきたい。

まず、B―③選叙令3任官条であるが、この条文は郡司に限らず、日本の官職体系に合わせて唐令を改変したものであるため、当初からその違いは大きかったと考えられる。

またB―④選叙令13郡司条は、復元される開元七年令と「工書計」「時務」などの文言が一致しているため、日本令が参考にした唐令にも、開元七年令に近い内容の条文が存在していたと推測することが許されるだろう。

B―⑦儀制令11遇本国司条、C―⑥同18元日国司条については、前掲註(18)大隅論文に指摘があるように、国司・郡司を主対象に、日本独自の地方における特別な礼秩序を規定したものである一方、唐では中央と地方とで礼秩序が区別されるということが原則としてないため、もともと日本令との違いは大きかったと考えられよう。

C―②田令32郡司職分田条は、本書第三部第二章で指摘するように、現地の有力者としての郡司の性質を反映した日本独自の条文であるため、対応する条文は存在しなかったと考えられる。

C―④選叙令15叙郡司軍団条については、考察の手がかりが少なく後考に俟ちたいが、対応する唐令が存在していた可能性も否定できない。

したがって、日本令と開元七・二十五年令の比較から進めてきたこれまでの考察結果は、永徽令を比較対象とした場合でも、基本的に有効であると考えられる。

(34) 前掲註(17)池田論文。
(35) 前掲註(4)今泉論文。
(36) 国造の優先規定が令文の注であることは、前掲註(10)坂本論文以来指摘されていることである。また、「兵衛→郡司」コースの存在をもって令制の「譜第主義」を論じられない点については、渡部育子「律令国家の郡領政策」(『日本古代史研究』吉川弘文館、一九八〇)に指摘されている。
(37) 前掲註(1)〜(3)磯貝・新野・米田論文など。
(38) 前掲註(4)・(5)・(6)・(12)今泉・山口(ただし「労効」基準と併存)・毛利・井内論文など。
(39) 森公章「律令国家における郡司任用方法とその変遷」(『古代郡司制度の研究』吉川弘文館、二〇〇〇、初出一九九六)、前掲註(7)須原論文など。
(40) 前掲註(2)新野論文。
(41) 西山良平「「律令制収奪」機構の性格とその基盤」(『日本史研究』一八七、一九七八)、今泉隆雄「平城宮跡出土の郡領補任請願解の木簡」(『古代木簡の研究』吉川弘文館、一九九八、初出一九八二)、森公章「郡司補任請願文書とトネリ等の郡領就任」(前掲註(39)書、初出一九九六)。
(42) 『日本書紀』敏達天皇六年二月条。
(43) 『続日本紀』天平勝宝元年(七四九)二月壬戌勅では、天平七年制による郡領任用について述べる中で「国司先検²譜第優劣¹」と表現している。
(44) 前掲註(5)山口論文。
(45) このように考えた場合、先に見た他田神護が、自らの譜第の軽重にかかわらない兄の郡司就任事実をも主張している点に疑問が残るかもしれない。この時神護は大領への任官を申請しているが、神亀五年(七二八)以降、大領は少領からの転任を原則としている(『類聚三代格』巻七郡司事所収延暦十六年〈七九七〉十一月二十七日太政官符所引神亀五年四月二十三日格)。

したがって、神護の申請は異例の任官申請ということになるが（『西宮記』『北山抄』の郡司読奏関連記事に見える「違例越擬」に当たる）、このような事情を勘案すると、神護が兄の郡司就任事実をも主張したのは、もともと申請内容が異例である神護にとって、都での長期にわたるトネリとしての出仕経験に加え、自らが郡司を輩出する氏族の一員であることも郡司任用の根拠として重視したからであると考えておきたい。

（46）『紀伊国造次第』に関しては、薗田香融「岩橋千塚と紀国造」（『日本古代の貴族と地方豪族』塙書房、一九九一、初出一九六七）、佐伯有清『新撰姓氏録の研究　考證篇　第四』（吉川弘文館、一九八二）、寺西貞弘「紀伊国造次第について」（『和歌山市立博物館研究紀要』一七、二〇〇三）、鈴木正信「紀伊国造の系譜とその諸本」（『日本古代氏族系譜の基礎的研究』東京堂出版、二〇一二、初出二〇〇八）参照。なおテキストは寺西論文に掲載された翻刻に拠った。

（47）系図中の国史に登場する人物の記載個所は以下の通り。

・忍勝（押勝）…『日本書紀』敏達天皇十二年七月条
・直（真）祖（摩祖）…『続日本紀』神亀元年十月壬寅条
・豊嶋…『続日本紀』天平元年三月丁巳条
・国栖…『続日本紀』天平神護元年十月庚辰条
・五百友…『続日本紀』延暦九年五月癸酉条
・豊成…『日本後紀』延暦二十三年十月癸丑条

（48）前掲註(46)薗田論文でも忍穂を「大化前後の人物」としている。

（49）前掲註(46)薗田・佐伯・寺西論文参照。

（50）『類聚三代格』巻七郡司事所収延暦十七年三月二十九日太政官符によると、慶雲三年以降、出雲国造が意宇郡大領を兼任することが認められていたことが確認されるが、本官符により禁止されている。

（51）紀伊国名草郡大領紀摩祖（真祖）（『続日本紀』神亀元年十月十六日壬寅条）、駿河国駿河郡大領金刺舎人広名（同延暦十年四月戊申条）、武蔵国足立郡大領武蔵弟総（『類聚国史』巻一九神祇・国造、延暦十四年十二月戊寅条）などが確認されるが、先に指摘したように紀摩祖の場合は、『紀伊国造次第』の注記に従えば、国造就任後に大領を辞していると考えられる。

(52) 阿部武彦「古代族長継承の問題について」(『日本古代の氏族と祭祀』吉川弘文館、一九八四、初出一九五四)。

(53) 天平六年出雲国計会帳に見える「軍毅譜第帳」の存在から、天平初年に「郡司譜第帳」が存在していた可能性が想定される。しかしこの文書の存在が、天平初年以前から、譜第を基準とした郡司の任用が行われていたことを意味するわけではない。むしろ天平初年頃に譜第を基軸とした郡司の任用制度確立が企図され、その前提として「郡司譜第帳」のような資料が整えられていったと考えるべきだろう。

(54) 薗田香融「律令国郡政治の成立過程」(『日本古代財政史の研究』塙書房、一九八一、初出一九七一)、前掲註(24)早川論文。また本書第一部第一章も参照されたい。

(55) 前掲註(24)早川論文。

(56) 部民制の理解については、鎌田元一「「部」についての基本的考察」「部民制の構造と展開」(『律令公民制の研究』塙書房、二〇〇一、ともに初出一九八四)を参照。

(57) 本書第一部第一章。

(58) 前掲註(7)須原論文など。

(59) 『続日本紀』天平勝宝元年二月壬戌条。

(60) 『類聚国史』巻一九国造、延暦十七年三月丙申条。

(61) 前掲註(5)山口論文。

(62) 吉田孝「律令国家の諸段階」(『律令国家と古代の社会』岩波書店、一九八三、初出一九八二)、「八世紀の日本」(『岩波講座日本通史　第四巻』岩波書店、一九九四)によれば、天平時代は律令国家による地方支配が強化された時期とされる。ただし、古代国家の地方支配の進展の背景には、立郡や読奏の創出など、孝徳朝以来の中央集権的地方支配体制構築のための施策が存在していたことも忘れてはならない。

第二章　郡司任用制度の考察
——郡司・郡司層と天皇——

はじめに

日本古代史を考える上で、郡司（郡領）[1]がユニークかつ重要な存在であることは言を俟たない。それ故、郡司制度に関する研究はこれまでに膨大な蓄積を有している。本書でもすでに、郡司と天皇の関係に注目しながらその重要性について言及した[2]。

その中でもメインテーマとして取り上げられてきたのが、八～九世紀における任用制度の変遷に関する研究である。しかし任用制度に関する主要な研究の多くは、一九九〇年代前半までに発表されたものが大半であり[3]、もはやこれ以上議論の余地はないようにも思われる。

しかしその後、郡司制研究をめぐる状況は大きく変化している。その要因の一つが、全国各地で次々と発見・発表されている地方官衙やその関連遺跡であろう。郡司を中心とした地方有力者たちの活動の実態面を知る手がかりが飛躍的に増えたのである。特に一郡内に複数の官衙的遺構が発見されることや[4]、いわゆる「郡寺」「郡衙周辺寺院」と呼ばれる郡家に近接する地方寺院の中に、特定の氏族の枠を超えて造営されている例が確認されることなどは重要である[5]。郡司任用制度の考察も、このような地方社会の実態面に留意しながら進めていかなければならない。

その意味で、本来終身官とされていた郡司が実は頻繁に交替しており、郡司職は複数の地方有力者からなる郡司層内で持ち回り的に継承されていたという須原祥二氏の研究[6]は傾聴に値する。この指摘は、在地首長とされる特定の郡司氏族による、人格的支配を基礎とした強力な地域支配というイメージに見直しを迫るものであり、複数から成る有力者層の存在は、先述したような地方官衙や関連遺跡の存在形態と極めてよく合致するものでもある[7]。

確かに、多様な地域性を持つ実態面と古代国家によって統一的に発令された制度とは必ずしも即応するものではないかもしれない。しかし、八〜九世紀にかけての郡司任用制度の変遷についても、複数の有力勢力からなる郡司層の存在を念頭に再考されるべきではないだろうか。

ところが、須原氏の指摘以降も任用制度に関する研究は散見するが、その考察は八世紀までに限定される傾向が強い[8]。郡司の任用関連法令は九世紀にもいくつか出されており、郡司層の行方を考える上でも八〜九世紀を見通した議論が改めて必要なのではないかと思われる。そこで本章では八〜九世紀の郡司任用制度の変遷を、郡司層の存在を念頭に置きながら考察していきたい。

また、すでに郡司読奏に注目しながら論じたように、古代国家の地方支配の中央集権性は、郡司が天皇との直接的な関係の中で任用されることで確保されていたと考えられる[9]。七世紀半ばから十一世紀に至るまで、国擬（国司による郡司候補者の推薦）→式部省銓擬→郡司読奏（天皇・太政官による任用事実の承認・確定）→郡司召（任官儀礼）という一連の郡司（評官人）任用手続きの基本的な枠組みは変化しておらず[10]、郡司読奏を核に形成される郡司と天皇の結びつきは、古代国家の地方支配の在り方を通時的に見通すメルクマールとなり得る。したがって任用制度の在り方も、郡司・郡司層と天皇との関係性に注目しながら考察する必要があるだろう。

右記のような観点から、以下では郡司層の存在と郡司と天皇の関係性という二つの視点に重きを置き、八〜九世紀の郡司任用制度について検討を加えたいと思う。この両者の関係には、地域に根を張り現実に支配を行っている郡司層に対し、古代国家が郡司と天皇の関係性に象徴される中央集権的な地方支配理念をいかに実体化していこうとしたのかという、現実と理念の相克が現れているはずである。したがってこの両者の関係の変遷を追うことは、延いては古代国家の地方支配の推移を測ることにもつながるだろう。

一　「譜第之選」――理念の具体化と先鋭化――

1　天平七年制――理念の具体化――

八世紀の郡司任用政策の特徴は、「譜第之選」と呼ばれる、譜第による任用＝代々郡司を輩出している家系に属しているという事実に依拠した任用に求められるだろう。次に掲げた『続日本紀』天平七年（七三五）五月丙子条は、初めて郡司の「譜第」について言及された史料である。

制、畿内七道諸国、宜㆘除㆓国擬㆒外、別簡㆓難波朝廷以還、譜第重大四五人㆒副㆖之。如有㆘雖㆑无㆓譜第㆒、而身才絶倫、并労効聞㆑衆者㆖、別状亦副。並附㆓朝集使㆒申送。其身限㆓十二月一日㆒、集㆓式部省㆒。

この天平七年制が出される以前に、郡司の任用基準を示したものとしては大宝・養老令を挙げることができる。しかしすでに論じたように[11]、そこでは郡司（評官人）を他の官人とは区別して天皇との直接的な関係の中で任用するという、孝徳朝以来の任用の枠組みが構造化されるにとどまり、明確な郡司の任用基準が示されているとはいいがたい。このことは天平七年制以前においては、国家が主体的に一元的な任用基準を設定できる段階にはなく、各地域の情勢に規制されながら郡司を任用していたことを示している。つまり、地方有力者層＝郡司層の意向を強く反映した形でしか郡司を任用できなかったのである。

その後、郡司の世代交替が進んだ（「譜第」の蓄積が進んだ）こともあり、先に示した天平七年制で初めて「譜第」という一元的な任用基準が国家によって示されたことの意味は大きい。ここに至り、古代国家は漸く郡司層への介入の糸口を摑んだといい得る。孝徳朝において、郡司と天皇の間に築かれたバイパスに「譜第」という任用基準が注入されることにより、古代国家は天皇による一元的な地方支配（中央集権的地方支配）という理念を具体化することができたと評価できる。「譜第」という系譜上の郡司就任者の多寡を問題とする任用方法は、畢竟、地方有力者の中でも天皇との関係をより重層的に形成してきた一族を優先的に郡司に任用するということであり、世代を跨いだ天皇との結びつきが古代国家の地方支配における中央集権性を担保することとなったのである。

また、この天平七年制と同日には次のような格も出されていた（『類聚三代格』巻七郡司事所収弘仁五年〈八一四〉三月二十九日太政官符所引天平七年五月二十一日格）。

（前略）右検二天平七年五月廿一日格一偁。終身之任理可二代遍一。宜三一郡不レ得レ幷二用同姓一。如於二他姓中一無二人可一レ用者。僅得レ用二於少領已上一。以外悉停レ任。（後略）

この天平七年格に見える「終身之任理可二代遍一」の意味をめぐっては、二通りの解釈がある。一つは「代遍」の意味を「かわるがわるあまねく」とし、「郡領は終身の任であるから理としてその任用は一氏族による世襲ではなく諸氏族がかわるがわるあまねく任用されるべきである」と解釈[12]するものである。一方、「代遍」を「一生を通じて」の意であるとし「郡領は終身の任であって、一生を通じて勤めるべき官職である」とする解釈[13]もある。これについては後者の説を支持したい。『類聚三代格』巻七郡司事には「応レ停二郡司譲レ職事一」という事書を持つ元慶七年（八八三）

十二月二十五日太政官符が収められているが、そこには父子間での郡司職の相譲が盛行した結果、

（前略）遂使三調徭役民頓昇二入位之級一、外散位輩多満二諸国之中一、歴レ年稍多。不三啻致二課丁之欠一。一宗伝譲、或忘二代遍之格一。（後略）

と、元郡司としての外散位が増加し、課丁数が減少していることが問題視されている。ここに登場する「代遍之格」も「終身之任理可二代遍一」と規定した天平七年格を指すと考えられるが、もし「代遍之格」により多くの氏族の中から郡司を「かわるがわるあまねく」任用するよう指示されていたとするならば、郡司の頻繁な交替が助長されかねず、その場合外散位も増加することになる。元慶七年格の「代遍之格」は父子間の相譲に伴う外散位の増加を抑止するために強調されているのであり、その意味からも「代遍」を「一生を通じて」と解し、「代遍之格」とは終身官としての郡司は頻繁に交替すべきではなく、終世在任すべき地位であるということを定めたものと考えたい。

したがって、天平七年制において古代国家が意図したのは、「譜第」基準の導入により中央集権的な地方支配の深化を企図し、あわせて「代遍之格」により、郡司を長期在任させて地方支配の安定化を図ることだったと考えられる(14)。これにより、古代国家の中央集権的な地方支配理念は枠組みだけではなく、「譜第」基準という形をとって具体化されたのである。では、このような方向性はその後どのように展開するのだろうか。

2　天平二十一年勅前史

天平七年制に続いて出された任用関連法令のうち、最も注目すべきものは次に掲げた天平二十一年（七四九・天平勝宝元年）勅である（『続日本紀』同年二月壬戌条）。

勅曰、頃年之間、補二任郡領一、国司先検二譜第優劣、身才能不、舅甥之列、長幼之序一、擬二申於省一。式部更問二口

状一、比二校勝否一、然後選任。或譜第雖レ軽、以レ労薦之、或家門雖レ重、以レ拙却之。是以其緒非レ一、其族多レ門。苗裔尚繁、濫訴無レ次。各迷レ所レ欲、不レ顧二礼義一。孝悌之道既衰、風俗之化漸薄。朕窃思量、理不レ可レ然。自レ今已後、宜下改二前例一簡二定立郡以来譜第重大之家一、嫡々相継、莫上レ用二傍親一。終絶二争訟之源一、永息二窺窬之望一。若嫡子有下罪疾及不レ堪二時務一者上、立替如レ令。

この勅は、郡司（郡領）の任用に際し「簡二定立郡以来譜第重大之家一」（傍線部）とし、今後はその中での嫡系相継を命じた内容となっている。従来この勅については、中国の儒教的な倫理観の影響が強く表れていること[15]や、銓擬対象（譜第基準の適用範囲）の明確化・固定化を打ち出したものであるといったことなど[16]が指摘されている[17]。そしてその目的についても、新たな「譜第」発生の抑止による郡司の地位の安定化[18]、あるいは家父長的支配体制導入による郡内秩序の安定化を図ったもの[19]という見解や、多様な「譜第」を有する郡司候補者の絞り込みを行うことで、郡内有力者の政治編成を行おうとした[20]などの指摘がある。ただしその影響については、実効性をほとんど認めない見解[21]と、ある程度の影響を認める見解[22]とに分かれている状況である。ではこの天平二十一年勅はどのように理解できるのだろうか。

そこでまず、天平七年制以降、二十一年勅以前の郡司の任用をめぐる状況を確認しておきたい。次に掲げたのは、『類聚三代格』巻七郡司事所収天長四年（八二七）五月二十一日官符所引天平十年（七三八）四月十九日格と同格を受けての式部省の対応を記した部分である。

（前略）太政官去天平十年四月十九日符偁、奉レ勅、郡司縁二身労効一被レ任一世者、不レ得下取二譜第一之限上者。因レ茲省家所レ行、労効二世已上既為二譜第一。（後略）

ここでは天平七年制に見られたような「難波[23]朝廷以還、譜第重大」なる者以外にも、「労効」＝中央官庁や国府等への勤務実績が認められて郡司に任用された場合でも、郡司就任事実が二世以上積み重ねられれば、その子孫は「譜第」を認められていたことが確認できる。孝徳朝の立郡（立評）に遡る「譜第」のみならず、労効による譜第、さらには天平七年制で「雖レ无二譜第一、而身才絶倫、幷労勤聞レ衆者」と表現される無譜者（郡司就任者の系譜に連ならない者）も郡司就任の可能性が残されていたことを考慮すれば、天平十年段階での「譜第」が意味する内容は実に多様であり(24)、また拡大する傾向にあったことが分かるだろう。これは当時の郡司層内の状況を投影したものであると考えられ、天平七年制の「譜第」基準導入に伴い、郡司層を構成する地方有力者たちが様々な形で「譜第」を獲得し、郡司への就任に備えていたことを示唆している(25)。さらに『続日本紀』天平十四年（七四二）五月庚午条には、

制、凡擬二郡司少領已上一者、国司史生已上共知簡定。必取二当郡推服、比郡知聞者一、毎レ司依レ員貢挙。如有二顔面濫挙一者、当時国司随レ事科決。（後略）

とあり、郡司候補者を式部省に擬申すべき国司に対し、定員にしたがって後任者を擬申（「毎レ司依レ員貢挙」）するよう求め、欠員以上の擬申（「顔面濫挙」）を戒めている。これは裏返せば、国司が生じた欠員以上に郡司候補者を擬申していたことを示していると考えられ、先に見たように多様な「譜第」を主張する郡司層の中から、国司が郡司候補者を絞り切れていない様をうかがうことができるだろう。天平二十一年勅には「或譜第雖レ軽、以レ労薦レ之、或家門雖レ重、以レ拙却レ之。是以其緒非レ一、其族多レ門。苗裔尚繁、濫訴無レ次」（波線部）と、同勅以前の様子が記されているが、「譜第」の多様化・拡大化の中で、国司が郡司候補者を「顔面濫挙」せざるを得なかった状況をよく表す記述であろう。

そのような中、国分寺造立を督励するために出された天平十九年（七四七）十一月己卯詔（『続日本紀』同日条）は興味深い。

（前略）又任二郡司勇幹堪レ済二諸事一、専令二主当一、限二来三年以前一、造二塔・金堂・僧坊一、悉皆令レ了。若能契レ勅、

如レ理修造之、子孫無レ絶任二郡領司一、（後略）

傍線部にあるように、国分寺の塔・金堂・僧坊の修造を期限内に達成した主当郡司に対し、その子孫の「無レ絶」の郡司任用を約束している。これは郡司層内の特定の一族に対して郡司任用のプライオリティーを付与することを意味しており、国分寺造営という限られた場面ではあるが、郡司任用の対象範囲を限定化しようという古代国家の思惑を読み取ることができるのではないだろうか。

以上のように天平二十一年勅以前には、「譜第」の多様性やその拡大化に伴う国擬の難航――これは国家によって一元的に制定された「譜第」基準に対する、反発や動揺を含んだ郡司層の反応の結果でもあるだろう――という問題が生じており、その一方で郡司の任用範囲限定化の兆しも確認される。このような背景のもとに天平二十一年勅は発令されたのである。

3　天平二十一年勅――理念の先鋭化――

前節で確認したように、天平二十一年勅以前には「譜第」の多様化・拡大化に伴う国擬の難航という問題が生じていたといえる。この点を踏まえれば、「立郡以来譜第重大之家」から「嫡々相継」することを規定した天平二十一年勅は、先学の指摘するように任用基準の限定化による郡司候補者の絞り込みという側面が強い[26]。郡司職を「立郡以来譜第重大之家」に限って「嫡々相継」させるという措置は、国分寺造営に関する天平十九年十一月己卯詔に見られた、特定の一族に郡司任用のプライオリティーを付与するという方向性と軌を一にしており、二十一年勅以前から当該問題の解決手段として銓擬対象の限定化・固定化という方法が想定されていたのだろう[27]。しかし本勅は単に郡司銓擬の円滑化のみが目的だったのではない。「立郡以来譜第重大之家」が「簡定」されたことの意義も問われなければならない。

「立郡以来譜第重大之家」については、四〜五家[28]あるいはそれ以上[29]とされるが、天平七年制より対象範囲が絞り込まれていることは間違いない。後述する『続日本紀』天平宝字五年（七六一）三月丙戌条には「郡司承ㇾ家者」という表現が見えており、実際に天平二十一年勅以降、郡司職は「立郡以来譜第重大之家」という限られた「家」の嫡子（＝「郡司承ㇾ家者」）に継承されるべきと認識されている。つまり当該勅により、従来の郡司層の中でも郡司職に就けるのは「郡司承ㇾ家者」に限定されたのである。

天平七年制の段階では多様に展開しまた拡大していた「譜第」基準を、天平二十一年勅により限定化（「立郡以来譜第重大之家」）かつ固定化（「嫡々相継」）することで、古代国家は限られた「立郡以来譜第重大之家」あるいは「郡司承ㇾ家者」とのみ対峙する道を選択したのである。したがって、郡司と天皇の関係性は、従来よりも限られた範囲で再生産されることとなる。そして代を重ねるごとに両者の結びつきは深さを増し、「立郡以来譜第重大之家」（「郡司承ㇾ家者」）は地域の中で特別な存在として位置づけられるようになる。天平七年制の「譜第」基準では未だ多様な勢力に郡司就任の可能性が残されており、国家（天皇）と地方社会の結びつきも流動的で必ずしも安定していたわけではなかった。そこで古代国家は地域に根を張る郡司層の中に、特別な存在として「立郡以来譜第重大之家」（「郡司承ㇾ家者」）を設定し、彼らとの結びつきを固定化することにより、中央集権的な地方支配の一層の安定化と強化を目指したといえるだろう。「譜第」基準の導入で天平七年制において具体化された郡司と天皇の結びつきを基盤とする中央集権的な地方支配理念は、ここに至りさらに先鋭化したと評価することができる。

しかし、このような天平二十一年勅にはいくつかの問題が付随していた。例えば、「嫡々相継」という中国的家父長制にもとづく継承方法が、当時の日本では一般的でなかったことである[30]。その意味でも「立郡以来譜第重大之家」

は、国家により意図的に創出されたという側面が強い。また、従来よりも限られた範囲からの郡司任用により、旧来の郡司層内では郡司就任への望みを絶たれた勢力が発生することとなり、彼らの不満を考えればこの任用方法は必ずしも地方有力者層全体の同意を得られるものではなかったはずである。さらに「立郡以来譜第重大之家」からの「嫡々相継」による候補者の限定化・固定化は、簡便である反面選択の幅を狭めており、結果として郡司の官人としての資質を十分に確保できないという欠点も有している。(31) 天平二十一年勅は、地方社会（郡司層）とのかかわりと、「郡司承レ家者」の官人的資質という点において大きな問題を抱えていたのである。これに対し古代国家はどのような対応を示したのだろうか。

次に掲げたのは『続日本紀』天平宝字元年（七五七）正月甲寅条である。

（前略）又詔曰、比者、郡領・軍毅、任二用白丁一。由レ此民習二居レ家求一レ官、未レ識二仕レ君得一レ禄。移レ孝之忠漸衰、勧レ人之道実難。自今已後、宜レ令下所司除二有位人一、以外不上レ得レ入二簡試例一。（後略）

ここでは郡司任用の条件として「有位人」であることが求められているが、その背景には傍線部にあるように、天平二十一年勅による任用の結果、郡司の官人としての資質の維持が課題とされていたことが看取されるだろう。そして同五年三月丙戌条には、

乾政官奏曰、外六位已下、不レ在二蔭親之限一。由レ此、諸国郡司承レ家者、已無二官路一、潜抱二憂嗟一。朝議平章、別許二少領已上嫡子出身一、遂使二堂構無一レ墜、永世継レ宗。但貢二兵衛一者更不レ得レ重。奏可。

とあり、少領以上の嫡子の出身を認めている。主に外位に叙される郡司の嫡子には蔭位の制が適用されないため、「郡司承レ家者」が有位であることを任用の条件とする宝字元年詔に抵触しないよう配慮されているのである。

以上の史料より、国家が天平二十一年勅に内在する問題に対処するため、官人としての出仕経験を重視すると同時

に、「郡司承レ家者」の優遇措置を講じていることが分かる。官人的能力を軸に郡司を選ぶのではなく、飽くまで「立郡以来譜第重大之家」の中からの任用を行うため、国家は彼らを保護し育成する姿勢を見せていることに注意すべきだろう。そして「郡司承レ家者」の優遇措置は、「立郡以来譜第重大之家」が郡司層全体の合意のもとに設定されたものではなく、国家の手によって人為的に創出されたものであったこともよく示している。郡司層全体の合意が得られていないからこそ、古代国家は彼らを保護・育成することで地域での優位な地位を保証する必要があったのである。

しかし、宝亀三年（七七二）十月辛酉には宝字五年の「郡司承レ家者」に対する優遇措置が停止され（『続日本紀』）、八世紀後半になると「郡司承レ家者」の保護・育成政策に方針転換の兆しが見え始める。その背景には、官人としての資質に欠ける郡司の存在が問題化していたことが挙げられる(32)。次に掲げたのは『類聚三代格』巻七郡司事所収宝亀六年（七七五）四月二十二日勅である。

勅、服解郡司理須二復任一、不レ可下停二前人一擬中他人上。但被二百姓訴一及受レ財枉レ法、如レ此之類不レ得二復任一。（後略）

この格は服解した郡司の復任に関するものであるが、傍線部にあるように、本来復任すべき服解郡司であっても、「百姓訴」を被った者や、不法行為を犯した者については復任を認めていないことに注目したい。郡司として不適格な人物を解任するために、服解という機会が利用されていると解釈することができる。このことはそれだけ不適格な郡司が多かったことを意味しており、そのような郡司の排除が積極的に推進されていることを示しているだろう。

この他にも『類聚三代格』巻一九禁制事所収宝亀十年（七七九）十月十六日官符では、神火事件について「奸枉之輩、謀レ奪二郡任一、寄二言神火一、多損二官物一」と指摘した上で、放火に関与した一族に対し「永断二譜第一」という処分を下している。また、『続日本紀』延暦五年（七八六）八月甲子条では、「正倉被レ焼、未二必由レ神。何者譜第之徒、害二傍人一而相焼、監主之司、避二虚納一以放火」と断定し、「宜レ令二当時国郡司塡備一之。仍勿下解二見任一絶中譜第上矣」

と、「絶二譜第一」という措置に関しては緩和される一方、欠損した官物の補塡が命じられている。[33] さらに『続日本紀』延暦四年五月戊午条では、都に貢進された調庸が粗悪だった場合、郡司は決罰・解官の上「断二譜第一」という措置が講じられている。ここで注目したいのが、官物の欠損や調庸の粗悪に対する郡司の責任が問われ、「断二譜第一」という厳しい措置がとられていることである。即ち、官物の管理や徴税・貢納といった地方行政上の業務に対し、地方官としての責任を負えない郡司は、仮に「立郡以来譜第重大之家」の出身であったとしても不適格として排除の対象とされているのである。

また八世紀後半には、国司との関係性においても注目すべき事実が確認される。『類聚三代格』巻七郡司事所収延暦十七年二月十五日官符は、

太政官符
応レ禁二断副擬郡司一事
右被二大納言従三位神王宣一偁、奉レ勅、郡司之員明具二令条一。而諸国司等一員有レ闕便擬二数人一、正員之外更置二副擬一。無レ益二公務一、已潤二私門一。侵二漁百姓一莫レ過二斯甚一。自今以後、簡下堪二時務一者上擬二用闕処一、正任之外不レ得二復副一。
延暦十七年二月十五日

と、副擬郡司の設置を禁止している。当該官符以前の八世紀後半に副擬郡司が置かれていたのは、国司が自らの指示のもと地方行政に従事する存在を必要としていたことによると考えられている。[34] 九世紀に入ると郡司の役割・性質が変化し、国司とともに地方行政への関与の度合いが強まることが指摘されているが、[35] 副擬郡司の出現もこのような郡司の役割・性質の変化と深くかかわっているのである。

また、天平二十一年勅により郡司への任用が望めなくなった「立郡以来譜第重大之家」以外の郡司層の中にも、地域に対する影響力を保持できるような地位を何らかの形で獲得したいという要求が存したのではないだろうか。国司による副擬は、天平七年制の「宜下除二国擬一外、別簡二難波朝廷以還、譜第重大四五人一副上之」という規定の延長線上にあるとする見解(36)を勘案すれば、国司によって設置された副擬郡司には、天平二十一年勅で示された範囲外からも任用されていた可能性が想定されるだろう。

　したがって、この時期の副擬郡司の出現は、『続日本紀』天平十四年五月庚午条のように国司が郡司候補者を絞り切れないことが原因ではない。「正員之外更置二副擬一」とあるように、正員郡司の欠員が補填された上で更に副擬郡司が置かれており、天平二十一年勅により任用対象者が限定化されたため、かつてのような「顔面濫挙」は防がれているのである。それにもかかわらず副擬郡司が置かれるのは、第一に正員の他に数人の副擬郡司を置くことで、国司の指示のもと地方行政に従事する人員を拡大するという目的があったと考えられる。そして第二に、正員郡司には「立郡以来譜第重大之家」から選ばれた者を任用する一方、副擬郡司にはそれ以外の地方有力者からも選任することで「立郡以来譜第重大之家」以外の郡司層の受け皿としていたのではないだろうか。

　以上のように八世紀後半になると、地方行政上における郡司の地方官としての資質がより重要視されるようになる。このことは、当該期には郡司が単に中央集権的な地方支配を象徴する理念的存在というだけではなく、地方行政上の現実問題にも対応すべき存在として認識されるようになったことを示している。古代国家が地方行政上の現実問題に対応するにあたって、国司のみならず郡司にもその責任を負わせようとしたこと、また国司が自らの下僚として郡司を位置づけるようになったことは、国家や国司による地方支配が確実に進展していることを示しているだろう。

　さらに副擬郡司が、「立郡以来譜第重大之家」以外の郡司層の受け皿にもなり得ていたとすれば、八世紀後半に排除の対象とされた不適格郡司の背後には、「立郡以来譜第重大之家」に限定した郡司任用の結果、郡司就任への道を断たれた地方有力者たちの不満を想定できるのではないだろうか。「立郡以来譜第重大之家」は国家が人為的に創出したものであり、もともと彼らだけで郡支配が完結していたわけではない。それ以外の有力者の協力なくして地域支配は全うできなかったのである。支配の安定のためにも、彼らの受け皿は必要とされたのである。

以上、天平二十一年勅について考察を行った。同勅は郡司任用対象者を限定化・固定化することで、郡司銓擬の簡便化を図ると同時に、郡司層の中に特別な存在としての「立郡以来譜第重大之家」（「郡司承﹂家者」）を創出するものであった。特定の「立郡以来譜第重大之家」（「郡司承﹂家者」）から代々郡司を任用することは、これまで以上に郡司と天皇との関係性を限定的かつ濃密なものへと深化させ、中央集権的な地方支配理念はより先鋭化されることとなった。この勅は、次節で見る延暦十七年三月丙申詔（『類聚国史』〈『日本後紀』逸文〉）まで約五十年間にわたり有効であったと考えられることから、その影響は決して無視できない[37]。人為的に設置された「立郡以来譜第重大之家」（「郡司承﹂家者」）に対し地域の中での特別な地位を保証するため、出身等を優遇することで国家が彼らの保護・育成に努めていることを看過すべきではないだろう。古代国家は郡司層を背景に存立する郡司ではなく、国家の主導のもとに選ばれ、天皇の権威を身にまとって支配にあたる郡司の創出を意図していたのである。

しかしこのことが、郡司層の解体を意味するわけではない。「立郡以来譜第重大之家」（「郡司承﹂家者」）は単一の勢力ではなく、四〜五家あるいはそれ以上の勢力により構成されていたと考えられているし、副擬郡司のポストも、「立郡以来譜第重大之家」から除外された従来の郡司層の受け皿となっていた可能性が想定される。さらに弘仁年間に再び「譜第」基準が採用されていることも考慮すれば、八世紀後半段階で郡司層が解体していたとは考えられない。

その一方で八世紀後半に入ると、郡司に対して地方行政上の責任が負わされるようになり、不適格郡司は排除されるなど、国司下僚としての官人的資質もより強く求められるようになった。またその背後には、郡司職から疎外された従来の郡司層の不満も看取することができる。その結果、「立郡以来譜第重大之家」の優遇策は徐々に転換され、古代国家の目は理念的な面だけではなく、地方行政上の現実問題にも向けられるようになっていく。

例えば、郡司の任用日程は奈良時代と弘仁式制とでは変更されているが、その背景には調庸の違期・未進問題が存在していた。[38] 任用日程の移行は、『類聚三代格』巻七郡司事所収延暦十六年（七九七）十一月二十七日官符が一つの契機であると推測されるが、この事例は古代国家が制度変更を行うことで、調庸の違期・未進という地方行政上の現実問題に対応した事例といえよう。このように八世紀後半期には、それまでの理念や制度を地方行政上の現実にあわせて変更するという方向性が確認できるのである。

しかし、「立郡以来譜第重大之家」（「郡司承レ家者」）をチャンネルとした中央集権的地方支配の在り方と、郡司による地方行政上の現実問題への対応は相容れない部分がある。特定の「家」からの郡司任用は必ずしも官人的資質を保証できるとは限らず、反対に官人的能力を重視した郡司任用を行えば、天平七年制以前の状況に立ち戻ることとなり、「立郡以来譜第重大之家」を基礎とした郡司と天皇との結びつきの濃密さは失われることになってしまう。この「二律背反」の状況を、古代国家はどのように打開しようとしたのか。次節ではこの点について考察してみたい。

二　「譜第之選」の停止と復活――理念と現実の相克――

1　延暦十七年詔と十八年勅

「立郡以来譜第重大之家」を創出した上での郡司と天皇の関係性の深化と、郡司の官人的資質の維持をめぐる「二律背反」の状況を古代国家はどのように打開しようとしたのか。そこで桓武天皇の延暦十七年（七九八）三月丙申に出された詔に注目したい。

従来この詔によって新たに示された郡司任用政策は、一時的な失策であると評価されるのが一般的であるが、ここでは延暦十七年詔の郡司の任用法令としての側面について改めて考察したい。

次に掲げたのが延暦十七年詔である（『類聚国史』巻一九国造）。

（延暦）十七年三月丙申。詔曰、昔難波朝廷、始置二諸郡一。仍択二有労一、補二於郡領一。子孫相襲、永任二其官一云々。宜下其譜第之選、永従二停廃一、取二芸業著聞堪レ理レ郡者一為上レ之云々。其国造・兵衛、同亦停止云々。事具二郡司部一。

この詔は『日本後紀』欠失部分に含まれており、『類聚国史』等から部分的に復元されるものである。郡司に関していえば、その内容は「譜第之選」を停止し、「芸業著聞堪レ理レ郡者」から郡司を任用するということになる。では、このような郡司任用の在り方についてはどのような評価が可能だろうか。

従来より、延暦十七年詔は、次に掲げた延暦十八年（七九九）五月庚午条（『日本後紀』）とあわせて理解すべきことが指摘されている。[39]

勅、撫レ俗宣レ風、任二属郡司一。今停二譜第一、妙簡二才能一。而宿衛之人、番上之輩、久経駆□、頗効二才能一。宜下不レ経二本国一、令中式部省簡試上焉。

ここでは「宿衛之人」「番上之輩」と表現される地方出身の中央出仕者を郡司に任用する場合には、国擬を経ることなく式部省銓擬に預からせるよう指示している。つまり、トネリなどとして中央出仕している地方出身者の郡司任用を優遇しているのである。ここから延暦十七年詔の「芸業著聞堪レ理レ郡者」とは、具体的には地方出身の中央出仕者（「宿衛之人」「番上之輩」）を指すと考えられている。

このように延暦十七年詔及び十八年勅では、「譜第」に代えて「芸業」——基本的にはトネリなどの都での官人経験を指す——を基準に郡司を登用することで、現実の地方行政上の諸問題に対応しようとしたのである。ところが前節でも指摘したように、このような任用を行えば天平七年制以降にとられてきた「譜第」にもとづく郡司と天皇の関係性の深化は放棄せざるを得ない。すると古代国家は、郡司と天皇の結びつきによって表現される中央集権的な地方支配理念の実体化を放棄したのであろうか。

ここで重要なのは、確かに「譜第之選」停止により郡司の任用基準は大きく変更されているが、郡司の任用手続きそのものには特に変更が加えられた形跡がないことである。「譜第之選」は停止されたとしても、国擬→式部省銓擬→郡司読奏→郡司召という一連の手続きは維持されていたと考えられ(40)、読奏によって郡司と天皇の関係性を構築するという孝徳朝以来の枠組み自体は変化していない。この枠組みにもとづきながら、天平七年制や同二十一年勅は「譜第」によって地方支配上の中央集権性を具体化したのであるが、「譜第之選」を停止した延暦十七年詔では、「譜第」とは異なる形で郡司と天皇の結びつきの強化が図られていたと考えられる。

そこで注目されるのが、延暦十八年勅で確認される式部省の権限強化である。本来郡司は、国司による銓擬（国擬）と式部省による銓擬の両方を経ることになっているが、十八年勅は郡司任用に際して中央との関係性を重視した内容となっており、式部省により大きな権限を与えている。式部省銓擬の中核となるのは式部試練（試郡司）である。式部試練については弘仁式部式、延喜式部式下36試郡司条に具体的な規定が見られるが、その内容は郡司候補者による「譜第」の申上（口頭試問）と筆記試験により構成されている。[41] そしてこれらの試験結果を踏まえ、候補者の等第を決定するのが式部卿である。つまり式部卿は、式部試練の結果を最終的に判断する役割を担っているのである。したがって延暦十八年勅により、式部卿は前代以上に郡司の任用に関して大きな権限を得たと考えることができるだろう。そしてこの時期、式部卿に在任していたのは桓武皇子の伊予親王であったと考えられる。[42]

桓武朝後半期に見える桓武皇子（親王）の八省卿への任官[43]は、廟堂が天皇の親族・縁故者・寵臣など天皇と個人的に密接な関係を持つ官人によって構成されるという桓武朝のミウチ的な政治体制の一角を形成するものであったと評価でき、天皇は親王らを通じて省務に従来よりも強い影響力を行使していたと指摘されている。[44] 桓武天皇の「専制君主」とも称される強いリーダーシップ[45]やその皇子（親王）の式部卿任官を勘案すれば、この時期の郡司任用は従来以上に天皇の関与がストレートに表現されていたと考えられる。延暦十八年勅による式部省の権限拡大は、郡司任用における天皇の影響力を強める側面も持ち合わせていたのである。

さらに十八年勅で、郡司への任用を優遇された中央出仕者＝トネリたち自身の存在も重要である。彼らは都での勤務経験を通し「天皇に仕えて忠節をつくす習慣」を養っていた。[46] 中央に出仕し天皇や朝廷の権威と直に接してきた彼らを郡司として地方社会に送り込むことは、地方支配における中央集権性を高める効果が見込まれるだろう。このように十七年詔と十八年勅は、トネリなどの出仕経験を通して「天皇に仕えて忠節をつくす習慣」を養った地方出身者を、式部省（卿）や天皇のより強い影響力のもとで郡司に任用し、地方社会に送り返すことを意図した政策なのである。これにより、古代国家は官人経験のある郡司を地方行政の現実的諸問題にあたらせると同時に、天皇との関係にもとづく中央集権的な地方支配理念の実体化の継続をも企図したのである。

確かに、延暦十七年詔・十八年勅は、天平七年制・二十一年勅で採用された「譜第之選」を放棄した点で大きな転換点ではあるが、中央集権的地方支配理念までもが放棄されたわけではない。式部卿を通じた郡司任用への天皇の影響力の強化や、中央出仕者の優遇策により郡司と天皇の関係性も十分に確保されているのである。その意味で、延暦年間の一連の措置は従来の郡司政策の結果生じた諸問題の一体的解決を図ったものと評価できるだろう。

しかしこれらの政策は中央志向が強く、必ずしも地方社会の実態に即したものではなかった。このことは、延暦年間の郡司政策を改めた弘仁二年（八一一）二月己卯詔（『日本後紀』）に「偏取二芸業一、永絶二譜第一、用二庸材之賤下一、処二門地之労上一。為レ政則物情不レ従、聴レ訟則決断無レ伏。於レ公難レ済、於レ私多レ愁」とあることからも明白である。また、特に延暦十八年勅で国擬が軽視されたことで、地方行政上の国司の意向が郡司任用に反映されなかったことも問題であろう。

延暦年間の郡司政策は、現実問題の解決と理念の維持の双方を図ったものではあったが、叙上のような問題も引き起こしたのである。では、このような状況に対し古代国家はどのように対処したのだろうか。次に弘仁年間の郡司政策について論じてみたい。

2　弘仁年間の「譜第之選」復活

延暦十七年詔や十八年勅では「譜第之選」を停止し、官人経験のある中央出仕者を中心に郡司任用を行うことで、地方行政上の現実的諸問題に堪え得る郡司の確保を目指した。また、郡司任用に対する天皇の影響力の強化や、中央出仕によってすでに天皇との関係性を構築した人物を郡司に任用することで、郡司と天皇の結びつきという中央集権的な地方支配理念の実体化も企図していた。このような郡司任用政策は、弘仁年間に入ると再び変更されることになる。

『日本後紀』弘仁二年二月己卯条(47)には、

詔曰。（中略）夫郡領者、難波朝庭始置二其職一。有レ労之人、世序二其官一。逮二乎延暦年中一、偏取二才良一、永廃二譜第一。今省二大納言正三位藤原朝臣園人奏一云、有レ労之胤、奕レ世相承。郡中百姓、長幼託レ心、臨レ事成レ務、実異二他人一。而偏取二芸業一、永絶二譜第一、用二庸材之賤下一、処二門地之労上一。為レ政則物情不レ従、聴レ訟則決断無レ伏。於レ公難レ済、於レ私多レ愁。伏請郡司之擬、先尽二譜第一、遂無二其人一、後及二芸業一者、実得二其理一。宜レ依二来奏一。

とあり、郡司の任用における「譜第之選」が復活し、適任者がいない時に限り「芸業」による任用を認めている。同じ「譜第之選」とはいえ、その範囲は天平二十一年勅と比べると大きく拡大し、さらに「難波朝庭以還譜第重大」などという表現も見られないことを踏まえれば、天平七年制よりも範囲は広がったことになる(48)。この変更は、前節で触れたように延暦年間の郡司任用政策が地方社会を蔑ろにしたことに起因している。地域の中で「難波朝庭」以来郡司職を継承していた一族は、「郡中百姓、長幼託レ心、臨レ事成レ務、実異二他人一」とされており、立郡（評）以来郡司職を持ち回り的に継承してきた郡司層の存在(49)を無視した上での地方行政の遂行は非現実的だったのである。したがって、いかに都で天皇や朝廷への奉仕経験を有し、「天皇に仕えて忠節をつくす習慣」を身につけていても、郡司層と無関係に任用された郡司では「為レ政則物情不レ従、聴レ訟則決断無レ伏」という状態になってしまうのである。延暦年間の中央偏重の姿勢を是正し、理念的な面よりも、郡司層の存在という地方社会の現実に目を向けた郡司任用政策が採用されたのである。

この点は国司とのかかわりについても同様である。次に掲げたのは『日本後紀』弘仁三年（八一二）六月壬子条(50)である。

大納言正三位兼皇太子傅民部卿勲五等藤原朝臣園人上表曰、臣昔歳不レ揆二庸菲一、頻歴二外任一。自レ西及レ東、惣十有八年。黎民疾苦、政治得失、耳聞目見、頗無二相錯一。夫銜レ綸出宰、概持二綱紀一、親レ民検察、良在二郡領一。今依二去年二月十四日詔旨一、譜第之事、已復二旧例一。況乎終身之任得二其人一、則遷替之吏、高レ枕而治。奕レ世之胤非二其器一、則見任之司、還招二罪責一。是以精二選堪レ務、沙汰言上。而在京他人、争レ第競レ甲、抑二退国選一、越レ旧被レ任。試二之政事一、未レ克二宣風一、訪二之民間一、誰有二推服一。国吏月教而不レ覚、郡内年弊而無レ興。不レ治之責、還及二牧宰一。外官之歎、前後不レ殊。方今仁風遠覃、徳政屢降。然彫残之余、百姓猶困、実由二撫養之失一レ人也。伏請自レ今已後、銓二擬郡司一、一依二言上一。若選非二其人一、政績無レ験、則署帳之官、咸解二見任一、永不二叙用一、以懲二将来一。天恩垂レ鑑、儻允二臣請一、則今年擬帳、悉従二返却一、一定改張、明春始行。庶令下理治之声起二於当年一、富康之謡流中於後代上。不レ任二犬馬懐レ主之懇一、謹奉レ表冒レ死以聞。詔可。

ここでは国擬の結果選ばれた郡司候補者（「国選」）が、式部省銓擬の段階で「在京人」に抑退されてしまうことが問題視されている（傍線部）。弘仁二年詔の「譜第」の範囲はかなり広いものであったため、中央出仕者の中にも「譜第」基準を満たす者がかなり含まれていたのだろう。しかし在京人は地方社会に受け入れられず（「訪二之民間一、誰有二推服一」）、同時にその責が国司にも及ぶことから、今後は郡司の銓擬に関しては、専ら国司による「言上」＝国擬を優先することとされている（波線部）。これにより延暦十八年勅にもとづく中央出仕者の郡司任用は停止され(51)、一元化された銓擬権のもと、国司の判断による郡司の任用が確立されたのである。これは国司のみが郡司の実務能力を把握できるという認識にもとづいており、郡司が国司の下僚として明確に位置づけられるようになったことを意味している。[52] 延暦年間には郡司と天皇や朝廷との直接的な結びつきが重視されていた。しかし弘仁年間に入ると、郡司は地方行政にあたるべき存在として、国司との関係性がより重要視されるようになる。地方行政上の諸問題に対応するため、郡司に求められる資質・実務能力とは、天皇や朝廷に仕えることではなく、地方社会に受容されると同時に国司の下僚として実務にあたる能力であると考えられるようになったといえるだろう。

　このようにかなり緩やかな「譜第之選」が復活し、郡司任用における国司の主導権が確立されたのに続き、弘仁十三年（八二二）には次のような太政官奏が裁可される（『類聚三代格』巻七郡司事）。

太政官謹奏

郡司初擬三年後乃預㆓銓例㆒事

右中納言従三位兼行春宮大夫左衛門督陸奥出羽按察使良峯朝臣安世解偁、謹案㆓太政官去弘仁三年八月五日符㆒偁、（中略）知㆑人之難古人猶病。吏非㆓其人㆒、何無㆓謬挙㆒。若拠㆓行此格㆒、自陥㆓刑罰㆒。若懼㆑罪不㆑選、徒失㆓人功㆒。望請、先申㆓初擬㆒、歴㆓試雑務㆒、待㆑可㆑底㆑績、銓擬言上、仍於㆓所司㆒計㆓会功過㆒、始預㆓見任㆒。然則国宰免㆓濫選之責㆒、郡司絶㆓僥倖之望㆒。但先尽㆓譜第㆒、後及㆓芸業㆒、依㆓前詔㆒者。政無㆓膠柱㆒、事有㆓沿革㆒、観㆑物裁㆑成、守㆑株不㆑可。臣等商量、所㆑申合㆑宜。伏聴㆓天裁㆒、謹以申聞、謹奏。聞。

弘仁十三年十二月十八日

　これは三年間の試用期間を経た上で郡司に正式採用することを定めたものである。そしてこの法令により、いわゆる後期擬任郡司制が確立し、国司は郡司の定員にかかわることなく擬任郡司を複数設置することができるようになったことが明らかにされている。[53]

　本官奏は、一義的には国擬一本化に伴う国司への配慮を示したものである。[54] その一方で、複数の擬任郡司の設置が可能となったことは、郡司定員の実質的な増加も意味している。これは延暦十七年二月十五日官符（『類聚三代格』巻七郡司事所収）で禁止された副擬郡司の容認であり、郡務に従事する人員を拡大することで地方行政の円滑化を図ったものと評価できる。(55) しかし、定員の実質的増加の意味はそれだけではない。先行研究でも旧来の譜第層に対抗して出現してきた新興層を取り込むためのポストであるという評価(56)や、郡司の機能変化に伴う在地首長制の変動に対応するため、首長層の編成を意図したもの(57)との評価が見られるが、これらの指摘のように複数の擬任郡司のポストは、地方有力者層全体の受け皿としての機能が期待されていたのである。

弘仁年間の「譜第」基準はかなり広い範囲を含み込むものであった。さらに前節で指摘したように、八世紀後半の不適格郡司出現の原因の一端には、「立郡以来譜第重大之家」以外の郡司層の疎外が想定され、彼らの受け皿として副擬郡司が設置されていたと推測される。したがって、国司の管理のもと広く地方有力者層にポストを与え、地方行政に参画させるという点で、複数の擬任郡司の設置は八世紀後半以来の課題にも応えるものだったといえるだろう。(58)

以上、弘仁年間の郡司任用政策について概観した。その特徴は観念的な中央集権的地方支配理念よりも、国司を中心とした地方支配への現実的対応を重視している点にあるだろう。弘仁二・三年の政策を提言したのが藤原園人であることがそれを象徴している。園人は自ら、

（前略）臣昔歳不レ揆二庸菲一、頻歴二外任一。自レ西及レ東、惣十有八年。黎民疾苦、政治得失、耳聞目見、頗無二相錯一

（後略）

と述べている（前掲『日本後紀』弘仁三年六月壬子条）。備中守、安芸守、豊後守、大和守などを歴任し「皆有二良吏之称一」（『公卿補任』大同元年条）とされ、地方官としての豊富な経験を有していた園人は、古代国家の地方支配の安定化のためには、国司のもとに郡司を中心とした地方有力者層を幅広く結集させた体制の必要性を痛感していたのであ

ろう。「譜第之選」を復活し、後期擬任郡司制を確立することで、理念よりも現実への対応を優先したのである。

一方、郡司と天皇との関係性は、天平二十一年勅や延暦十七年詔・十八年勅ほど先鋭的でもなければ、直接的なものではなくなった。しかし弘仁三年四月九日に「郡司譜図帳」の提出が諸国に命じられていること（『類聚三代格』巻七郡司事所収天長元年〈八二四〉八月五日官符）を踏まえれば、「譜第」にもとづいた郡司と天皇の結びつきの重層化は決して等閑に付されていたわけではない。ただし、先鋭化から廃止を経て、かなり緩和された形で復活した「譜第」の意義は、八世紀段階と比べれば低下したとせざるを得ない。郡司の国司下僚化の進行とも相俟って、郡司制の在り方は大きく転換しつつあるのだろう。(59)

このように、弘仁年間には地方行政上の現実問題が優先され、郡司任用を国司に一任するなど、中央政府による地方社会への直接的な介入を最小限にとどめることで、郡司任用制度は一応の安定を見たのである。これ以降は郡司の任用基準を大きく変更するような法令は見られなくなり、『西宮記』や『北山抄』の郡司読奏の記事でも当該期の任用基準が基本とされていることから、弘仁年間の郡司政策は古代国家の到達点を示すものであると理解することができる。(60)

このののち、郡司の地方行政上の役割は、国司官長の受領化と並行してますます重視され、ついには「徴税請負人」化するに至る。(61)このことは郡司職の魅力を低減させ、大きな負担を伴う地位として認識されるようになっていく。また、九世紀後半期に入ると、中央諸司や院宮王臣家の積極的な地方進出が展開し、郡司の在り方も大きく変化していくことになる。次節では九世紀の郡司層の動向を踏まえ、古代国家の地方支配の変質を見通したいと思う。

三　郡司層の解体――理念と現実の分離――

1　九世紀の郡司層と地方支配

本節では九世紀の郡司層の動向を考察してみたい。[62] この時期の郡司層については畿内と畿外とで異なった動きを見せている。最初に目立った動きを見せたのは畿内の郡司層であった。[63]

『日本後紀』延暦十八年（七九九）四月壬寅条には、

公卿奏曰、大和国守従四位下藤原朝臣園人解偁、郡司之任、所レ掌不レ軽。而外考之官、不レ得二貽謀一、准二於諸国一、亦無レ潤レ身。是以擬用之日、各競辞退。郡務闕怠、率二由於此一。伏請居二之内考一、将レ勧二後輩一者。臣等商量、（中略）而畿内諸国、近接二都下一、駈策之労、尤是殊甚。准二於外国一、不レ可レ同レ日。如今所レ申穏便、誠合二進昇一。伏望五国郡司、一居二内考一。許之。

とあり、藤原園人の上申を容れる形で五畿内の郡司の考課が内考扱いとされた。その理由は、畿内の郡司は畿外と比べ激務であるため、畿外と同じ外考扱いでは郡司就任者を確保できないという点にあった。このように畿内郡司層は、早くも八世紀最末期に郡司職忌避の傾向を見せている。しかしこのような措置は、

太政官符

応下諸郡司病損之後不レ預二他色一依レ旧復任及還本上事

右得二式部省解一偁、検二案内一、太政官弘仁八年正月廿四日符偁、今月廿三日下二五畿内諸国一符偁、右大臣奏状偁、

依二太政官去延暦十八年四月廿八日符一、五国郡司一居二内考一率由、近接二都下一駈策殊甚。准二於外国一不レ可レ同レ日。今件人等未二出身一前相競如レ林、既得レ考後好称二詐病一。非三啻闕二棄郡務一、誠是欺二犯朝章一。伏望、自今以後、有二斯類一者、国司勘レ実一従二還本一、若有下国司受二彼請託一輙解却上者、准レ状科附不レ従二寛典一。庶遏二奸源一以励二後進一者。中納言正三位兼行民部卿藤原朝臣葛野麻呂宣偁、奉レ勅、依レ奏者。然則詐病還レ本、格意明白、実病得レ痊処置未レ的。又貪濁有レ状無レ故不レ上、省例還本事即無レ疑。但或服解後不レ堪二復任一、或雖レ居レ職不レ堪二時務一、如レ此解任、理在レ難レ抑。然而人情詭濫、真偽叵レ信。推二尋事迹一非レ無二疑渉一。概由レ叨二内考之栄一、還足レ致二濫偽之源一。如レ聞、件郡司等遁レ職之日、巧称二病患一、解却之後仍称二病痊一、規二去本職一求レ入二他選一。仍勘二格出之後解却之人一七十二人。望請、実病之人者、国司研レ実毎レ得二痊瘉一更用復任、不レ堪二釐務一者、省家閲レ帳為レ欺二朝章一、将レ従二還本一。其実病得レ痊待レ闕之間、従二於抑退一不レ預二他考一。然則人皆懲慎奸迹自絶。謹請二官裁一者。左大臣宣、奉レ勅、依レ請。

天長二年閏七月廿六日

とあるように（『類聚三代格』巻七郡司事）、結果的に「他選」（事書では「他色」）への足掛かりに利用されてしまった（傍線部）。ここでいう「他選」「他色」とは、後掲する寛平五年（八九三）十一月二十一日官符や同六年十一月十一日官符（ともに『類聚三代格』巻七郡司事）で、郡司や擬任郡司が「諸国之吏」や「親王家司」に遷任したり、あるいは「近衛門部兵衛」を兼任したりすることを禁じていることを参照すれば、任用国司や家司を含めた諸司官人を指していると考えられる。畿内の郡司層の立場からすれば、地方行政上の責任を負わされる郡司職を続けるよりも、地理的に出仕可能な都で諸司官人としての地位を得る方が魅力的だったのである。畿内地域では九世紀前半から郡司職の忌避が見られ、郡司層の諸司官人化が進行しているのである。このことは次に掲げた貞観十年（八六八）六月二十八日格（『類聚三代格』巻七郡司事）にもよく表れている。

太政官符

一応レ贖二郡司罪一事

右撰格所起請偁、太政官天長三年五月三日下二河内国一符偁、別当正三位行中納言兼右近衛大将春宮大夫良峯朝臣安世奏状偁、前年之間、水旱相仍、百姓凋瘁。或合門流移、或絶戸死亡。風俗由レ厥長衰、郡吏以レ之逃散。所以頃年以二諸司主典一任二用郡司一。至レ有二闕怠一、必加二刑罰一。雖下各拠二時格一以望中爵級上、而不レ忍二彼恥一、遂致二逃遁一。凡決二罰郡司一、法家不レ聴、格式無レ有。伏請、主典以上被レ補二郡司一、若有二罪過一、依レ法令レ贖。然則不レ去二其職一、必致二経遠之図一。但自余郡司不レ改二前例一者。中納言従三位兼行左兵衛督清原真人夏野宣、奉　レ勅、依レ奏者。如今此格只下二一国一、未レ施二諸国一。伏望、下二知五畿内及七道諸国一、令レ知二　鴻恩一者。中納言兼左近衛大将従三位藤原朝臣基経宣、奉　レ勅、依レ請。

貞観十年六月二十八日

ここに引用された天長三年（八二六）五月三日官符からは、水旱により国内が衰弊した河内国では、逃散した郡司にかわり諸司主典を郡司に任用していたことが分かる（傍線部）。そして先に掲げた天長二年格は、畿内郡司層の諸司官人化の進行を示していた。とすれば、郡司に任用された諸司主典とは、その任郡と全く無関係な者ではないだろう。恐らく何らかの形で諸司に出仕していた地方有力者が、自らの出身地の郡司に任用されていたのではないだろうか。

『類聚符宣抄』第七諸国郡司事に収められた、天徳三年（九五九）四月五日の摂津国解では、前鎮守府軍曹津守茂連の住吉郡大領への任用を申請している。同国解中に「今件茂連、譜第正胤、奕世門地」とあるように、津守氏は住吉郡の郡司氏族であり、これは住吉郡（畿内）出身者が鎮守府軍曹の地位を経た上で出身地の郡司に任じられている例と考えられる。この事例は、時代が下ることや鎮守府軍曹であることなど、天長三年官符の指す事例と必ずしも対応していない面もあるが、諸司官人が自らの出身郡の郡司に任用された例として注目できるだろう。(64)

以上の史料から、九世紀前半段階の畿内地域で郡司層の諸司官人化が進行していたことを確認できる。彼らは京に近いという地理的環境も大きく作用し、郡司として国司のもとで地方行政上の責任を負わされるよりも、諸司官人化する道を選択していたのである。では、畿外地域の郡司層はどのような動向を示していたのだろうか。

畿外郡司層の動向については、『類聚三代格』巻七郡司事所収天長二年（八二五）八月十四日官符が参考になる。

太政官符

応三直レ府書生権任二郡司一事

右得二大宰府解一偁、（中略）承前選二択書生一、毎レ所配充永置不レ替。求二得経按一繫二名郡司一尽二其勤卓一。而依二太政官去弘仁三年八月四日符一、郡司之選一依二国定一。書生等競就二本国一、無レ心レ留レ府。雖レ加二捉搦一、免而無レ恥。（中略）望請、直レ府書生随二其才一、権任二主帳以上一、惣数莫レ過二十人一、名繫二郡司一身留二府衙一、以二継譜之慶一粛二奔躁之心一者。右大臣宣、奉　レ勅、依レ請。

天長二年八月十四日

これによれば、大宰府に書生として出仕している西海道地域の有力者たち（郡司層）は、府の書生よりも、本国の郡司としての地位を重視していることが分かる。同じ天長二年に畿内では得考した郡司が他色に遷ることを禁じられていることを想起すれば、その違いは歴然としている。九世紀前半段階の畿外地域では、未だ郡司職は郡司層の望み得る地位だったのである。

しかし、このような状況は九世紀後半に入ると変化してくる。先に掲げた貞観十年六月二十八日官符は、天長三年に河内国に適用された諸司主典から任じられた郡司の決罰をめぐる待遇を「五畿内七道諸国」に敷衍するものであった。『類聚符宣抄』第七諸国郡司事には、前出羽権大目各務利宗を各務郡大領に任じることを申請する美濃国解（康保二年〈九六五〉二月十七日）が載せられている。そこには、

（前略）譜第之輩拝二任諸国主典已上一之後、依二国解文一、越レ次補二任大領一之例不レ可二勝計一（後略）

とあり、十世紀の例になるが、諸国主典経験者が出身郡（美濃国＝畿外）の郡司に任用されるケースが存在していたことを確認できる。[65] このように九世紀後半以降になると、畿外地域でも諸司官人が自らの出身郡の郡司に任用される事例が散見するようになる。さらに『類聚三代格』巻七郡司事には、

太政官符

応レ停三止諸国擬任郡司遷二拝他色一事

右得二近江国解一偁、郡中百姓雖レ有二其数一、堪二郡司一者不レ過二一両一。仍撰二定其人一、差二充調庸租税等預一、或為二旧年調庸綱領一、未レ究二預事一。或為二当時租税専当一、多有レ所レ負。而称レ任二諸国之吏一、号レ拝二親王家司一、不レ勤二公事一、専利二私門一。非三唯規二避一身之宿債一、抑亦騒二動部内之百姓一。若不レ立二新制一則弥紊二風教一。望請、擬任郡司停下止任二内外官一幷補中家令已下職上。謹請二官裁一者。右大臣宣、奉レ勅、依レ請。自今以後、擬任郡司隠二匿其職一被二拝除一者、随二国司請一即従二解却一。諸国准レ此。

寛平五年十一月廿一日

太政官符

応レ解二却郡司所レ帯左右近衛門部兵衛等一事

右百里之任衆務所レ繫。而或郡司偏称二宿衛一、有レ妨二公事一。准二之政途一、理不レ可レ然。中納言兼右近衛大将従三位行春宮大夫藤原朝臣時平宣、奉レ勅、宜下不レ論二異能無才一、且解却且言上上。但擬用之輩、随二国司申一登時解退、曽不二停滞一。適令三分憂之吏頗得二施治之便一。

寛平六年十一月十一日

とあり、前者では擬任郡司が「諸国之吏」や「親王家司」などの「内外官」や「家令已下職」に任じられることを禁じている。この官符は近江国解にもとづくものであるが、「諸国准レ此」とあるように諸国を対象に発令されていることから、畿内・畿外を問わず擬任郡司の諸司官人化が問題視されていたと考えられる。また、後者の郡司や擬任郡司が「近衛門部兵衛」を兼ねることを禁じる官符も、特に地域を限定した法令ではないため、このような状況も全国的な現象として認識されていたのだろう。

これらの例によれば、九世紀後半に入ると畿外地域でも郡司職の忌避現象が現れ、郡司や擬任郡司の諸司官人化が進んでいたことが分かる。そしてその動機は寛平五年十一月二十一日官符にあるように（傍線部）、「調庸租税等預」や「旧年調庸綱領」「当時租税専当」などといった役務から逃れることにあった。九世紀の郡司は「徴税請負人」と称されるように、特に徴税に関して重大な責任を負わされていた。(66) このように大きな負担の伴う郡司職は、畿外郡司にとっても忌避すべき地位となっていたのである。

叙上のように畿内・畿外を問わず九世紀後半に入ると、かつての郡司層は郡司のみならず任用国司や家司なども含めた諸司官人として活躍するようになる。このことは地方社会から人材が中央に流出していることを示しているだろう。

延喜式部式上149諸衛任官条には、

凡左右近衛、長上十五年、番上廿年為レ限、毎年各二人、左右兵衛各一人、左右衛門隔年各一人、任二諸国史生一。

其任二郡領一者、左右近衛各二人、左右兵衛各一人、待二本府移一、勘二録譜第一、奏二擬文一之日、副二奏文一進。諸衛同之。但

左右兵衛通二任郡領及主政帳一。左右衛門若有二移送一、府別郡領一人、隔二三年一補之。並以二佐已上共署文一任之。

とあり、傍線部に見えるように近衛と兵衛に関しては毎年郡領への転出が認められている（門部は三年ごと）。その際には「譜第」が勘録されていることから、ここで郡領に転出する近衛や兵衛は出身郡の郡司就任者の系譜に連なる者たちである。兵衛の任用について定めた延喜兵部式34近衛兵衛条には、かつて軍防令38兵衛条に規定されていたような郡司子弟からの兵衛貢進は規定されていない(67)。そうであるにもかかわらずこのような式文が立てられているのは、それだけ多くの地方有力者たちが近衛や兵衛などとして中央出仕していたことを示している。郡司として地方行政上の重責を担うよりも中央出仕して諸司官人の地位を得るという選択肢が、かなり広汎に浸透していた様を読み取ることができるだろう。

このような状況に加えて、九世紀には中央諸司や院宮王臣家と地方有力者層との私的結合が進行し、国郡司への対捍が問題化する。市大樹氏によれば、この現象は畿内地域から発生・進行し、九世紀後半の貞観年間に入ると全国的な問題として認識されるようになるという(68)。先に見たように、郡司職の忌避という郡司層の動向もまず畿内地域で顕著になり、九世紀後半以降に畿外地域でも問題視されるようになっている。この両者は軌を一にしているといえ、中央諸司や院宮王臣家の地方社会への進出と、郡司層の諸司官人化（院宮王臣家の家司・家人化も含む）は表裏一体の関係にあったのだろう。郡司層が郡司職を忌避し、中央諸司や院宮王臣家との結合を進めていく。この状況は、地方社会の中でももはや郡司職が諸勢力結集の核となり得ていないことを示している。さらに中央勢力との私的結合は、個々の地方有力者たちの自律的な活動を示しており、かつて郡司職を持ち回り的に継承していた郡司〝層〟としての結合力が維持されているとはいいがたいだろう。

このように畿内地域では九世紀前半から、畿外地域でも九世紀後半には、中央諸司や院宮王臣家の進出とともに、郡司層の郡司職離れと諸司官人化が進行し、八世紀には郡司職を一つの結集核として成立していた郡司層は解体の方向に向かうのである。(69) 夙に指摘されていることではあるが、十世紀に入ると各地で郡家遺跡が廃絶するようになる。(70) 郡家もかつては郡司層結集の場として機能していたことを想起すれば、(71) 遅くとも十世紀に入る頃には八世紀的な郡司層はほぼ完全に解体していたと見ることができるだろう。

これ以降、郡司自身も含め地方有力者たちは、郡司層に規制されることなく自律的に中央諸勢力と手を結びながら展開していくことになる。このような状況のもとでは、もはや従来のように郡司や擬任郡司に地方行政上の役割を期待することはできない。この時期の古代国家の地方支配は、国司のもとで地方行政を担う存在がややもすれば空洞化するような不安定な状況に陥っていたといえるだろう。そのような中で、国家は新たな地方支配の在り方を模索していくことになる。

次に掲げたのは、延喜二年（九〇二）四月十一日官符である（『類聚三代格』巻二〇断獄贖銅事）。

太政官符

応レ差下使雑中役不レ従二本職一諸司史生已下諸衛舎人幷諸院諸宮王臣家色々人及散位々子留レ省上事

右得二河内三河但馬等国解一偁、此国久承二流弊一、民多困窮、就レ中頗有二資産一可レ堪レ従レ事之輩、既帯二諸衛府之舎人一、亦為二王臣家之雑色一。皆仮二本司本主之威権一、不レ遵二国宰県令之差科一。因レ茲輸貢之物無二人付預一、纔随二簡得一差二充貧民一。而或未レ出二境外一盗二犯官物一、或雖レ入二都下一不レ弁二其事一、徒送二居諸一多致二欠損一。加之雖レ有二郡司一不二必堪一レ事、徴二納官物一之道差二副堪能之人一。而依レ無二其人一常置二未進一。倉庫之虚、惣是之所レ致也。如今居二住部内一諸司史生已下使部已上不レ直二本司一、六衛府舎人不レ勤二宿衛一不レ関二供節一、諸院諸宮諸王臣家雑色・喚継・舎人・帳内・資人不レ従二本主一、及文武散位・位子留レ省・諸勘籍人等堪レ事有レ数。窃検二貞観以来諸国例一、以二如レ此輩一可レ差二使進レ官留レ国雑役一之状、無二国不一レ言。随即有レ被二聴許一、是則事不レ獲レ已為レ済二官物一。夫普天之下無レ非二王土一、率土之民何拒二公役一。望請、前件色々人等除二見任供節一之外、晏然私居豊殖二産業一、幷帯レ位息レ肩承レ蔭遊レ手之徒、任中一度為レ例差用以済二貢納一。若封家之人在二此中一者、便先差二預本主料物一。立為二恒例一、不レ労二申請一、然則長省二言上之煩一、自得二行用之便一。謹請二 官裁一者。左大臣宣、奉 レ勅、依レ請。諸国准レ此。若拒捍幷致二公損一者、依レ法科レ罪不二曽寛宥一。

延喜二年四月十一日

ここでは郡司以外の諸司官人や衛府舎人、院宮王臣家人らを調庸物の貢納などの国務に差用する権限が国司（受領）に認められている。この政策は、傍線部にあるように雑役への差用が受領の任中に一度とされていることや、擬任郡司よりも多くの地方有力者が対象にされたと考えられることから、従来と比べると負担や頻度の面が大きく軽減されている。また波線部にあるように、地方有力者と結託していた中央勢力への配慮も示されていることから大方の合意を得られたと考えられる。[72]

これを契機に、郡司以外の地方有力者も受領のもとに雑色人として編成され、郡司とともに国郡行政に参画していくようになる。[73] 確かに弘仁年間の郡司任用政策においても、複数の擬任郡司の設置によって広く地方有力者層を国司のもとに結集させ、地方行政にあたらせる仕組み（後期擬任郡司制）は用意されていた。しかしこの措置は、飽くまで「譜第」を基準に任用される郡司や擬任郡司を受け皿としたものであり、基本的には八世紀以来の郡司層を取り込もうとしたものだった。したがって、郡司職自体が忌避されるようになるなど、郡司層そのものが解体に向かった九世紀後半には、もはや後期擬任郡司制では地方行政を維持していくことは不可能になっていたのである。

すでに論じたように本来古代国家は、天皇との関係性の中で任用された郡司を通して地方支配を行うことで、その中央集権性を確保しようとしてきたはずである。[74]八世紀から九世紀初頭にかけての郡司任用政策の変遷は、まさにこの理念を具体化し中央集権的な地方支配を確立するための苦闘の足跡だったはずである。しかし、ここに至り古代国家はもはや郡司か否かにこだわることなく、広く地方有力者を受領のもとに結集させ地方支配にあたらせることにしたのである。古代国家は、天皇との結びつきや中央集権性といった理念的な側面を棚上げし、現実の地方支配の安定化を図ったのである。これにより十世紀に入ると、負名体制の整備[75]や国郡行政一体化（雑色人郡司制[76]）が進行し、過渡的な形態ではあるものの、受領を頂点とした地方支配は安定化を実現するのである。

それでは、九世紀後半以降の郡司と天皇との関係性や郡司職そのものの位置づけはどのように考えればよいのだろうか。次にこの点を論じてみたい。

2　理念的な存在としての郡司職

九世紀後半以降の郡司層の解体を受け、郡司職自体はどのように位置づけられるようになったのか。本節ではこの点を考察したい。

すでに何度か言及したが、国擬→式部省銓擬→郡司読奏→郡司召という郡司任用手続き自体は七世紀半ば～十一世紀に至るまで変更されることはなかった。[77]実際にこの手続きは延喜太政官式131任郡司条に確認でき、その他にも『内裏式』（奏銓擬郡領式）や『西宮記』（郡司読奏）など儀式書の記述からも復元することができる。したがって、郡司を天皇の直接的な関与のもとで任用するという枠組み自体は、郡司層の解体に影響されることなく持続されているのである。

しかし九世紀後半になると、任用手続きの中でも天皇が関与するという意味で最も重要視される郡司読奏の挙行形態に大きな変化が見られる。本来読奏は、内裏正殿（紫宸殿）に出御した天皇のもとに大臣以下の公卿が参集し、その場で式部省から郡司候補者の銓擬結果が読申され、勅を奉じた大臣がその「定不」（任用の可否）を決定するという手続きをとる。(78)ところが、『日本三代実録』には貞観元年（八五九）以降断続的に読奏の記事が記載されているが、それによると天皇が出御した元慶八年（八八四）四月二十三日の例と、記載がなく不明である年を除き、基本的に読奏は天皇不出御で開催されている。(79)

不出御の場合は、宜陽殿西廂や陣座で勅を奉じた大臣や大納言らの公卿が決裁を下しているが、このような読奏不出御儀は『西宮記』や『北山抄』などに掲載される作法であり、十世紀以降は不出御儀が一般化したと考えられる。しかし不出御の場合でも、御在所（清涼殿）に所在する天皇に事前に式部省銓擬の結果がまとめられた文書が奏上されている。そして宜陽殿西廂で決裁を行う上卿のもとにも同内容の文書が提出され、上卿は式部省の報告を聞きながら決裁（任用の可否）をそこに書き込み、全ての事案が終了したのち決裁を書き込んだ文書を再度天皇に奏上することになっている。(80)つまり天皇は、最初に奏上された文書と上卿の決裁が書き込まれた文書を見比べることで、その内容を詳細に知ることができるようになっていたのである。第一部第一章で指摘したように、仮に不出御儀であっても天皇は文書の授受を通して郡司の任用結果を知ることができるため、不出御儀の成立は読奏における天皇の機能の後退を示すものではない。(81)したがって、九世紀後半以降も郡司任用における天皇の直接的な関与を認めることができるのである。

さらに十世紀以降になっても、郡司への任官希望者が皆無ではなかったことにも注目したい。『類聚符宣抄』第七諸国郡司事には、天慶二年（九三九）～貞元三年（九七八）の間の郡司任用を申請する国解（申文や式部省奏を含む）とそれを許可する旨の宣旨がセットで収録されている。内容としては、年官を用いた任用申請や、いわゆる違例越擬（現任少領を大領に転任させるのではなく、別の人物を大領に任用すること）の申請、兄弟間での相譲申請など、通常とは異なる特別な条件下での任用を申請したものである。異例の郡司任用であるため、通常の任用手続きとは異なる宣旨を用いた任用方法が用いられているが、(82)このことは十世紀になっても様々な形で郡司職への就任を求める人々が存在していたことを示しているだろう。次に示したのは天慶二年になされた但馬国美含郡少領の任用申請と、それを許可する宣旨である。

　従八位下刑部宿禰福秀但馬国美含郡人
　　望下当郡少領刑部福保補任之後経レ年不レ附二考帳一替上
右弁官給主政帳廿一人内、維則任二官史一之時、去承平六七両年給、高晴同七年給三合之代、以二件福秀一所レ請如レ件。兼被レ免二無レ譜之責一。謹言。
　　天慶二年五月廿二日　　大外記坂上高晴
　　　　　　　　　　　　大隈守善道朝臣維則

中納言従三位藤原朝臣師輔宣、奉レ勅、大隈守善道朝臣維則任二官史一之時、去承平六七両年弁官給、大外記坂上高晴同七年給未補之代三合、以二刑部福秀一宜丙補下任但馬国美含郡少領刑部福保補任之後経レ年不レ附二考帳一替上、兼免乙無レ譜之責甲。
　　天慶二年十二月廿七日　　少丞ゝゝ時奉

延喜式部式上130主政帳条には、

凡主政帳廿一人、毎年充二太政官一、待二所レ下名簿一乃補之。

とあり、この申請は延喜式に規定された太政官に与えられた年官を用いた郡司任用である。[83] 年官とは皇族や公卿、特定の官司に与えられた官職の推薦枠であり、任官希望者は彼らに任料を支払うことで推薦を受け任官することになっていた。この例では、本来太政官（弁官）に与えられていた年官は主政帳であるが、善道維則に認められた二年分と坂上高晴の一年分の合計三年分＝三合代として少領を推薦している。この場合も少領に任用されることになった刑部福秀は維則や高晴に任料を支払っているはずであり、福秀にとって郡司の地位が相応の価値を有していたことを示しているだろう。このように十世紀以降にも郡司職は全く価値を失っていたわけではなく、地方有力者層における需要が認められるのである。

このような郡司職に対する需要の存在の理由としては、地方社会の中における正員郡司の地位の高さが挙げられるだろう。前項に掲げた延喜二年四月十一日格を契機に、地方社会では非令制職名郡司（いわゆる雑色人郡司。「郡老」「検校」「国司代」などの名称が確認される）[84] の設置が正式に認められるようになり、正員郡司のみならず彼らも国司の指示のもと郡務に従事していることが確認される。その様子は売券等の古文書の郡判部分への署名に見られるが、それらの分析から森公章氏は、

雑色人郡司　＜　正員郡司

雑色人郡司＋正員郡司　＜　雑色人郡司

という序列があったことを指摘している。したがって雑色人郡司の地位獲得に加え、正員郡司に任用されていることが、地方社会の中での優位性を保つためには必要だったといえる。自らの地位をより安定化させるため、正員郡司は地方有力者層にとって必要な地位だったのである。[85] そして、正員郡司の地位が地方社会における優位性を保証したそ

の理由は、やはり正員郡司職が天皇の直接的な関与のもとで任用される地位だったからであろう。

以上のように、九世紀後半以降読奏は不出御儀が主流になったとはいえ、郡司任用への天皇の直接的な関与は維持されていた。一方、地方有力者層の中でも競合する勢力に対し優位を保つため、正員郡司の地位は利用価値があったのである。郡司層解体に伴う、新たな地方支配の仕組みの中で、かつての郡司の地位は他の地方有力者たち（雑色人郡司ら）の中で相対化されてしまった。その意味では郡司であるということは、地方行政上の実務的な面では意味を失ったといえる。それでもなお、七世紀半ば以来の郡司と天皇の関係性が維持されたのは、国家の立場からすれば、郡司を任命し続けることで理念的な面だけでも中央集権的な地方支配の在り方を維持しようとした結果であろう。また、地方有力者層の立場からすれば、自らの地位を地方社会の中で確固たるものとして位置づける上で、天皇の権威をまとった正員郡司の地位は重要な意味を持ち続けたのである。

ここに至り古代国家は、郡司と天皇の関係性に担保された中央集権性の実現を理念的な面のみにとどめ、現実的な地方支配の面では、郡司にこだわることなく広く地方有力者層を受領のもとに結集させることでその安定化を図ったといえるだろう。八世紀以来、その理念と現実の狭間で古代国家が試行錯誤を繰り返してきた郡司を中心とした地方支配の在り方は、理念と現実を分離させ、理念面における地方支配の中央集権性のみを確保するという形で、一つの決着点に達したといえるのである。

おわりに

以上、郡司層の存在と郡司と天皇の関係性に留意しながら、八〜九世紀にかけての郡司任用制度について概観した。

それは、地域に根を張る郡司層や、地方行政上の現実的諸問題と対峙しながら、いかにして孝徳朝に確立された郡司と天皇との結びつきにより表現される中央集権的な地方支配理念を具体化し実体化していくのかという古代国家の苦闘の足跡であったといえるだろう。

郡司と天皇の関係性によって理念的に示された地方支配における中央集権性を実体化するため、古代国家がとった施策をもう一度まとめるならば以下の通りになる。

《Ⅰ期　孝徳朝》

郡司読奏の原型が成立し、郡司（評官人）の任用に天皇（大王）が直接的に関与することで、地方支配における中央集権性の理念的枠組みが確立される。

《Ⅱ―1期　天平七年制》

孝徳朝に確立された中央集権的な地方支配理念を具体化するため「譜第」基準が導入される。

《Ⅱ―2期　天平二十一年勅》

「立郡以来譜第重大之家」を創出することで任用対象を限定化・固定化し、理念の先鋭化が図られる。

《Ⅱ―3期　延暦年間》

従来の「譜第之選」を停止し、中央出仕して天皇や朝廷に仕えたという実績（「芸業」）を重視した任用を行う。「譜第」とは形を変えた中央集権性の確保（郡司と天皇の関係性強化）を模索。

《Ⅲ期　弘仁年間》

「譜第之選」の復活、国擬一本化、後期擬任郡司制の導入など、地方社会＝郡司層や国司の意向など、現実的諸問題を理念の実体化よりも優先する。

《Ⅳ期　九世紀後半以降》

郡司職忌避の全国化や中央諸司・院宮王臣家の地方社会進出などにより郡司層が解体し、十世紀には雑色人郡司制が展開。ただし読奏を中心とした郡司任用手続きに変化はなく、郡司と天皇の関係性に象徴された中央集権性は、実体とは切り離され純粋に理念的なものとして維持される。

このように見ていくと、Ⅰ～Ⅱ期には、郡司とは天皇の権威を背景に地方支配に臨む存在として位置づけられ、その任用に際しては国家（中央政府）の主導権が確立されるような施策が講じられていたといえるだろう。郡司は天皇（国家）の権威をこそ背景とするのであって、郡司層の意向のもとに存立するものではないと認識されていたのである。即ち、郡司層の意向にもとづく郡司ではなく、国家の主体性のもとで任用された者を郡司として地方支配にあたらせることで、孝徳朝に創出された中央集権的な地方支配理念の実体化が図られていたのである。したがってⅠ・Ⅱ期には、中央集権性の実体化が徐々に進行していったと考えることができる。

しかし、そのような方向性はⅢ期に入ると変化する。中央集権的な地方支配という理念の実現（実体化）よりも、地方社会（郡司層）への配慮や国司の意向を尊重することが優先されるようになる。そしてⅣ期には、郡司層の解体など地方社会の在り方が大きく変わり、郡司は中央集権的地方支配理念を実体化するための存在ではなく、純粋に理念的な存在として位置づけられるようになるのである。この経緯を図式化すれば図2のようになるだろう。

図2に示されたように、実体面での中央集権性は延暦年間前後をピークとし、その後は下降をたどっていく。しかしここで気を付けなければならないのは、このことが古代国家の地方支配の弱体化を意味するわけではないということである。九世紀～十世紀には国司官長の受領化(86)や負名体制の成立(87)など、国司（受領）を中心とした地方支配が強化されていく。したがって図2が示すのは、地方支配における古代国家の郡司への依存度が減退したということなので

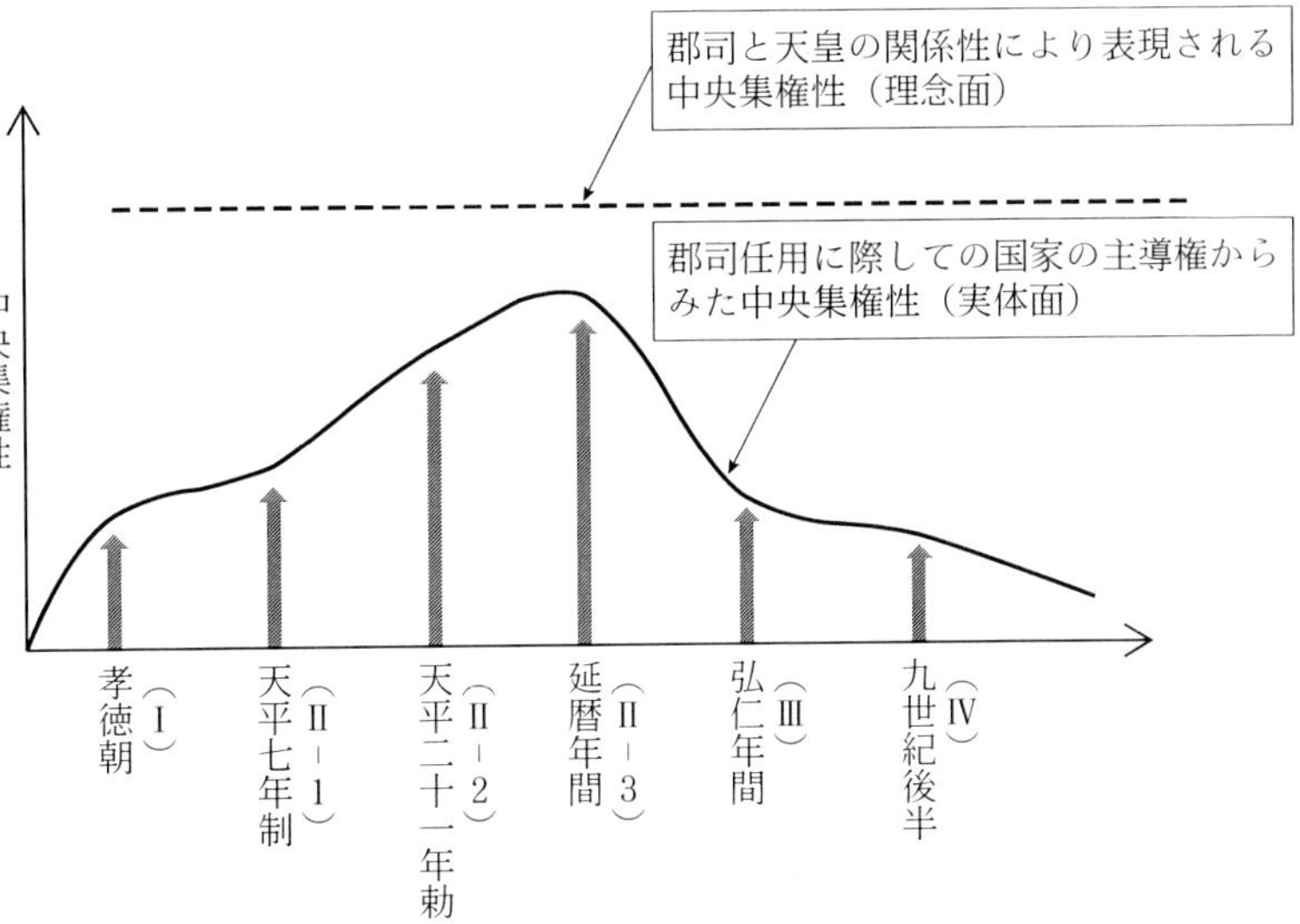

図２　郡司任用政策から見た中央集権性

ある。九世紀後半以降の古代国家は、郡司に体現させた地方支配上の中央集権性に依存することなく地方支配を展開していったのである。

この原因としては、勿論国司の受領化など地方支配をめぐる新たな状況の出現もあるだろう。しかしここでは、郡司層の解体に注目してみたい。郡司層とは郡司を輩出するような複数の地方有力者によって構成されるものであった。彼らは時に対立を孕みつつも融和と合意形成を図り、郡司の交替などを行っていたと考えられる。そのような存在だったからこそ、古代国家は郡司職を通して郡司層の中に介入しコントロールすることで、中央集権的な地方支配理念の実体化を目指したのである。ところがこのような郡司層が解体すれば、その結節点となっていた郡司職をコントロールしても地方支配上の中央集権性を実体化することはできない。ここに至り郡司職は理念的に中央集権性を象徴する存在として位置づけられることになったのである。

孝徳朝に古代国家の地方支配における中央集権性を確保する存在として創出された郡司は、八世紀を通じたその理念の実体化の試みを経た上で、九世紀後半～十世紀には純粋に理念的存在へと変化していったのである。

註

（1）本章で論じるのは、郡司の中でも特に大領・少領（郡領）についてである。したがって特に断らない限り「郡司」を「郡領」の意味で用いたいと思う。

（2）本書第一部第一章。

（3）主な研究を挙げると以下の通りである。磯貝正義「郡司任用制度の基礎的研究」、同「桓武朝の譜第郡司政策の研究」（ともに『郡司及び采女制度の研究』吉川弘文館、一九七八、初出はそれぞれ一九六二、一九六五）、新野直吉『郡司制の諸問題』（『日本古代地方制度の研究』吉川弘文館、一九七四）、米田雄介「郡司の出自と任用」（『郡司の研究』法政大学出版局、一九七六）、今泉隆雄「八世紀郡領の任用と出自」（『史学雑誌』八一―一二、一九七二）、大町健「律令制的郡司制の特質と展開」（『日本古代の国家と在地首長制』校倉書房、一九八六）、山口英男「郡領の銓擬とその変遷」（『日本律令制論集　下巻』吉川弘文館、一九九三）、森公章「律令国家における郡司任用方法とその変遷」（『古代郡司制度の研究』吉川弘文館、二〇〇〇、初出一九九六）。

（4）平川南「郡符木簡」（『古代地方木簡の研究』吉川弘文館、二〇〇三、初出一九九五）。

（5）山中敏史「地方官衙と周辺寺院をめぐる諸問題」（『地方官衙と寺院』奈良文化財研究所、二〇〇五）。

（6）須原祥二「八世紀の郡司制度と在地」（『古代地方制度形成過程の研究』吉川弘文館、二〇一一、初出一九九六）。

（7）佐藤信「地方官衙と在地の社会」（『日本の時代史4　律令国家と天平文化』吉川弘文館、二〇〇二）。

（8）毛利憲一「郡領の任用と「譜第」」（『続日本紀研究』三三八、二〇〇二）、「郡領任用政策の歴史的展開」（『立命館文学』五八〇、二〇〇三）、須原祥二「郡司任用制度における譜第資格」（『日本史研究』四八八、二〇〇三）、本書第二部第一章など。

（9）本書第一部第一章。

（10）早川庄八「選任令・選叙令と郡領の「試練」」（『日本古代官僚制の研究』岩波書店、一九八六、初出一九八四）、森公章

「評司の任用方法について」（前掲註（3）書、初出一九九七）、本書第一部第一章及び第三部第一章。
（11）本書第二部第一章。以下、天平七年制やそれ以前の郡司任用に関する私見は当章による。
（12）前掲註（3）今泉論文。
（13）前掲註（3）山口論文。
（14）国家としては郡司の長期在任を意図していたと考えられるが、郡司の頻繁な交替が見られる点を考慮すれば、実際の地方社会においては「代遍之格」は十全には機能していなかったと考えられる。
（15）前掲註（3）磯貝・新野論文。
（16）前掲註（3）山口論文、註（8）須原論文。
（17）その他にも、中央政界の動向と関連させ、律令的な藤原氏に対抗するため在地勢力に依存した橘諸兄政権による政策であるという位置づけ（前掲註（3）米田論文）や、変動する在地首長制の秩序把握を放棄したものであるとする見解（前掲註（3）大町論文）などが見られる。
（18）前掲註（3）磯貝・今泉・森論文。
（19）前掲註（3）米田論文。
（20）前掲註（8）須原論文。
（21）前掲註（3）磯貝・新野・今泉論文。
（22）前掲註（3）米田・山口論文、註（8）須原論文。
（23）前掲註（3）山口論文。
（24）前掲註（8）須原論文。
（25）孝徳朝の立郡（立評）時点から見て、天平七年頃には、郡司の世代交替は二〜三世程度進んでいたと考えられる（本書第二部第一章）。したがって、郡司職の郡司層内における持ち回り的な継承（交替）の在り方も考慮すれば、天平七〜十年頃には未だ他の追随を許さないほど郡司就任事実を積み重ねた勢力が成立していたとは看做しがたく、郡司層内には多様な「譜第」が展開していたと考えられる。

(26) 特にこの点については、前掲註(3)山口論文や註(8)須原論文で強調されている。
(27) 本勅には藤原仲麻呂の唐風化政策の影響が強く表れているとの見解もあるが（前掲註(3)新野論文など）、天平十九年十一月己卯詔などを勘案すると、本勅を仲麻呂政権の擬唐的政策とのみ位置づけるのは適切ではないだろう。
(28) 前掲註(3)山口論文。
(29) 前掲註(8)須原論文。
(30) 阿部武彦「古代族長継承の問題について」(『日本古代の氏族と祭祀』吉川弘文館、一九八四、初出一九五四)。
(31) 前掲註(3)山口論文などでも指摘されている。
(32) 前掲註(3)今泉・山口・森論文など。
(33) 『続日本紀』同日条。なお『貞観交替式』にも同一記事が収録されている。
(34) 前掲註(3)山口論文。
(35) 前掲註(3)大町論文、加藤友康「九・一〇世紀の郡司について」(『歴史評論』四六四、一九八八)。
(36) 西山良平「「律令制収奪」機構の性格とその基盤」(『日本史研究』一八七、一九七八)、前掲註(3)森論文など。
(37) 前掲註(8)須原論文。
(38) 本書第三部第一章。
(39) 前掲註(3)今泉論文など。
(40) 前掲註(10)参照。
(41) 森公章「試郡司・読奏・任郡司ノート」(前掲註(3)書、初出一九九七)、須原祥二「式部試練と郡司読奏」(前掲註(6)書、初出一九九八)。
(42) 伊予親王は延暦二十三年（八〇四）に式部卿に在任していたことが確認できるが（『日本後紀』同年二月乙丑条）、その任官時期を示す史料は見当たらない。しかし高田淳「桓武天皇の親王について」(『史学研究集録』九、一九八四）によると、延暦十六年（七九七）四月四日に大納言紀古佐美が式部卿兼任のまま薨じて以来、式部卿該当者が史料上確認できないこと、また桓武天皇の諸親王の初叙品、初任官の時期から推すと、延暦十六・十七年は伊予親王の初任官の時期にふさわしいことから、伊予親王が古佐美の後任として式部卿に任命された可能性が高いと推測される。

(43) 伊予親王は式部卿・中務卿・大宰帥、葛原親王は治部卿・大蔵卿、神野親王（嵯峨天皇）は中務卿・弾正尹、大伴親王（淳和天皇）は兵部卿・治部卿に任官している。

(44) 高田淳「桓武朝後半期の親王任官について」（『国史学』一二一、一九八三）。

(45) 林陸朗「桓武朝廟堂の人的構成」（『上代政治社会の研究』吉川弘文館、一九六九、初出一九六二）、「桓武朝廟堂の構成とその特徴」（『桓武朝論』雄山閣出版、一九九四、初出一九六九）。

(46) 井上薫「トネリ制度の一考察」（『日本古代の政治と宗教』吉川弘文館、一九六一、初出は一九六〇）。

(47) 『類聚三代格』巻七郡司事にも収録されている。

(48) 前掲註(3)山口・森論文。

(49) 須原氏が指摘した郡司の頻繁な交替と郡司層の存在は八世紀段階のものである（前掲註(6)論文）。しかし弘仁二年詔には「難波朝庭始置二其職一。有レ労之人、世序二其官一」とあることから、ここに登場する郡司職を代々継承してきた「有レ労之人」とは、八世紀的な郡司層を構成していた人々と考えてよいだろう。したがって後掲する弘仁三年・十三年の措置についても、基本的に八世紀的な郡司層の在り方を念頭に立てられた政策であると考えられる。

(50) 同趣旨の太政官符が『類聚三代格』巻七郡司事にも収録されている。

(51) 前掲註(3)今泉論文。

(52) 前掲註(3)山口論文。

(53) 米田雄介「擬任郡司制の成立と展開」（『郡司の研究』法政大学出版局、一九七六、初出一九六九）。なお、これ以前の擬任郡司は基本的に欠員の生じた郡司の後任者で、未だ中央における諸手続き（式部省銓擬や郡司読奏、郡司召）を完了していない者を指すものである。つまり正式な任用以前の郡司内定者を指す言葉であり、定員以上に置かれることは禁止されていた（『類聚三代格』巻七郡司事所収延暦十七年二月十五日官符）。

(54) 前掲註(3)森論文。

(55) 前掲註(3)山口・森論文。

(56) 前掲註(3)米田・今泉論文。
(57) 前掲註(3)大町論文。
(58) 後期擬任郡司に関しては、新たに勢力を伸ばしてきた新興層を取り込むためのものとする見解もあるが（前掲註(53)米田論文など）、森公章「九世紀の郡司とその動向」（前掲註(3)書）などで指摘されているように、実例から確認される擬任郡司のほとんどは八世紀以来の譜第郡司氏族である。したがって本書も、弘仁年間に新興層の台頭を想定する必要はないという立場をとりたい。
(59) 前掲註(3)山口論文。
(60) 前掲註(3)山口・森論文、註(8)須原論文。
(61) 平野博之「平安初期における国司郡司の関係について」（『史淵』七二、一九五七）。
(62) 九世紀の郡司を包括的に論じた先行研究としては、前掲註(61)平野論文や註(58)森論文などが挙げられる。
(63) 九世紀の畿内郡司の動向については、浅井勝利「畿内郡司層氏族に関する覚書」（『史観』一二九、一九九三）でも言及されている。
(64) この他にも『類聚符宣抄』第七諸国郡司事からは、後掲するように前出羽権大目を美濃国各務郡大領に任じた例（康保二年〈九六五〉）なども確認できる。
(65) 応和三年（九六三）八月二十一日に散位正六位上尾張是種を海部郡大領に任用することを願った尾張国解にも、「重検二故実一、諸国主典已上散位之輩、越レ次一度補二任大領之職一、蹤跡已存」と見えている。
(66) 前掲註(61)平野論文、坂上康俊「負名体制の成立」（『史学雑誌』九四—二、一九八五）。
(67) 笹山晴生「兵衛についての一考察」（『日本古代の政治と文化』吉川弘文館、一九八七）。なおこの点については、本書第二部第三章で詳しく言及した。
(68) 市大樹「九世紀畿内地域の富豪層と院宮王臣家・諸司」（『ヒストリア』一六三、一九九九）。
(69) この点については、本書第二部第三・四章でも延暦十七年詔の影響も含めて検討している。
(70) 山中敏史「国衙・郡衙の成立と変遷」（『古代地方官衙遺跡の研究』塙書房、一九九四、初出一九八四）。

(71) 前掲註(5)山中論文。
(72) 森公章「雑色人郡司と十世紀以降の郡司制度」(前掲註(3)書、初出は一九九八・九九)。
(73) 山口英男「十世紀の国郡行政機構」(『史学雑誌』一〇〇—九、一九九一)。
(74) 本書第一部第一章。
(75) 前掲註(66)坂上論文。
(76) 前掲註(73)山口論文。
(77) 前掲註(10)参照。
(78) 『内裏式』中巻奏銓擬郡領式、『儀式』巻九奏銓擬郡領儀。
(79) 本書第一部第二章参照。
(80) 『西宮記』郡司読奏、『北山抄』巻三読奏事。
(81) 本書第一部第一章。
(82) 本書第一部第二章。
(83) 時野谷滋「年給制度の研究」(『律令封禄制度史の研究』吉川弘文館、一九七七)。以下、年官に関する知見は当論文による。
(84) 雑色人郡司に関しては前掲註(73)山口論文、註(72)森論文参照。
(85) 前掲註(72)森論文。
(86) 北條秀樹「文書行政より見たる国司受領化」(『日本古代国家の地方支配』吉川弘文館、二〇〇〇、初出一九七五)。
(87) 前掲註(66)坂上論文。

第三章　延暦十七年三月丙申詔試解

――「譜第之選」の停止をめぐって――

はじめに

『類聚国史』巻一九国造及び巻四〇采女には、郡司の任用に関する延暦十七年（七九八）三月丙申詔（以下、延暦十七年詔もしくはA詔と称す）が掲載されている。『日本後紀』の同年所収巻は欠失しており、当該詔は『類聚国史』から部分的に復元されるものである。

この詔には郡司（郡領）[1]の任用に関し、「譜第之選」を停止し、今後は「芸業著聞堪ㇾ理ㇾ郡者」を選任するという内容が含まれている。これは従前の任用基準を大幅に変更した法令として郡司制研究の中で注目されてきた。かつてはこの背景には、神火事件など地方社会における権力抗争の結果、弱体化した旧来の譜第郡司層に代わり、新たに台頭してきた「新興層」を郡司に任用する目的があったと論じられていた[2]。しかし、「新興層」の台頭が史料的に明示できないことなどから、現在では神火事件等をきっかけに、地方行政を担う郡司に官人としての資質・才能が強く求められるようになった結果であると考えられている。そして翌十八年五月庚午勅（『日本後紀』）で、地方出身の中央出仕者である「宿衛之人」や「番上之輩」が郡司に任用される際には、国擬（国司の審査）を経ずに式部省の銓擬に預ることができるよう優遇されたことから、「芸業著聞堪ㇾ理ㇾ郡者」とは、具体的には地方出身の中央出仕者を指す

とするのが現在の通説的な見解である。(3)

しかしこの延暦十七年詔（A詔）による郡司の「譜第之選」停止は、早くも弘仁年間には否定され、弘仁二年（八一一）には「譜第」による任用が復活している。(4)これは当該詔が地方社会の情勢・事情を無視した法令だったためであり、その意味で「芸業著聞堪〻理〻郡者」の任用という政策は一過的な失策であると評価されている。(5)このように従来の研究では、延暦十七年詔による「譜第之選」停止は地方社会や郡司任用制度に混乱をもたらしたものであるとするのが一般的であり、あまり積極的に評価されることはない。

しかし、この延暦十七年詔が『類聚国史』から部分的に復元されたものであることを想起したい。現在復元し得ない文章・語句の存在を念頭に置けば、本詔から何らかの歴史的事実を抽出する際には十分な慎重さが求められるはずである。ところが、この点について先学はいささか配慮が不十分だったのではなかろうか。そこで本章では、この延暦十七年詔の史料的性格を踏まえた上で、詔文中に登場する「国造兵衛」の語を再検討し、本詔全体の試解を提示してみたい。

一　延暦十七年詔と「国造兵衛」

1　史料的性格

次に掲げたのが延暦十七年詔（A詔）である。(6)

・『類聚国史』巻一九国造

(延暦)十七年三月丙申。詔曰、昔難波朝庭、始置二諸郡一。仍択二有労一、補二於郡領一。子孫相襲、永任二其官一云々。①宜下其譜第之選、永従二停廃一、取二芸業著聞堪レ理レ郡者一為上レ之云々。②其国造兵衛、同亦停止云々。事具二郡司部一。

・同書巻四〇采女

桓武天皇延暦十七年三月丙申。詔曰、云々。①郡司譜第之選、永従二停廃一、取二芸業著聞堪レ理レ郡者一為レ之。②国造兵衛同亦停止。③但采女者依レ旧貢レ之。

先述したように、延暦十七年詔は『類聚国史』から部分的に復元されるものである。現在知り得る内容をまとめると次のようになる。

①郡司の「譜第之選」を停廃し「芸業著聞堪レ理レ郡者」を任用する

②「国造兵衛」も「同亦停止」とする

③采女に関しては「依レ旧貢レ之」とする

このように同詔には、郡司に関すること(①)だけでなく、国造(兵衛)や采女に関すること(②③)も含まれている。そしてここで重要なのは、当該詔文が『類聚国史』の国造部・采女部に掲載されていることである。即ち、本来これらの条文は②や③の国造や采女に関する内容を掲出することを目的としているのである。

次に掲げたのは『続日本紀』天平十四年(七四二)五月庚午条と、『類聚国史』巻四〇采女に掲載された同日条の記事である。

・『続日本紀』

制、**凡擬二郡司少領已上一者、国司史生已上共知簡定。必取二当郡推服、比郡知聞者一、毎レ司依レ員貢挙。如有二顔面濫挙一者、当時国司随レ事科決。**又采女者、自今以後、毎レ郡一人貢二進之一。

・『類聚国史』巻四〇采女

天平十四年五月庚午。制云云。又采女者、自今以後、毎レ郡一人貢二進之一。

一見すれば分かるように、『類聚国史』采女部は本来の『続日本紀』の記事のうち采女に関する部分のみ採録し、郡司の任用に関する部分（ゴチック体部）は「云云」と表記して省略している。ここから、采女部には飽くまで采女に関する国史の記事のみを掲載し、それ以外の内容は省略するという採録方針をうかがえる。つまり『類聚国史』は国史の記事を部類する際、原則として各部とかかわる部分のみを掲載したと考えられるのである。

この点を踏まえた上で『類聚国史』の延暦十七年詔を見てみると、特に巻一九では国造部の記事であるにもかかわらず、①以外にも冒頭で郡司の「譜第之選」停止記事を詳細に引用していることに気づかされる。天平十四年五月庚午条の例から類推すれば、本来郡司に関連する部分は郡司部に部類されるべき内容であって、国造部（や采女部）には不要のはずである。(7) そうであるにもかかわらず郡司の「譜第之選」にまで言及されているのは、延暦十七年詔の国造や采女に関する内容（②③）が、郡司の「譜第之選」停止（①）と密接に関連していた、換言すれば「国造兵衛」の停止や采女の「依レ旧貢レ之」という措置の理解には、郡司の「譜第之選」停止という前提が不可欠だったからなのではないだろうか。

このように考えると、延暦十七年詔の郡司の「譜第之選」停止は、国造（兵衛）や采女にもかかわる内容を持っていたということになるだろう。以下、この点に留意しながら同詔を再検討したい。

2 「国造兵衛」

延暦十七年詔（A詔）の中には「国造兵衛」なる語が見えている。ここではこの語の意味を考えてみたい。

従来、この「国造兵衛」は国造と兵衛の兼任者とされてきた(8)。その根拠が次に掲げた勅・官符である。

・『類聚国史』巻一九国造

（延暦十七年）四月甲寅。勅、依二去三月十六日勅一云々。郡領譜第、既従二停廃一。国造兵衛、同亦停止。但先補二国造一、服二帯刀杖一、宿衛之労、不レ可レ不レ矜。宜下除二国造之名一、補中兵衛之例上。

・『類聚三代格』巻四加減諸司官員幷廃置事

太政官符

　停二国造一補二兵衛一事

右検二去三月十六日　勅書一偁、郡領譜第、既従二停廃一。国造兵衛、同亦停止者。今中納言従三位壱志濃王宣偁、奉レ勅、先補二国造一、服二帯刀杖一、仕二奉宿衛一、勤レ官之労不レ可レ不レ矜。宜下除二国造之名一、補中兵衛之例上。

　延暦十七年六月四日

これら（以下、延暦十七年B勅と称す(9)）では、延暦十七年A詔を引用した上で、兵衛の任（「服二帯刀杖一」「仕二奉宿衛一」）にある国造について「国造の名を除き、兵衛の例に補す」よう指示している。つまり国造と兵衛の兼任解消を命じているのである。しかしその前提としてA詔が引用されていることから、従来はA詔に登場する「国造兵衛」を国造兼兵衛と解し、すでにA詔で国造と兵衛の兼任が停止された（「同亦停止」）と理解してきたのである。そして延暦十七年B勅はA詔の補足・手直しとして、既往の兼任者に対し兵衛の地位のみを保証したものと考えられてきた(10)。つまり、B勅をA詔の補足・手直しと解釈することで、「国造兵衛」＝国造兼兵衛と理解してきたのである。

　しかしすでに見たように『類聚国史』の掲載方針からすると、郡司の「譜第之選」停止と「国造兵衛」の停止は密接にかかわるはずである。では「国造兵衛」を国造兼兵衛と解した場合、両者の間にはどのような関係性が見出されるのだろうか。

確かに養老選叙令13郡司条では、郡司候補者に国造が含まれた場合、「才用」が同等であれば国造を優先する規定を設けている。(11) また養老軍防令38兵衛条には、郡司子弟からの兵衛貢上が見えている。したがって、郡司子弟に国造が含まれる場合もあるだろうし、その国造（子弟）が兵衛に任じられる可能性、即ち国造兼兵衛も想定される。(12) ところが「譜第之選」が停止され、国造と無関係の一族からも郡司が任用されるようになれば、国造兼兵衛は生じなくなる（兵衛は国造とは無関係な郡司の子弟から貢上）。そこで延暦十七年A詔では、可能性の低下した両者の兼任を禁じている、と解釈すれば、郡司の「譜第之選」停止と「国造兵衛」（国造兼兵衛）停止の関係性を一応は見出せるかもしれない。しかし、このような解釈はやや迂遠に過ぎるのではないだろうか。そしてそもそも国造兼兵衛とは、制度上どのように位置づけられるのだろうか。

先に述べたように養老軍防令38兵衛条によれば、

凡兵衛者、国司簡㆘郡司子弟、強幹便㆓於弓馬㆒者㆖。郡別一人貢㆑之。（中略）三分一国、二分兵衛、一分采女。

と、一国のうちの三分の二の郡で郡司子弟の中から兵衛一人を貢進することになっている。笹山晴生氏の試算（『延喜式』による諸国別の計算の累計）では、郡司子弟出身の兵衛は四一一人とされ、兵衛全体の約半数を占めていた。(13)

一方ここで問題となる国造は、いわゆる「新国造」「律令国造」のことである。新野直吉氏によれば、この国造は令制国一国に一員ずつ置かれていたもので、「奈良平安時代の史料を通じて拾い得るところ」の「律令国造」は五三ヵ国島に確認されるとのことである。(14)『令集解』の神祇令19諸国条の引く朱説では、諸国大祓に際し馬を供出する国造（「律令国造」）について、

（前略）若専无㆓国造㆒者、不㆑可㆑出㆑馬也。国造謂官之名耳。毎㆑国一人可㆑有者。（後略）

と註釈しており、国造が一国一員であったことと同時に、全ての国に常時国造が置かれていたわけではなかったことも分かる。したがって国造の数は、概ね六〇人と考えておけば大過ないだろう（令制国は大宝令段階では五八国三嶋、『延喜式』段階では六六国二嶋）(15)。

すると、国造が必ず兵衛貢進郡に所属し、かつ例外なく郡司子弟として兵衛に任じられたと考えた場合、国造兼兵衛は約六〇人となる。しかし軍防令38兵衛条によれば、兵衛貢進郡は国内の郡の三分の二とされていることから、実際には兵衛貢進郡に属する国造も四〇人程度にとどまっていたと考えるのが妥当だろう。したがって、国造兼兵衛は最大で約四〇人となり、郡司子弟出身兵衛全体（約四〇〇人）の約一〇％にとどまる。ここで試算した数値は想定される最大値（国造が兵衛貢進郡に所属し、郡司子弟であり、兵衛に選ばれた場合）であるため、実際にはさらに低かったと考えるべきだろう(16)。地方出身の兵衛の中では国造を兼ねない兵衛の方が圧倒的多数だったのである(17)。

以上のように、制度上国造兼兵衛は多数存在したとは考えられない。実例を検じても、『日下部系図』（『続群書類従』第七輯上、系図部）に見える「国造兵衛尉」（但馬国朝来郡の郡司氏族である日下部氏）が唯一の例となる。このように国造兼兵衛は決して広汎に認められる存在ではない。すると郡司の「譜第之選」停止が国造と兵衛の兼任に与える影響はかなり限定的であり、両者の関係性は強固とはいいがたい。「国造兵衛」に関しては、従来とは異なる解釈が可能なのではないだろうか。

そこで注目されるのが、兵衛の制度的変遷に関する笹山晴生氏の研究である(18)。先に示したように、養老軍防令38兵衛条では兵衛の一部は郡司子弟の中から選ばれることになっていた。ところが延喜兵部式34近衛兵衛条には、

凡近衛・兵衛者、本府簡試、省幷式部位子、留省・勲位等便レ習二弓馬一者、奏聞補レ之。若蔭子孫情願者、亦准レ此。其外考及白丁異能者、京職諸国具レ状申二送官一、官下二衛府一試之。並得二及第一、具録奏聞。若自進者、亦准レ此。即遣二勅使一

覆試、及第同署更奏、然後補ㇾ之。（後略）

とあり、兵衛は近衛と同様に位子や留省、勲位、蔭子孫、外考、白丁異能者から選ばれ、郡司子弟が対象から外されている。笹山氏はこのことから、令制の郡司子弟からの兵衛貢上規定は延喜式文が成立するまでに廃止されているとし、その契機を延暦十七年詔（A詔）に求めている。即ち「兵衛を郡司の子弟から貢上させるという制度は、郡司になる家柄がある程度固定していること、すなわち郡司の譜第による任用が一つの前提になっていた」とし、同詔で郡司の「譜第之選」が停止されたことで、郡司子弟からの兵衛貢進制度の前提が喪失したと論じているのである。

　延暦十七年詔により郡司子弟からの兵衛貢上が停止されたとの指摘は傾聴に値するものである。しかし、笹山氏が郡司子弟出身の兵衛の多くが国造を兼ねていたと想定した上で、延暦十七年詔の「国造兵衛」とは国造兼兵衛のことであり、同詔による国造と兵衛の兼任停止が事実上令制の廃止を意味していたと解釈した点は再考を要するだろう。先に試算したように、郡司子弟出身の兵衛に占める国造の割合は一割未満であり、国造兼兵衛の停止が事実上令制の郡司子弟からの兵衛貢進の廃止を意味したとは考えられないからである。

　しかし、延暦十七年A詔が郡司子弟からの兵衛貢上停止の契機になったとする視点は重要である。このことは同詔が郡司だけでなく、兵衛や国造の任用にもかかわる法令だった可能性を示唆するからである。もしそうであれば、同詔における郡司の「譜第之選」と「国造兵衛」停止の関係性を整合的に説明することができるだろう。そこで章を改め、「国造兵衛」の再解釈を通しこの点について検討を加えたい。

二　延暦十七年詔再読

1　「国造兵衛」再解釈

「国造兵衛」が国造兼兵衛を意味しないとすればどのような解釈が可能だろうか。また、延暦十七年詔（A詔）は郡司子弟からの兵衛貢上という令制を停止したものと位置づけられるのだろうか。以下ではこの点について検討してみたい。

延暦十七年詔の「其国造兵衛、同亦停止」という文言は、「其れ国造・兵衛も、同じく亦停止せよ」と訓み下すことができる。つまり「国造兵衛」を〝国造と兵衛〟の意味で解釈するのである。この場合「同亦停止」とは、先に引用された郡司の「譜第之選」停止を受け、国造と兵衛に関しても同様に「譜第之選」を停止するという意味になる。こう解釈すると、同詔は郡司のみならず国造と兵衛に関しても「譜第之選」を停止し、「芸業著聞」なる者を任用するよう指示した法令となる。ところがこのように解釈する場合、国造や兵衛も延暦十七年詔以前に「譜第之選」が行われており、さらに「芸業」を基準に任用され得る地位であったという前提が必要となる。果たして国造や兵衛についても、郡司同様に「譜第」や「芸業」にもとづいた任用が行われ得たのだろうか。[19]

国造に関しては『続日本紀』大宝二年（七〇二）四月庚戌条に、

（前略）定二諸国々造之氏一。其名具二国造記一。

とあり、諸国で「国造之氏」が定められ「国造記」がまとめられている。『令集解』の選叙令13郡司条所引古記にも

「国造氏」とあり、国造に関しては「国造之氏」「国造氏」とされる特定の氏族が設定されていたことが確認でき、国造は「国造記」に登録されるような「国造之氏」の中から選任されたと考えられる。[20]『令集解』考課令61大弐已下条の引く古記には「国造郡司等譜第」という表現が見え、国造は「譜第之選」と称され得る系譜や出自にもとづく方法で任用されていたと考えることができるだろう。

一方、高嶋弘志氏は『続日本紀』以下の国史に登場する国造について、何らかの功績を挙げた地方出身の中央出仕者が出身地の国造に任じられた例がほとんどであることを指摘している。[21]これは国史の登場人物が原則として五位以上であることに留意する必要があるが、いわゆる「国造之氏」とは看做せない地方出身者の功績に対し、国造の地位が与えられていることが注目される。著名な例としては和気清麻呂を挙げることができるだろう。清麻呂は延暦七年(七八八)の段階で美作・備前の国造とされるが(『続日本紀』延暦七年六月癸未条)、備前国造としては清麻呂以前に上道正道(上道斐太都)が見えており(同書神護慶雲元年〈七六七〉九月庚午条)、「国造本紀」(『先代旧事本紀』巻一〇)に見える「上道国造」の系譜を引くこの上道氏が本来的な「国造之氏」だったと考えられよう。したがって清麻呂はその出自ではなく、自身の功績・才能(=「芸業」)によって国造の地位を得た例といえる。このような事例を勘案すれば、国造は「譜第之選」による任用の一方で、才能(「芸業」)にもとづく任用も行われていたと考えられるだろう。

では兵衛はどうだろうか。これまでしばしば言及したように、軍防令38兵衛条では郡司子弟の中から兵衛が選ばれることになっていた。この場合兵衛になるには、郡司を輩出する一族に属している必要がある。そもそも「譜第」とは、系図や系譜もしくは親類・血属を指す言葉であることから、[22]「譜第之選」とは系譜や血縁関係にもとづく選任方法を指している。すると郡司の子弟であるという系譜上・血縁上の条件を要する令の兵衛貢上規定は、まさに「譜第之選」といい得る。郡司の「譜第之選」が継続する限り、兵衛も特定の血属から輩出され続けるのである。

しかしこれも先述したように、延喜兵部式34近衛兵衛条には郡司子弟からの兵衛貢上規定は確認できず、地方出身者が兵衛に任用されるには、「外考及白丁異能者」として「試」「覆試」に及第しなければならないとされている。兵衛の任用が郡司子弟という系譜を基準とした「譜第之選」から、「異能」や「試」への及第という能力（「芸業」）重視の任用へと変化していることが確認できるだろう。(23)

以上の考察を踏まえれば、延暦十七年詔が郡司とともに国造や兵衛に関しても「譜第之選」を停止し、「芸業」による任用を定めたものであると解釈することは十分可能である。そしてこの解釈であれば、郡司と国造・兵衛の関係性も明確となる。郡司の任用基準の変更に準拠して国造（・兵衛）も「譜第之選」が停止されたからこそ、『類聚国史』国造部は郡司の任用に関する記事も省略することなく掲載しているのである（采女に関しては後述）。

叙上の検討により、延暦十七年詔の「国造兵衛」は〝国造と兵衛〟の意に解することができ、同詔は郡司・国造・兵衛の「譜第之選」の停止を指示したものと理解できる。そして兵衛の「譜第之選」停止は、郡司子弟であることを条件とする系譜や出自にもとづいた令の貢上規定の廃止を意味しており、同詔を延喜式制への移行の契機と認めることもできるだろう。

では、「国造兵衛」を国造兼兵衛と理解する根拠となってきた延暦十七年B勅はどのように位置づければよいのだろうか。次にこの点を検討したい。

2　延暦十七年B勅の位置づけ

「国造兵衛」＝国造兼兵衛説は、延暦十七年B勅を延暦十七年A詔の補足・手直しと位置づけ、A詔ですでに両者の兼任が停止されていたと理解するものだった。ではA詔の「国造兵衛」を〝国造と兵衛〟とした場合、B勅はどう位置づけられるだろうか。そこで、ほぼ同時期に出された出雲国造や筑前国宗像神主に関する法令に注目したい。

『類聚三代格』巻七郡司事所収延暦十七年三月二十九日官符（『類聚国史』は巻一九国造に同年十月丁亥条として掲載）では、「応レ任二出雲国意宇郡大領一事」として「昔者国造郡領職員有レ別」という理由から慶雲三年（七〇六）以来続いてきた国造と意宇郡領の兼帯を禁じている。また同書同巻所収延暦十九年（八〇〇）十二月四日官符も、「応レ停三筑前国宗像郡大領兼二帯宗像神主一事」という内容で、「郡司神主職掌各別、莫レ令三郡司兼二帯神主一」と郡司と神主の兼帯を禁止している。このように延暦十七年頃には、郡司・国造・神主といった地方有力者が任じられる地位の兼任を禁止する法令が出されている。するとこれらと同時期に出されたB勅も同様に、この段階で（少ないながらも）存在していた国造兼兵衛の兼任状態を解消させることで、事実上、以後の兼任を禁止しているのではないだろうか。[24]

このことは、B勅が先述した延暦十七年三月二十九日官符や、同十九年十二月四日官符とともに弘仁格に採録されていること[25]からも裏づけられる。吉田孝氏は、格にはその編纂時（弘仁格であれば弘仁十年〈八一九〉頃）にすでに無効となっている詔勅官符等は収録せず、またその目的も編纂時の有効法を明示する点にあることを指摘している。[26] これを踏まえれば、弘仁格に収録されたB勅は、弘仁十年頃でも有効な内容を含んでいなければならない。すると、従来のように直前に出されたA詔の補足・手直しとして位置づけるのは、弘仁「格」としての性質を無視した解釈になるだろう。もしB勅がA詔で停止された国造兼兵衛の処遇を補足・手直ししたものであるならば、当時国造と兵衛を兼任していた者に対し、兵衛としての地位のみを保証――この作業自体はそれほど時間を要しないはず――した時点でこの勅は役目を終えたはずであり、のちに格として取り上げられるべき効力を有していたとは考えられない。B勅が弘仁格であることを念頭に置けば、同勅を〝補足・手直し〟と位置づけることはできない。即ち、延暦十七年B勅こそが国造と兵衛の兼任を禁じる法令だったのである。このようにB勅が〝補足・手直し〟でないとすれば、A詔の

「国造兵衛」を国造兼兵衛と考える必要はない。したがって先に論じたように、「国造兵衛」は〝国造と兵衛〟を意味し、同詔によって郡司のみならず国造と兵衛に関しても「譜第之選」が停止されたと解釈することは十分可能である。

　では、なぜB勅の冒頭にA詔が引用されているのだろうか。この点については次のように考えることができる。国造と兵衛の兼任は「譜第之選」が行われた場合、ⅰ譜第郡司氏族と「国造之氏」が重なり合っている、ⅱ当該郡が兵衛貢進郡である、ⅲ複数想定される郡司子弟の中から国造が兵衛に選ばれる、の三条件が満たされなければならない。先に示したように、国造兼兵衛は最大で四〇人程度見込まれるが、この三条件が常に満たされるとは限らず、その実数は大幅に減少するだろう。(27) 一方、A詔で国造と兵衛の「譜第之選」が停止されると、先に挙げたⅰ〜ⅲの条件に拘束されることなく、能力（「芸業」）さえ認められれば国造にも兵衛にも任用され得ることになる。「譜第之選」が停止されたことで、運用次第では以前よりも国造と兵衛の兼任が容易となる可能性が生じたのである。したがってB勅は、A詔により従来と比べて容易になった国造と兵衛の兼任をあらかじめ防ぐために出された法令と考えられるだろう。だからこそ冒頭でA詔を引用しているのである。

　以上、延暦十七年B勅は延暦十七年A詔の〝補足・手直し〟ではなく、国造と兵衛の兼任禁止という継続的な効力を有する格として位置づけるべきであることを述べた。これにより、延暦十七年A詔の「国造兵衛」は〝国造と兵衛〟を意味し、同詔は郡司と国造・兵衛の「譜第之選」を停止した法令であるという見通しは十分成立すると考えられるだろう。

　それでは、これまで言及してこなかった「采女者依レ旧貢レ之」という措置はどう解釈できるのだろうか。次節ではこの点について確認しておきたい。

3　延暦十七年詔（A詔）と采女

延暦十七年詔では采女に関して「依レ旧貢レ之」と言及している。この措置も当然、郡司の「譜第之選」停止に関連すると考えられるが、どのような意味を持つのだろうか。[28] 字義通りに捉えれば、郡司や国造・兵衛の「譜第之選」が停止されたのに対し、采女に関しては従来通りの貢進が維持されたと考えることができるだろう。以下、この点を確認してみたい。

　まず令の采女の貢進規定であるが、養老後宮職員令18氏女采女条には、

（前略）其貢二采女一者、郡少領以上姉妹及女、形容端正者、皆申二中務省一奏聞。

とある。また養老軍防令38兵衛条にも、

（前略）若貢二采女一郡者、不レ在下貢二兵衛一之例上。三分一国、二分兵衛、一分采女

とあり、采女は兵衛と連動する形で郡司の姉妹子女から選ばれて貢上されることになっていた。そして『続日本紀』天平十四年五月庚午条には、

（前略）采女者、自今以後、毎レ郡一人貢進之。

とあり、采女の貢進は郡ごとに一名という定員を遵守するよう命じている。[29] その後、延暦十七年詔を除くと采女貢進方法に言及した史料は見当たらず、大同年間に至り采女の貢進は一時停止されている。[30] しかし、弘仁年間には復活し、[31]『日本後紀』弘仁四年（八一三）正月丁丑条には、

丁丑。制、令下伊勢国壱志郡、尾張国愛智郡、常陸国信太郡、但馬国養父郡、貢中郡司子妹年十六已上廿已下、容貌端正、堪レ為二采女一者各一人上。

と見え、再び「郡司子妹」の中から采女が貢上されている。限られた史料ではあるが、これらを通覧する限り、大同年間の中断はあるものの、采女を郡司子妹の中から選ぶという貢進方法に変更が加えられた形跡は認められない。

したがって、延暦十七年詔の「采女者依レ旧貢レ之」という措置は、先に述べたように従来通りの貢進方法、即ち郡司子妹からの貢進を維持するよう指示したものと解釈するのが妥当だろう。延暦十七年詔により郡司の「譜第之選」が停止されれば、采女の貢進主体に大きな変動が生じる可能性がある。そのような中でも、采女に関しては例外的に令制以来の郡司子妹からの貢進方法（これは郡司子妹という系譜・血属を基準とするため「譜第之選」と称し得るだろう）を維持するよう命じられているのである。つまり、『類聚国史』采女部がその冒頭に郡司や国造・兵衛の「譜第之選」停止の記事を引用している理由は、采女に関しては従来の貢進方法（「譜第之選」）を維持するという例外的な措置がとられていることを明示するためだったと考えられるだろう。

おわりに

以上、『類聚国史』の記載方法を端緒に、延暦十七年詔の再読を試みてきた。その結論をまとめると次のようになる。

延暦十七年詔では、まず郡司の「譜第之選」が停止されている。これは天平七年（七三五）以降に本格化した「譜第」を基準とした任用方法からの大きな転換となった。(32)さらにこの措置は郡司のみにとどまらず、出身母体が共通する、もしくは連動して任用される国造や兵衛にも影響を及ぼし、この両者の「譜第之選」も同様に停止されることとなった。ただし、兵衛同様郡司の一族（姉妹子女）から選ばれることになっていた采女に関しては従来通りの貢進方法を続けることとなった。以上が延暦十七年詔全体の意図であろう。国造や兵衛、采女に関する制度変更（不変更）の大前提として、郡司の「譜第之選」停止が位置づけられているのである。そして、このように解釈することによってはじめて、『類聚国史』の国造部・采女部の記事に郡司の「譜第之選」停止記事までが引用されている理由が明らかとなるだろう。

冒頭でも述べたように、『類聚国史』から復元される延暦十七年詔は飽くまでその一部分である。本来であれば、郡司の「譜第之選」停止についてより詳細な説明がなされていたはずである。国造部の記事の傍線部①の後ろには「云々」と本来の記事の省略が確認されるが、恐らくこの部分に郡司の「譜第之選」停止の理由が記載されていたのであろう。そして国造部末尾の「事具二郡司部一」という記載は、国造や兵衛にも及ぼされた「譜第之選」停止の理由については郡司部の当該記事を参照するよう指示を与えたものと理解することができるだろう（一方で、采女部では郡司部を参照するよう指示されていないのは、采女に関しては制度的変更がなされなかったため参照の必要がなかったからだろう）。

以上、本章では延暦十七年詔の再解釈を提示してみた。叙上のようにこの法令は、郡司・国造・兵衛の「譜第之選」を停止した詔であると看做すことができる。では、その目的は何だったのだろうか。最後にこの点についての見通しと課題を述べておきたい。

延暦十七年詔の出された桓武朝の対郡司政策については、a「芸業」にもとづく任用（延暦十七年詔）、bトネリなど中央出仕者の優遇（『日本後紀』同十八年五月庚午勅）、c式部省の権限強化（同右）、の三つの特色を挙げることができる。この時期には、地方行政を担う官人としての資質が強く郡司に求められるようになっており、a・bは中央で天皇や朝廷に仕えた経験により官人的資質を担保させるというものである[(33)]。またcについては、式部省の判断で国擬の者を退けて中央出仕者を任用できるというものである。これはより厳密な資質の審査という側面の一方で、当該期の式部卿が桓武皇子の伊予親王であると考えられることを勘案すれば、郡司の任用に皇子を介して天皇の意向をより強く反映させるための措置とも評価できよう[34]。この意味では、bのトネリとしての出仕経験も、天皇の権威に直に接した人物の郡司任用という点で通じる面がある[35]。

総じてこれらの施策は、郡司の官人的資質を求めつつも、郡司と天皇の結びつきによる中央集権的な地方支配の実現という、七世紀半ば以来の古代国家の方針の延長上に位置づけられる[36]。延暦十七年詔に見える郡司の「譜第之選」停止の背景にはこのような意味があると考えられるが、見落としてはならないのは、同詔が郡司のみならず国造や兵衛に関しても同様の措置を敷衍していることである。

系譜や血属にもとづいた「譜第之選」では、国造にしても兵衛にしても、その選考範囲はあらかじめ限定されており、国家が介入できる余地は決して大きくない。しかし「譜第之選」を停止し、「芸業」を基準とした任用を行えば、国家の選択肢は増え、その関与の度合いは強化されることになる。同時期の郡司の任用基準変更の持つ意味を考慮すれば、国造や兵衛の「譜第之選」停止の背景に、郡司のみならず広く地方有力者たちを天皇・朝廷のより直接的なコントロールのもとに置こうとする意図を読み取ることができるのではないだろうか。第二部第二章で言及したように、桓武朝は古代国家の地方支配における中央集権性が最も高まりをみせた時期であったと考えられる[37]。したがって、延暦十七年詔はそのような文脈のもと、国造や兵衛を含んだ郡司層（郡司の出身母体となるような地方有力者層）全体を直接的に把握しようとした古代国家の施策と評価できるのではないだろうか。

以上、延暦十七年詔をめぐるささやかな試解を提示した。従来の解釈を大胆に見直した面があり、疎漏も多いかと思われる。また、同詔が弘仁年間以降の郡司任用政策や郡司層の在り方に与えた影響などについても追究する必要があるだろう。この点については次章で検討を加えたい。

註

（1）以下、特に断らない限り郡司とは郡領（大領・少領）を指している。

（2）磯貝正義a「郡司任用制度の基礎的研究」、b「桓武朝の譜第郡司政策の研究」（ともに『郡司および采女の研究』吉川弘文館、一九七八、初出はそれぞれ一九六二、一九六五）、米田雄介「郡司の出自と任用」（『郡司の研究』法政大学出版局、一九七六）など。

（3）今泉隆雄「八世紀郡領の任用と出自」（『史学雑誌』八一―一二、一九七二）、大町健「律令制的郡司制の特質と展開」（『日本古代の国家と在地首長制』校倉書房、一九八六）、森公章「律令国家における郡司任用方法とその変遷」（『古代郡司制度の研究』吉川弘文館、二〇〇〇、初出一九九六）など。

（4）この間の経緯については、本書第二部第二章参照。

（5）前掲註（2）（3）諸論文。また郡司任用制度の変遷を法制度の整備という観点から考察した、山口英男「郡領の銓擬とその変遷」（『日本律令制論集　下巻』吉川弘文館、一九九三）でも、延暦十七年詔と同十八年五月庚午勅により、郡司任用の際に中央との関係を重視するのか（式部省銓擬の重視）、あるいは国司下僚としての能力を重視するのか（国擬の重視）が不分明となり、結果として郡司任用に混乱をきたしたと論じている。そしてこの問題は、弘仁年間に「譜第之選」が復活し国擬の優先が決定されたことで是正されたとしており、法整備の視点からも、延暦十七年詔は一時的な失策と評価されている。

（6）なお本文に掲載した以外にも、『類聚三代格』巻七郡司事所収延暦十九年十二月四日官符に、延暦十七年三月十六日勅として「譜第之選永従二停廃一、擢二用才能一、具有二条目一」と延暦十七年詔の一部が引用されているが、かなりの取意文であり原文をうかがうことが困難である。ここでは郡司の「才能」を具体的に示すような「条目」が示されていたことを指摘するにとどめたい。なお「条目」の内容については、『続日本紀』延暦五年（七八六）四月庚午条などに見える国郡司の勤務評価に関する条例類に近い内容であった可能性が指摘されている（前掲註（2）米田論文など）。

（7）なお、郡司部は前掲国造部の延暦十七年詔末尾の割注からその存在が知られるが伝存していない。また、兵衛部もしくは左右兵衛府部についてはその存在も含めて未詳。

（8）新野直吉『謎の国造』（学生社、一九七五）、笹山晴生「兵衛についての一考察」（『日本古代の政治と文化』吉川弘文館、

一九八七)、森公章「律令制下の国造に関する初歩的考察」(前掲註(3)書、初出一九八七)、黒板伸夫・森田悌編『訳注日本史料　日本後紀』(集英社、二〇〇三)補注など。

(9)　なお『類聚国史』の勅は四月で『類聚三代格』の官符は六月と日付にずれが見られるが、これは四月に出された勅が六月に官符として発令されたことによると考えられる。

(10)　前掲註(8)諸論文。

(11)　これは本註として記された規定であり飽くまで補足である。したがって、必ず国造が優先的に郡領に任用されるわけではないこと、さらに全郡のうち本註の対象となるのは全体の約三分の一程度にとどまることを再確認しておきたい。この点については前掲註(3)今泉論文参照。

(12)　前掲註(8)『訳注日本史料　日本後紀』補注。

(13)　笹山晴生「令制五衛府の成立と展開」(『日本古代衛府制度の研究』東京大学出版会、一九八五)。

(14)　新野直吉「大化改新以後の国郡制」(『日本古代地方支配制度の研究』吉川弘文館、一九七四)。

(15)　坂本太郎「万葉集の地理的環境」(『坂本太郎著作集　第四巻』吉川弘文館、一九八八、初出一九五三)。

(16)　前掲註(3)今泉論文でも指摘されているように、養老選叙令13郡司条の国造優先規定は、飽くまで一部に適用される補足規定であり、国造やその一族が必ず郡司に任じられていたわけではない。また郡司子弟の中から兵衛を選ぶ際に、国造が優先されたことを示す史料も管見の限り見当たらない。

(17)　ここでは郡司子弟の国造が兵衛に採用される場合を考えたが、一国一員の国造は六〇人程度であり、現在確認される国造は兵衛を兼ねないのが一般的であるため(本文で後述するように国造兼兵衛の実例は但馬国朝来郡の日下部氏の例のみ)、兵衛が国造に任用される場合も同様であったと考えられる。

(18)　前掲註(8)笹山論文。

(19)　ここで「譜第」による任用と「芸業」による任用について触れておきたい。郡司(郡領)の「譜第」による任用とは、かつて郡司に任じられた者の系譜に連なっているという事実にもとづいた任用のことである。したがって「譜第」による国造や兵衛の任用とは、代々国造や兵衛を世襲する系譜に連なっている者の中から選任する方法ということになる。一方、郡司の

「芸業」による任用とは、官人としての資質・才能を重視する任用方法である。故に国造や兵衛の「芸業」による任用とは、系譜や出自によらない個人の能力に重点を置く選任方法であると考えられるだろう。

(20) 植松考穆「大化改新以後の国造に就いて」(『史学論文集』六甲書房、一九四三)、前掲註(2)磯貝a論文、新野直吉「郡司制の諸問題」(前掲註(14)書)などでは、「国造記」を国造に任じられる有資格者を登録したものと理解している。

(21) 高嶋弘志「律令新国造についての一試論」(『日本古代史論考』吉川弘文館、一九八〇)。

(22) 諸橋轍次『大漢和辞典』による。

(23) なお延喜式部式上149諸衛任官条には、

(前略)其任二郡領一者、左右近衛各二人、左右兵衛各一人、待二本府移一、勘二録譜第一、奏二擬文一之日、副二奏文一進。諸衛同之。但左右兵衛通二任郡領及主政帳一。左右衛門若有二移送一、府別郡領一人、隔二三年一補之。並以二佐已上共署文一任之。

とあり、近衛や兵衛などから郡司へ転出する際の手続きが規定されている。しかしこれは、延喜兵部式34近衛兵衛条にもとづいて地方の郡司氏族出身者が近衛や兵衛に任用されていたことを示すのであり、郡司子弟からの兵衛貢上規定の存在を示すものではない。

(24) 前掲註(8)新野著書でも同様の指摘をしている。

(25) 『類聚三代格』の鼇頭標目および『弘仁格抄』。前者は弘仁兵部格、後二者は弘仁式部格。

(26) 吉田孝「類聚三代格」(『国史大系書目改題　上巻』吉川弘文館、一九七一)、「墾田永年私財法の基礎的研究」(『律令国家と古代の社会』岩波書店、一九八三)。

(27) ここでは「譜第之選」のもとで国造が兵衛に任じられる場合を想定しているが、兵衛が国造に任用される場合は、本文で挙げた条件のうちiとiiを満たしていなければならない。さらに、i・iiの条件を満たしたからといって必ず国造に任じられるわけではないため、兵衛が国造に任じられるケースも決して多くないはずである。

(28) 采女に関する研究としては、磯貝正義「采女貢進制の基礎的研究」(前掲註(2)書、初出一九五八)、門脇禎二『采女』(中公新書、一九六五)、渡部育子「律令的采女貢進制の成立」(『郡司制の成立』吉川弘文館、一九八九、初出一九七五)などが挙げられるが、延暦十七年詔に関しては詳しく言及されていない。

(29) 岡田幸子「大同二年の采女制度停止について」(『学習院大学人文科学論集』一二、二〇〇三)。
(30) 大同二年五月癸卯及び同十一月辛丑に采女の貢上停止が指示されている(ともに『類聚国史』巻四〇采女)。また同三年正月壬寅には采女司と縫部司が合併し縫殿寮が成立している(『類聚国史』巻一〇七采女司)。
(31) 弘仁三年二月庚戌に采女司が復置されている(『類聚国史』巻一〇七采女司)。
(32) 天平七年以降に「譜第」による郡司任用が展開したことについては、本書第二部第一章参照。
(33) 前掲註(3)諸論文。
(34) 桓武朝後半期には、桓武皇子の親王たちを八省卿に任じることで、天皇が従来以上に省務に影響を及ぼすことができるような体制が整えられたとされている。高田淳「桓武朝後半期の親王任官について」(『国史学』一二一、一九八三)参照。また、伊予親王の式部卿任官は延暦十六・十七年頃と推定されている(高田淳「桓武天皇の親王について」『史学研究集録』九、一九八四)。
(35) 井上薫「トネリ制度の一考察」(『日本古代の政治と宗教』吉川弘文館、一九六一、初出一九六〇)では、トネリ等は都での勤務経験によって「天皇に仕えて忠節をつくす習慣」を身につけていたと指摘している。
(36) 本書第一部第一章。
(37) 本書第二部第二章。

第四章　郡司層小論

はじめに

終身の官とされていた郡司が、実際には十年未満の短期間で頻繁に交替していたという事実の指摘(1)は、郡司・郡司制度の研究において大きな意味を持った。

もっとも、頻繁な郡司の交替がみられる郡は一部に過ぎないとの見方も可能ではあろう。しかし多くの地域で、郡家の他に同一郡内に官衙的遺構（郡家の出先機関）が複数発見されていることや(2)、『常陸国風土記』などでは七世紀半ばの立評に際し、概ね二名の異姓者が立評申請者として確認できることなどに鑑みれば(3)、郡司が必ずしも単一勢力から輩出しているわけではないことは明らかである。一郡内に複数の有力者集団が並存し、彼らの中での妥協と合意のもと、郡司職が持ち回り的に継承されていたとの見立て(4)は、十分に成り立ち得る。仮にそれが一部の郡に限定される現象であったとしても、そのような郡が存在していたという事実をこそ重視すべきであろう。

これら一郡内に拮抗して存在する複数の郡司候補者、そしてその輩出母体たる地域の有力者集団を総称し、「郡司層」という用語を用いたい。その構成勢力の実態を史料上に確認することは必ずしも容易ではないが、例えば播磨国賀茂郡の既多寺知識経の奥書から検出される、写経事業に結集した賀茂郡内の針間国造一族を中心とする四つの「地域小集団(5)」などがそれに該当すると考えられる(6)。あるいは、郡内の複数勢力からの瓦供給が確認されている、郡家の近隣に造営された「郡衙周辺寺院」（「郡寺」）の背後にもその姿をうかがうことができるだろう(7)。現在の研究状況では、郡司の任用制度や地方支配の在り方、地方社会の変動などを考えるに際し、叙上の郡司層の存在を前提としなければならない(8)。

本章では、この郡司層の存在を念頭に八〜九世紀の地方社会の変容を論じてみたい。特に九世紀以降の地方社会を考察するにあたっては、当該期を特徴づける事象として取り上げられることの多い、院宮王臣家・中央諸司（中央諸勢力）の地方進出の問題(9)や、いわゆる「富豪層」の存在(10)も視野に入れ、古代地方社会の変容を素描することを試みたい。

一　八世紀の郡司層

ここでは、郡司以外に地方有力者層（郡司層）が就任可能な地位、具体的には国造、兵衛や軍毅、地方神社の神主、あるいはトネリなどの諸司の雑任層（下級官人）や家司などの中央出仕者と、これらに在任した経験を持っていたであろう外散位に着目し、八世紀の郡司層を概観したい。

1　郡司層の内実

まず、令文に規定のある国造・兵衛について確認したい。養老選叙令13郡司条には次のようにある。

凡郡司、取㆘性識清廉、堪㆓時務㆒者㆖、為㆓大領・少領㆒。強幹聡敏、工書計者、為㆓主政・主帳㆒。其大領外従八位上、少領外従八位下叙之。〈其大領少領、才用同者、先取㆓国造㆒。〉

たいへんよく知られた条文であるが、傍線部によれば、国造の中から郡司（郡領）が任用され得ることが分かる。先学が明らかにしたように、国造が必ず郡領に任用されるわけではないが[11]、国造と郡領の結びつきを確認することができる。

次に掲げたのは、養老軍坊令38兵衛条である。

凡兵衛者、国司簡㆘郡司子弟、強幹便㆓於弓馬㆒者㆖、郡別一人貢之。若貢㆓采女㆒郡者、不㆑在㆘貢㆓兵衛㆒之例㆖。三分一国、二分兵衛、一分采女。

これもよく知られた事実であるが、都で勤務する兵衛のうちの一部は、郡司子弟から貢進させるという規定である。

さらに、同令37兵衛考満条には、

凡兵衛、毎㆑至㆓考満㆒、兵部校練、（中略）若有㆘尫弱長病、不㆑堪㆓宿衛㆒、及任㆗郡司㆖者、本府録㆑状、幷身送㆓兵部㆒。検覆知㆑実、奏聞放出。

とあり、傍線部のように兵衛から郡司に任用されるケースが想定されている[12]。郡司子弟から兵衛が選ばれ上京し、その兵衛が郡司に就任して帰国する。地方出身の兵衛が郡司と不可分の関係にあることはすでに明らかにされていることである。

このように郡司を中心に、国造・兵衛の地位が密接な関係を構築していることを読み取ることができる。そして重要なことは、これらの規定が令文の中で明確化されていることである。郡司を媒介にして国造や兵衛が結びつくという構図は、制度的な裏づけを伴っているのである。

令文以外からも、地方有力者層（郡司層）が就任し得る地位と、郡司との関連を見出すことができる。『類聚三代格』巻七郡司事所引延暦十七年（七九八）三月二十九日太政官符は、出雲国意宇郡大領と出雲国造の兼任を停止する内容であるが、そこには慶雲三年（七〇六）～延暦十七年まで、両者が兼任されてきたという事実が記されている。また、同書同巻所収の延暦十九年（八〇〇）十二月四日官符では、それまで続けられてきた筑前国宗像郡大領と宗像神主の兼任が停止されている。令文からも確認できた国造に加え、地方神社の神主も郡司と密接にかかわることが確認できるだろう。

さらに地方の軍団の指揮官である軍毅（大毅・少毅）についても、その出身階層や氏姓が郡司と類似・共通することが指摘されており[13]、軍毅も郡司との深い結びつきを想定することができる。

次に、地方出身者の中央出仕の様子にも目を向けてみたい。八世紀段階から京本貫者の中には地方出身者が相当数含まれ、中央下級官人・雑任として活動していたことが知られている[14]。このことを踏まえれば、京貫されているか否かにかかわらず、多くの地方出身者が上京し、トネリなどとして中央諸司に出仕していたことは明らかである。先述した兵衛もその一例である。

彼らのような地方出身者は、どのような背景のもとで中央出仕に至ったのだろうか。この点をよく示しているのが、『正倉院古文書正集』巻四四所収の他田日奉部直神護解（天平二十年〈七四八〉）である。下総国海上郡大領への就任を願ったこの文書には、他田神護が長年にわたり中宮舎人や藤原麻呂の位分資人として都で勤務したこと、そして彼が祖父の代から父・兄と代々海上郡の郡司を出した家柄に属していることが記されている。ここからは、郡司子弟が兵衛以外にも舎人や資人として中央出仕していたことが分かる。『続日本紀』天平神護元年（七六五）三月丙申条には、

勅、（中略）又伊勢・美濃・越前者、是守レ関之国也。宜其関国百姓及余国有力之人、不レ可三以充二王臣資人一。如有二違犯一、国司・資人同科二違勅之罪一。（後略）

とあり、直前に起きた藤原仲麻呂の乱を受けて、三関国の「百姓」や余国の「有力之人」を王臣家の資人にすること

が禁じられている。このような措置の前提として、「三関や諸国の有力者が資人を望み、王臣家もそれを受け入れる風」が想定され、また資人を望んだのが、地方の「有位者や郡司・国造の族」であったと推測されている。(15)実際に仲麻呂の資人や家司などとして、猪名部常人や村国武志麻呂、村国嶋主らが知られているが、(16)猪名部氏は伊勢国員弁郡の郡領氏族であり、(17)村国氏も美濃国各務郡村国郷(18)や同郡の式内社である村国神社・村国真墨田神社の存在(19)から、美濃国の有力勢力であると考えてよい。したがって、奈良時代に資人・家司として中央出仕した地方出身者の中には、郡司子弟やその関係者が多く含まれていたと考えることができ、他田神護のような事例も、ある程度一般化して考えることが許されるだろう。

また『続日本紀』神亀五年（七二八）四月辛卯条には次のように見えている。

勅曰、如聞、諸国郡司等、部下有㆓騎射・相撲及膂力者㆒、輙給㆓王公卿相之宅㆒。有㆑詔捜索、無㆓人可㆒㆑進。自㆑今以後、不㆑得㆓更然㆒。若有㆑違者、国司追㆓奪位記㆒、仍解㆓見任㆒。郡司先加㆓決罰㆒、准㆑勅解却。其誂求者、以㆓違勅罪㆒々之。但先充㆓帳内・資人㆒者、不㆑在㆓此限㆒。凡如㆑此色人等、国郡預知、存㆑意簡点、臨㆓勅至日㆒、即時貢進。宜㆘告㆓内外㆒、咸使㆗知聞㆖。

ここからは、帳内・資人とは別に「騎射・相撲及膂力者」が国郡司を介して都の「王公卿相之宅」に供給されていることが分かる。ここでは傍線部にあるように、「騎射・相撲及膂力者」といった地方出身者と中央勢力たる「王公卿相」の間には国郡司が介在していること、さらに波線部のように「如㆑此色人等」即ち「騎射・相撲及膂力者」を、国郡司が貢進命令に備えて把握しておくよう指示されていることに注目したい。即ち、中央と地方の人的交流は、国郡司によって把握されていたのである。そして他田神護や仲麻呂の資人・家司の出自を勘案するならば、地方勢力と中央勢力を結びつける局面において郡司が果たした役割は決して小さくない。

ここまでで、国造・兵衛・神主・軍毅のほか、トネリや家司といった地方出身の中央出仕者と郡司との密接な関係を概観してきた。これらに加えて外散位の存在にも留意したい。

外散位とは、国府に上番するとされる外位を中心とした地方を本貫とする散位のことであるが、森公章氏によれば八世紀における外散位は、国郡司、とりわけ郡司の強い影響下にあったようである(20)。令制で外散位から登用すると規定された地位(軍毅や牧長帳など)が、実際には郡司かその一族によって占められている例が散見すること、国府での告朔で郡司が外散位の上日数を報告しているように、その日常的な動向が郡司に把握されていることなど、外散位は郡司の強い統制下に置かれていたと考えられる。そもそも外散位は、かつて何らかの形で位階を獲得した者である。地方出身である彼らが位階を獲得できるのは、祥瑞の献上や戦争などの特別な機会を除けば、何らかの形で出仕しその結果叙位されるのが一般的だろう。その場合、郡司や軍毅など地方官人を勤めた、あるいは兵衛や資人、諸司の雑任などとして中央出仕した、という二つのケースが考えられる。するとこれら外散位は、すでに見てきたような郡司とのかかわりの中で何らかの地位を獲得してきた人々により構成されていたことは明白である。だからこそ外散位は郡司の強い統制下に置かれたのであろう。

郡司と深い結びつきを有する国造、兵衛や神主、軍毅。また、郡司の関与のもと中央出仕した人々。そしてこれらの経験の後に、外散位として郡司の統制下に置かれた人々。このように八世紀の地方有力者層は、郡司を中心に結集していたことがうかがえる。まさに郡司層と称すべき集団といえよう。郡司職が複数の有力者集団間の合意のもとで持ち回り的に継承されていたように、これらの地位も郡司を中心に諸集団間の均衡を図りつつ、適宜配分されていたと考えることができるのではないだろうか。これが八世紀の郡司層の内実だったと考えたい。

九世紀の事例ではあるが、『扶桑略記』寛平八年(八九六)九月二十二日条所引『善家秘記』逸文には、寛平五年頃のこととして、備中国賀夜郡の賀陽良藤一族について次のように記している。[21]

（前略）時有㆓賀夜郡人賀陽良藤者㆒。頗有㆓貨殖㆒、以㆑銭為㆓備前少目㆒。（中略）良藤兄大領豊仲、弟統領豊蔭、吉備津彦神宮禰宜豊恒、及良藤男左兵衛志忠貞等、皆豪富之人也。（後略）

ここからは、兄で賀夜郡大領である豊仲を中心に、おそらく年官により任用国司の地位を得た良藤[22]、西海道の選士の統率者と思しき統領の地位にある豊蔭、地元の吉備津彦神宮禰宜の地位にある豊恒といった弟たち、さらには良藤の子で中央官人となった忠貞という、郡司子弟たちの具体的な存在形態を知ることができる。時期や「頗有㆓貨殖㆒」「豪富」という文言から、いわゆる「富豪層」の実態を示す史料として言及されることが多い[23]が、ここに奈良時代以来の郡司層を構成した地方勢力の残影を読みとることも不可能ではないだろう。八世紀には、豊仲一族のような勢力が一郡内に複数存在し、互いに競合と融和を繰り返しながら、郡司職やその他の地位を均衡配分し、郡司層としての結合を維持していたのではないだろうか。

では叙上のような郡司層の結びつきはどのようにして図られていたのだろうか。次にこの点について考えてみたい。

2　郡司層の結集

先に論じたような八世紀の郡司層の結束は、どのようにして形成・維持されていたのだろうか。例えば郡司の交替を調整するにしても、郡内の各勢力が集まるような場が必要とされるだろう。このような観点に立った時、郡家やその近隣に造立された地方寺院――概ね七世紀後半に現地の有力者層を主体として造営され、「郡衙周辺寺院」や「郡寺」などと称される寺院――が注目される。

山中敏史氏は評衙・郡衙遺跡から約二㌔程度以内に所在し、評衙・郡衙と並存していた寺院を「郡衙周辺寺院」と呼び、その性格について総括している。[24]これらの寺院は、立地や造営の在り方から特定氏族の「氏寺」ではなく、「複数の郡司級氏族の私財が投入された可能性」が想定されるなど、特定氏族の枠を超えた寺院であり、「郡領あるいは郡司層を核として造営された地縁的な知識寺」としての性格を有していたと論じている。そしてそこには、仏教を利用した郡司級諸氏族の結合強化と支配の正当化、あるいは地域の秩序維持などの機能が付与されていたと指摘している。さらにその機能は、郡司の交替に左右されることなく、概ね同じ場所で立て替えられることの多い郡家とも共通するものであるとしている。

郡司層の存在を念頭に置いた時、山中氏の想定する「郡衙周辺寺院」や郡家の機能は重要である。仏教信仰をもとに郡内の各勢力が集まる「郡衙周辺寺院」や、徴税をはじめとした郡全体の行政の拠点である郡家は、郡司層内の結集・合意形成の場としてふさわしい。このような「装置」によって郡司層の結合や融和が図られていたのだろう。

また、地方社会における仏教的な知識結の存在も、郡司層の結束に大きな役割を果たしていたと考えられる。先に触れた天平六年（七三四）の播磨国賀茂郡の既多寺知識経は、郡内の針間国造一族を中心とした四つの「地域小集団」の結集の産物である。[25]あるいは神亀三年（七二六）の年紀を持つ上野国の金井沢碑からは、碑の所在地を領域として含む、かつての「佐野三家」を管掌したと思しき三家氏を中心とした知識集団の存在とその結合を確認することができる。[26]このような知識と「郡衙周辺寺院」とは無関係ではなかっただろう。

郡家との関連でいえば、郡司職分田の存在も注目される。[27]陸奥国磐城郡については、郡家遺跡である根岸遺跡、「郡衙周辺寺院」たる夏井廃寺、そして郡司職分田が所在したと考えられる荒田目条里遺跡が互いに近接している。郡司職分田が法制上、国家（国府）の強い管理下に置かれていなかったことに加え、郡家や「郡衙周辺寺院」が複数の有力勢力からなる郡司層に開かれた施設であったこと、さらに郡司職が郡司層内で持ち回り的に継承されていたという事実を踏まえるならば、郡家や「郡衙周辺寺院」に近接する郡司職分田についても、その管理・運営や引継ぎは、郡内の各勢力の合意のもとで行われていたと考えられるだろう。即ち郡司職分田も、郡司層の結合と融和を表象する存在として位置づけることができるのである。

以上、「郡衙周辺寺院」や郡家、地方社会における知識結、郡司職分田など、郡司層の結集を促す「装置」の存在を指摘してみた。ここで重要なのは、郡家や郡司職分田などが国家によって設定されていることである。中央政府は郡司層を前提とした地方支配を想定していたがゆえに、その結集核となるような施設・制度を上から設定していたと考えられるのである。このことは、令制において郡司と国造・兵衛が制度的に結び付けられていたことと共鳴する。そして「郡衙周辺寺院」や知識結の存在は、このような政策に地方社会の側も呼応していたことを示している。したがって郡司層の形成と維持は、中央政府の意図したところであり、同時に地方社会の側もこれに順応していたと考えられるのである。

叙上のように八世紀段階では、郡司を中心とした郡司層の結束を利用する形での地方支配が目指されていた。また、地方社会の側もそれを受容していたといえる。「譜第」という任用基準のもと、徐々に地方社会の政治関係への中央政府の介入が深化していく(28)一方で、郡司を代表とする地方有力者集団＝郡司層の存在は十分に尊重され、また利用されていたのである。郡司の交替やその他の地位への就任、あるいは中央出仕については、郡司層内の意向がある程度反映されており、だからこそ地方社会の側も郡司層を通した地方支配を受け入れたのであろう。

しかし、八世紀末に至り、中央政府は地方社会への関与の度合いを急速に強めるようになる。このような情勢の中で郡司層はどのような変遷をたどるのだろうか。次にこの点を論じてみたい。

二　九世紀の郡司層

九世紀後半になると、郡司職の忌避や院宮王臣家・中央諸司（中央諸勢力）の地方進出など、郡司層をめぐる状況が大きく変化する。ここでは、八世紀末〜九世紀前半にかけての郡司任用政策に着目し、郡司層に対する中央政府の支配方針の意図を考察したい。あわせて九世紀後半における地方社会や郡司層の変化の様子も概観する。

1　郡司層と任用政策①——桓武朝——

前節で見たような郡司層の内実は、九世紀にはどのように変化するのだろうか。このことを考える上で示唆深いのが、八世紀の最末期に出された、延暦十七年（七九八）三月丙申詔（以下、延暦十七年詔と表記）である。『類聚国史』巻一九国造に引用された同詔を引用すると次の通りである。

詔曰、昔難波朝庭、始置二諸郡一。仍択二有労一、補二於郡領一。子孫相襲、永任二其官一云々。宜下其譜第之選、永従二停廃一、取二芸業著聞堪レ理レ郡者一為上之云々。其国造・兵衛、同亦停止云々。事具二郡司部一。

この記事については、本来その全文が収録されていたであろう『日本後紀』の記事が現存しておらず、取意文の形でしか内容を知ることができない。したがって「云々」など省略されている部分に考慮しつつ解釈すべきことはすでに論じた通りである。(29)

その結論に従えば、この延暦十七年詔は郡領の「譜第之選」を停止したのに伴い（傍線部）、国造と兵衛についても同様に「譜第之選」を停止した（波線部）というものである。即ち、「譜第」という系譜・家柄にもとづく任用を、郡領のみならず国造や兵衛についても停止するというのが、この詔の主旨なのである。したがって兵衛に関しては、軍防令38兵衛条に規定された郡司子弟からの貢進制度の停止を意味している。実際に延喜兵部式34近衛兵衛条では、兵衛は近衛と同様に位子や留省、勲位、蔭子孫、外考、白丁異能者から選ぶとしており、郡司子弟という家柄にもとづいた任用＝「譜第之選」は確認できない。延暦十七年詔が、令制から延喜式制への転換の契機になった(30)と考えて大過ないだろう。

また八世紀の国造は、「国造（之）氏」（『続日本紀』大宝二年〈七〇二〉四月庚戌条、『令集解』選叙令13郡司条古記）の存在や、「郡司国造等譜第」（『令集解』考課令61大弐已下条古記）という表現からうかがえるように、「譜第」を称し得る特定の範囲内の氏族から選任されていたと考えられ(31)、しかも場合によっては国造から郡司（郡領）に任用される可能性も有していた。このことは国造と郡司の「譜第」が部分的に重なっていたことを意味している。「譜第」にもとづく任用により、国造・郡司の両者は密接な関係を構築していたのである。しかし「譜第之選」が停止されれば、従来の「国造之氏」とは無関係な氏族からも国造が任用されることになり、同時に郡司任用も「譜第」にもとづかないとするならば、この両者の関係性は希薄にならざるを得ない。このような延暦十七年詔により、令制で規定されていた郡司と国造、兵衛との密接なつながりは断たれることとなったのである(32)。

以上より延暦十七年詔は、八世紀に制度的な裏づけを伴って形成されてきた郡司層に、少なからぬ影響を与えたと考えることができる。さらに同時期には、この他にも郡司層の結束に動揺を誘うような施策が確認できる。前節でも紹介したが、『類聚三代格』巻七郡司事所収延暦十七年三月二十九日官符（『類聚国史』は巻一九国造に同年十月丁亥条として掲載）は、「応㆑任㆓出雲国意宇郡大領㆒事」という事書きを有し、「昔者国造郡領職員有㆑別」という理由から慶雲三年以来続いてきた国造と意宇郡領の兼帯を禁じている。さらに同延暦十九年十二月四日官符も、「応㆑停㆓筑前国宗像郡大領兼二帯宗像神主一事」とし、「郡司神主職掌各別、莫レ令三郡司兼二帯神主一」と郡司と神主の兼帯を禁止している。特定の地域に限定された措置ではあるが、郡司層の就任し得る地位を整理し、兼任させるのではなく、個別に把握しようとする中央政府の志向をうかがうことができる。このように八世紀最末期には、郡司・国造・兵衛・神主といった、郡司層の横の結束を断ち切るような法令が出されている。

　これらの背景には、桓武天皇の郡司任用政策を想定できる。延暦十七年詔の翌年には、

　勅、撫レ俗宣レ風、任属二郡司一。今停二譜第一、妙簡二才能一。而宿衛之人、番上之輩、久経二駆□一、頗効二才能一。宜下不レ経二本国一、令中式部省簡試上焉。

という勅が出され（『日本後紀』延暦十八年五月庚午条、以下延暦十八年勅と表記）、国擬を免除することで、「宿衛之人」「番上之輩」といった地方出身の中央出仕者（トネリ）の郡司任用を優遇している。中央出仕の経験を重視し、彼らの登用により郡司の官人的資質の向上を図ったのである(33)。さらにトネリは「天皇に仕えて忠節をつくす習慣」を養っていたとされ(34)、彼らの積極的な任用からは、天皇や中央政府との関係強化という意図もうかがうことができる。

　また、延暦十八年勅により中央出仕者の国擬が免除されたことで、式部省での銓擬が従来よりも影響力を増したことも看過できない。このことは、郡司の任用における式部省の権限が強化されたことを意味している。さらに当該期の八省の長官（卿）には桓武皇子が多く配され、式部卿についても延暦十七年頃には伊予親王が在任していた可能性が高い(35)ことも踏まえれば、天皇は皇子である式部卿を通して郡司任用にこれまで以上に直接的な関与を試みたと考えられるのである(36)。

　従来の系譜や出自を意味する「譜第」は、地方社会にとって受け入れやすい任用基準(37)であり、その意味で郡司層の意向を尊重していた。しかし桓武の目指した郡司任用は、郡司層の意向よりも天皇と郡司たる地方有力者との個別か

つ直接的な関係を重視するものであったといえる。その志向は、延暦十七年頃の一連の政策を見ると、郡司に限られたものではないと考えられるだろう。郡司層の横のつながりではなく、天皇や中央政府と個々の地方有力者との縦のつながりを強化すること、これが桓武の目指した地方支配の方向性だったのである。

　このような志向は、中央政府が郡司層内の政治関係に前代以上に積極的に介入するという点で、より中央集権性の高い地方支配である半面、従来の地方社会における郡司層の在り方と相容れないことは明白である。実際に桓武の目指した方向性は、地方社会の現実を無視しており、十年程度で転換を余儀なくされる。早くも弘仁二年（八一一）には「譜第之選」が復活するのである。では弘仁年間に入り、郡司層はもとの状況を取り戻したのだろうか。次にこの点を追究してみたい。

2　郡司層と任用政策②――弘仁年間――

　桓武朝の方針は、弘仁年間に至って転換される。『日本後紀』弘仁二年二月己卯条(38)では、次のような藤原園人の奏上にもとづき、郡司の「譜第之選」が復活している。

（前略）有レ労之胤、奕レ世相承。郡中百姓、長幼託レ心、臨レ事成レ務、実異二他人一。而偏取二芸業一、永絶二譜第一、用二庸材之賤下一、処二門地之労上一。為レ政則物情不レ従、聴レ訟則決断無レ伏。於レ公難レ済、於レ私多レ愁。伏請郡司之擬、先尽二譜第一、遂無二其人一、後及二芸業一。（後略）

また翌年には、郡司の銓擬に際し、式部省銓擬よりも国擬を優先することを規定している(39)。

ここに桓武朝に意図された任用政策――系譜・家柄よりも官人経験（中央出仕）を重視し、式部省を通して天皇・中央政府が任用手続きへの介入を強化する――は放棄されることになったのである。その背景には、園人の奏上からうかがえるように、地方社会の反発が想定できるだろう。

前節で論じたように、八世紀においては、郡司を中心としながら、郡司層内で国造・兵衛といった地位や、トネリ・家司などの中央出仕者の配分・調整が行われていたと考えられる。中央政府はこれらの地位や制度を整備し、あるいは郡家などの結集核を用意することで、郡司層の把握・統制を図っていた。延暦年間の一連の政策は、このような状況を大きく変えようとしたものの、現実の地方社会はそれを受け入れなかったのである。では、弘仁二・三年の措置により、中央政府の郡司層把握の在り方は以前の状態に回帰したと評価できるのだろうか。

ここで重要なのが、郡司の「譜第之選」が復活しても、延喜式制を見る限り兵衛の「譜第之選」が復活した形跡が見られないということである(40)。さらに地域的に限られた事例とはいえ、出雲国造と意宇郡大領の兼任、宗像神主と宗像郡大領の兼任を禁じる官符が弘仁式部格とされ、一時的なものではなく恒久法とされていることも看過できない。即ち、郡司の「譜第之選」が再開したからといって、郡司を中心とした兵衛や国造、神主といった地位との密接な結びつきを制度的に認めるという、八世紀的な郡司層の在り方が復旧したとは必ずしもいえないのである(41)。

では、「譜第之選」復活以降の郡司層はどのように展開していったのだろうか。そこで注目されるのが、『類聚三代格』巻七郡司事所収弘仁十三年（八二二）十二月十八日太政官奏である。これは「郡司初擬三年後乃預二銓例一事」というもので、

（前略）望請、先申二初擬一、歴二試雑務一、待レ可レ底レ績、銓擬言上、仍於二所司一計二会功過一、始預二見任一。然則国宰免二濫選之責一、郡司絶二僥倖之望一。但先尽二譜第一、後及二芸業一、依二前詔一者。（後略）

とある。「譜第之選」を前提としつつ、国司による郡司銓擬をより適正化するため、郡司候補者（＝擬任郡司）に三年間の試用期間を設けて実務を経験させ、その中から郡務に堪え得る者を正式任用することとされている。これはいわ

ゆる後期擬任郡司制の開始を示すものとされ、国司の裁量のもと定員に関係なく擬任郡司を置くことが可能となり、この期を境に擬任郡司の数が増大する。(42) その目的は、国司の下僚としての性格の強い郡務従事者を増やすことで、地方行政の円滑化を図ることにあったと考えられるが、(43) ここでは、擬任郡司として従来よりも多くの地方有力者層＝郡司層を国司のもとに取り込むことができるようになったこと(44)を重視したい。

先に指摘したように、弘仁年間の郡司の「譜第之選」復活は、八世紀的な郡司層の在り方への回帰を意味しない。郡司を中心に兵衛や国造などが確固たる結びつきを取り戻した形跡がない以上、これらの地位を適宜配分することで、郡司層を構成する地方有力者たちを編成するという状況に立ち戻っているとはいえない。その代わりの受け皿として、弘仁年間以降の郡司層には、拡大された擬任郡司のポストが用意されたと考えることができるだろう。

そうであるとすれば、この変化の意味は大きい。八世紀の郡司層は地方・中央を問わずに展開し、郡司子弟からの兵衛貢進に明確なように、それを支える制度的な裏づけも整備されていた。ところが弘仁年間以降は、郡司層を構成する地方有力者は国司のもとに一元的に結集し、地方行政に従事することが求められるようになったのである。実際に九世紀の郡司たちは、国司のもと徴税や土地把握をはじめとして地方行政上の重大な責任を負わされるようになっていく。(45) では、弘仁年間以降の郡司層はどのような動向を示すのだろうか。次に九世紀後半の郡司層をめぐる状況を概観してみたい。

3　郡司層の解体

弘仁年間の一連の政策により、郡司層は郡司・(後期) 擬任郡司職を受け皿に、国司のもとに一元的に結集するよう促された。しかし、表4に見えるように、ほどなくしてこの体制は大きな問題を抱えるようになっていく。

表4　九～十世紀初の郡司職忌避問題（○）と中央諸勢力の地方進出（●）

No.	年月日	内容	対象者	種別	地域	出典	備考
①	延暦一八（七九九）・四・二八	畿内郡司は諸国に比べ負担が大きく、郡司就任希望者が確保できないため、内考扱いに変更	畿内郡司	○	五畿内	『日本後紀』同日条	
②	弘仁八（八一七）・正・二三	畿内郡司が内考を得たのち、たやすく郡司を辞するのを禁じる官符	畿内郡司	○	五畿内	巻七郡司事所収天長二・閏七・二六官符所引	
③	天長二（八二五）・閏七・二六	畿内郡司が内考を得たのち、郡司を辞し他色に遷ることを禁じる官符	畿内郡司	○	五畿内	巻七郡司事	
④	承和一二（八四五）・六・二三	王臣家が負物有りと称して「郡司及富豪宅」の蓄稲を差し押さえることを禁じる官符	王臣家	●	摂津国解による申請他の四畿内にも適用（貞観一一年に諸国にも適用）	巻一九禁制事所収貞観一〇・六・二八官符所引	・王臣家は「私印」（牒）を使用 ・貞観一一・六・二八官符で全国法令化
⑤	貞観二（八六〇）・九・二〇	王臣家人を称し、国郡司に対捍する国内の士人・浪人の取締りを命じる官符	王臣家人を称する士人・浪人	●	摂津国解による申請他の四畿内にも適用	巻二〇断罪贖銅事	畿内のみを対象とする
⑥	寛平三（八九一）・六・一七	院宮王臣家使が、未進分の（封戸の）調庸代を国司を経ずに不当に取り立てることを禁じる官符	院宮王臣家使	●	近江国解による申請諸国にも適用	巻一九禁制事	王臣家牒を使用

⑦	寛平五（八九三）・一一・二一	擬任郡司が内外官や家令以下の職につき、調庸綱領や租税専当などの公事を逃れることを禁じる官符	擬任郡司	○	近江国による申請 諸国にも適用	巻七郡司事	
⑧	寛平六（八九四）・二・二三	耕田数を基準に正税を出挙することとし、対捍者を処罰することを定めた官符	「諸司官人雑任幷良家子弟内外散位以下及諸院諸宮王臣勢家人」（＝「富豪之門」）	●	紀伊国解による申請 諸国にも適用	巻一四出挙事	違反者は留住を認めず京に帰還させる
⑨	寛平六（八九四）・七・一六	院宮王臣家使が路頭や津辺で待ち構え、綱領郡司らの使用する駄馬や運船を略奪することを禁じる官符（綱領差発者は濫悪を恐れて職務を忌避）	院宮王臣家使	●○	上総国解による申請 尾張、三河、遠江、駿河、近江、美濃、越前、加賀、能登、越中国を中心に適用	巻一九禁制事	
⑩	寛平六（八九四）・一一・一一	郡司の近衛・門部・兵衛の兼任を禁じる官符	近衛などを兼ねて公事に従わない郡司	○	地域限定なし 諸国を対象とするか	巻七郡司事	
⑪	寛平六（八九四）・一一・三〇	舎人・帳内・資人以外に諸国百姓が王臣家人になることを禁じる官符	王臣家人（宮家人）となる百姓	●	諸国	巻一九禁制事	寛平三・九・一一の新制にもとづく
⑫	寛平七（八九五）・九・二七	郡司や百姓が、官物の欠負を補塡すべき私物を宮家の物と号することを禁じ、また部内に居住する「諸司雑任以上」や「王臣僕従」が公出挙を受けないことを禁じる官符	郡司・百姓・諸司雑任以上・王臣僕従	●	美濃国解による申請 諸国にも適用	巻一九禁制事	・王臣家牒を使用 ・郡司も院宮王臣家と結託

⑬	寛平八（八九六）・四・二	院宮王臣家や五位以上が、自らの庄田などのほかに百姓の田地を耕作することを禁じる官符	・院宮王臣家と五位以上 ・庄預	●	地域限定なし 諸国を対象とするか	巻一五墾田幷佃事	
⑭	寛平八（八九六）・四・二	荒田・閑地の開墾申請ののち、三年以内に開発を完了できなかった百姓が、院宮王臣家に土地を奪われないよう保護する官符（申請地の二割を開墾すれば占有権を継続）	院宮王臣家	●	問山城国民苦使の奏状による申請 諸国にも適用	巻一六閑廃地事	王臣家牒を使用
⑮	寛平八（八九六）・四・二	院宮王臣家が百姓の田宅資財の訴訟に介入することを禁じる官符	・院宮王臣家や彼らと結託する「愚昧百姓」 ・院宮王臣家使	●	問山城国民苦使の奏状による申請 諸国にも適用	巻一九禁制事	
⑯	昌泰四（九〇一）・閏六・二五	所部に居住する六衛府舎人が、本府の威をかりて国郡司に対捍することを禁じる官符	六衛府舎人となる百姓	●○	播磨国解による申請 諸国にも適用	巻二〇断罪贖銅事	播磨国解に「此国百姓過半是六衛府舎人」とある
⑰	延喜元（九〇一）・一二・二一	院宮王臣家使など諸国を往還する者が、随身を武装させて「火長」と称し、国司・郡司を憚らず濫悪をなすことを禁じる官符	・院宮王臣家使 ・火長	●	播磨国解による申請 諸国にも適用	巻二〇断罪贖銅事	王臣家使は牒を携帯
⑱	延喜二（九〇二）・三・一三	院宮王臣家が山川藪沢を占有することを禁じる官符	・院宮王臣家 ・寺家	●	地域限定なし 諸国を対象とするか	巻一六山野藪沢江河池沼事	延暦三・一二・一九騰勅符にもとづく

⑲	延喜二（九〇二）・三・一三	「諸国姧濫百姓」が上京して「豪家」と結託し、田地を寄進して課役を逃れるため、勅旨田や院宮王臣家と五位以上の百姓田宅の買収、閑地や荒田の占有を禁じる官符	・院宮王臣家（「豪家」） ・「諸国姧濫百姓」	●	地域限定なし諸国を対象とするか	巻一九禁制事	王臣家牒を使用
⑳	延喜二（九〇二）・三・一三	院宮王臣家が諸国の民の私宅を庄家と号して稲穀を貯蓄することを禁じる官符	・院宮王臣家 ・院宮王臣家使、庄検校や専当、預など	●	地域限定なし諸国を対象とするか	巻一九禁制事	天平九年・勝宝三年にも禁令あり
㉑	延喜二（九〇二）・四・一一	部内に居住し、本職に従事していない諸司史生以下諸衛舎人、院宮王臣家人、散位らを国内の雑役に使役することを認める官符	衛府舎人や王臣家人などになる「有資産可堪従事之輩」	●○	河内・三河・但馬国解による申請 諸国にも適用	巻二〇断罪贖銅事	この措置は「貞観以来諸国例」であるとする
㉒	延喜五（九〇五）・八・二五	院宮王臣家使が国司を経ずに郡司や雑色人の身柄を拘束することを禁じる官符	院宮王臣家使	●	播磨、山城、近江、美濃、紀伊国解による 諸国にも適用	巻一九禁制事	王臣家は「家符」を発給
㉓	延喜五（九〇五）・一一・三	院宮王臣家が、土人・浪人や僧尼の訴訟に介入することを禁じる官符	・院宮王臣家と結託する「愚暗道俗」 ・院宮王臣家の派遣する使	●	三河国解による申請 諸国にも適用	巻一九禁制事	寛平八・一一・二〇官符に依拠

㉔	延喜五（九〇五）・一一・三	諸院宮家狩使やその従者らが国司・郡司に強要し、部内の百姓を狩猟に酷使することを禁じる官符	・諸院宮家狩使とその従者 ・五位以上及び六衛府官人	●	三河国解による申請 諸国にも適用	巻一九禁制事	王臣家牒を使用

＊巻次のみ記載の出典は『類聚三代格』。

まず、郡司職忌避問題が挙げられる（表4「種別」欄の○）。これは国司の下僚としての性格を強めた郡司が徐々に徴税請負人化し、彼らに過重な責任が負わされるようになったことに端を発する問題である[46]。九世紀初頭にまず畿内で発生し[47]（②③）、後半には全国化している（⑦⑨⑩⑯㉑）ことが分かる。地方有力者たちは負担の大きい郡司への就任を避けるようになり、結果として十分に職責を果たせない人物が郡司に任用される、あるいは官物の納入を拒否するような郡司が登場し、地方行政が停滞するようになったのである。

さらに、院宮王臣家や中央諸司（中央諸勢力）の地方進出も問題化するようになる（表4「種別」欄の●）。これは中央諸勢力と、六衛府舎人や王臣家人などの身分を獲得した地方有力者との私的結合問題と呼ばれる現象で、やはり九世紀初頭に畿内から発生し、次第に全国に広がっていく[48]。表4⑮㉓の事例は、中央諸勢力の権威が持ち込まれた結果、もはや現地で生じた紛争を当該地域自体で解決し得ない状況に立ち至っていることを示している。九世紀末の郡司層は、地方社会の利害調整機能を喪失しているのである。

すでに述べたように、これらの問題は畿内に端を発し、のちに全国化している。表4の事例では直接に全国化を示す事例は、九世紀末期のものであるが、実際には遅くとも貞観年間（八五九～八七七）まで遡らせて考えることができる。『類聚三代格』巻二〇断獄贖銅事所収延喜二年（九〇二）四月十一日官符（表4㉑）に引用された河内・三河・但

馬国解には、

（前略）此国久承二流弊一、民多困窮。就レ中頗有二資産一可レ堪レ従レ事之輩、既帯二諸衛府之舎人一、亦為二王臣家之雑色一。皆仮二本司本主之威権一、不レ遵二国宰県令之差科一。（後略）

とあり、国務に従事すべき地方有力者層の多くが諸衛府舎人や王臣家人となって「国宰・県令」（国司・郡司）に従わないことが述べられ、さらに、

（前略）雖レ有二郡司一不二必堪一レ事、徴二納官物一之道差二副堪能之人一。（後略）

と、郡司が十分に職責を果たせていないことが記されている。このような状況を前提に、地方行政（徴税・中央貢進）の遂行に際して、郡司だけではなく本職に従わず部内に居住する諸司史生や衛府舎人などといった下級官人や雑任、あるいは院宮王臣家人を「進官留国雑役」に差発することを、河内以下の三国は申請しているのである。そしてこのような要求は、

（前略）窃検二貞観以来諸国例一、以二如レ此輩（筆者註：部内居住の中央下級官人、院宮王臣家人たち）一可レ差二使進レ官留レ国雑役一之状、無二国不一レ言。（後略）

と傍線部で主張されるように、「貞観以来諸国例」なのである。

以上から、貞観年間（＝九世紀後半）には、畿内外を問わず地方有力者たちが中央諸勢力との結びつきを強めるようになっていると考えて大過ないだろう。そしてこの問題と郡司職の忌避は表裏一体であることは明白である。郡司としての重い負担から逃れたい地方有力者たちが、中央諸勢力と結託して下級官人（雑任）や王臣家人の地位を獲得し、本司・本主の権威を背景に国郡司に対捍していく。職責を果たせない郡司の出現は、ここに由来しているのである。

確かに八世紀においても、地方有力者たちはトネリや家司といった地位を得て中央出仕していた。しかしそれは前節で見たように、制度的裏づけを有しつつ郡司層内でコントロールされていたものであり、彼らは帰郷後も外散位として郡司の統制下に置かれていた。したがって、彼らの存在が地方行政上の妨げになるような状況は想定し得ない。しかし弘仁年間の政策では、郡司層は拡大した擬任郡司職を受け皿に、専ら国司のもとに結集するよう促されている。また郡司子弟からの兵衛任用も、延暦十七年詔を契機に停止されたままなのである。したがって、八世紀と九世紀後半以降の地方出身の中央出仕者の位置づけは異質なものであることは明らかだろう。だとすれば、軍防令37兵衛考満条の規定する兵衛からの郡司任用と、延喜式部式149諸衛任官条で想定される兵衛からの郡領転身は、似て非なるものと考えるべきである。前者は郡司氏族内での「譜第之選」にもとづく任用・転任であるのに対し、後者はそれらとは無関係であり、国司のもとから逃れ、中央諸勢力とのかかわりの中で兵衛となった者（表4⑩⑪⑯㉑）の郡司転任である可能性も想定できるのである。

九世紀後半には全国化していた郡司職の忌避、中央諸勢力との結託という状況のもとでは、郡司や擬任郡司職を受け皿に郡司層を国司のもとに結集させることがいかに困難であったかは容易に想像がつく。かつては郡司を核に結束していた郡司層が、個々に中央諸勢力と結びつき、自律的な活動を展開するようになっているのである(49)。したがって遅くとも九世紀後半には、八世紀的な意味での郡司層は解体したと看做すべきであろう(50)。八世紀以来採用され続けてきた郡司層を前提とする地方支配という中央政府の方針も、九世紀を通じ徐々に機能不全に陥ったのである。

以上、九世紀の郡司層について考察してきた。郡司・国造・兵衛の地位の一体性を解消させる延暦十七年詔により、八世紀的な郡司層の在り方に変化が生じ始める。その後の弘仁年間には後期擬任郡司制が確立し、擬任郡司職を受け皿に、国司のもとへの一元的な郡司層の結集が促されるようになる。郡司層を構成する地方有力者たちは国司の下僚として把握され、国郡行政に従事することを求められるようになったのである。このことは、八世紀的な郡司層が地方・中央を問わずに多様な展開が可能であったのに対し、決して軽くはない国郡行政の責務を負わされる形で、国司のもとに結集するよう求められるようになった点で大きな変化といえよう。このような状況のもと、地方社会では郡司職忌避や中央諸勢力の地方進出が顕著となり、当初畿内を中心としたこれらの事象は、貞観年間（九世紀後半）頃には全国化していく。郡司層を構成していた個々の地方有力者は郡司層の規制から解放され、自律的に中央諸勢力と結びついて活動するようになるのである。したがって九世紀後半には、八世紀的な郡司層は明らかに解体しているといえるだろう。

では、その解体の要因はどこに求められるのだろうか。また郡司層が解体していく九世紀の地方社会はどのように理解できるのだろうか。次節ではこの点について論じたい。

三　郡司層の転成

ここでは九世紀後半に至り、郡司層が解体したその要因、さらには郡司層のその後の行方について考えてみたい。その際には、従来の研究でも注目されてきた院宮王臣家や中央諸司（中央諸勢力）の地方進出[51]、あるいは「富豪層」[52]の問題も念頭に置きながら論じていきたい。

1　郡司層解体の要因

郡司層の解体を促したのは何であろうか。本章では多く分けて三つの要因を取り上げてみたい。

第一に注目したいのは、郡司の任用などにかかる制度的要因である。これは前節でも述べたように、延暦十七年詔に端を発していると思われる。郡司のみならず、国造・兵衛についても「譜第之選」が停止されたことで、この三者の制度的な関係が失われたのである。さらに兵衛の「譜第之選」＝郡司子弟からの任用が、延喜式制でも復活していないことや、地域が限定されているものの延暦十七年の出雲国造と意宇郡大領の兼帯、同十九年の宗像神主と宗像郡大領の兼任を禁じる命令が弘仁格として採録されていることを踏まえれば、延暦十七年前後に出された、郡司層の就任し得る地位の相互関係を解消するような措置は、その後も解除されなかったと考えられるだろう。

これらは即座に影響が表立って現れてくるものではないが、それぞれの地位の交替が積み重ねられていくごとに、相互の関係性は希薄になっていったはずである(53)。郡司層結束の制度的な裏づけが失われたことで、個々の地方有力者の自律的な活動の余地が生じるとともに、中央諸勢力の浸透する素地がつくりだされたといえるだろう。

第二に、九世紀における地方社会の状況変化に着目したい。まず、郡司の地位の変化が挙げられる。これも前節で言及したことだが、弘仁年間の後期擬任郡司制には、郡司層を広く国司のもとにつなぎとめ、国司の下僚として国郡行政に従事させるという目的があった。そもそも九世紀は、国司官長（守）の責任明確化と権限集中（受領化）が進む時期である(54)。このような背景のもと、専当制の導入などによって郡司はこれまで以上に地方行政に対する重い責務を負わされることになり、私財で未納・未進を補うようになるなど、徴税請負人としての側面を強めていく(55)。九世紀後半に全国化する郡司職忌避問題の直接の原因はここに求めることができる。結束の核ともいうべき郡司職の空洞化が、郡司層の解体に大きく影響したことはいうまでもない。

また、地方行政上の郡司の位置づけの変化以外にも、九世紀の地方社会・郡司層に大きな影響を与えた存在として、秩満後も帰京しない前任国司や五位以上の王臣とその子孫などの、いわゆる「富豪浪人(56)」に着目したい。次に掲げた

『続日本後紀』承和九年（八四二）八月庚寅条に見える中井王はその典型といえる。

　庚寅。大宰府言、豊後国言、前介正六位上中井王私宅在二日田郡一、及私営田在二諸郡一。任意打二損郡司・百姓一。因レ茲吏民騒動、未レ遑レ安レ心。又本自浮二宕筑後・肥後等国一、威二陵百姓一、妨レ農奪レ業。為レ蠹良深。中井尚欲下入部徴二旧年未進一。兼徴中私物上。而調庸未進之代、便上二私物一、倍二取其利一。（後略）

中井王は任期満了後も豊後国に留住し、隣国にまでその活動範囲を広げ、傍線部のように国司・郡司への対捍を繰り広げた。彼のような存在は、国郡行政の妨げになるというだけでなく、地方社会の新たな結集核にもなり得るという点に注意したい。徴税請負人化した郡司職を忌避したい、あるいは国司の影響下から逃れたいと考える地方有力者層にとって、中井王のような、都の貴族としての貴種性を備えた存在との結託は、新たな選択肢として十分魅力的であったに違いない。例えば『類聚三代格』巻一九禁制事所引寛平三年（八九一）九月十一日官符では、帰京せずに留住する「秩満解任之人」や「王臣子孫之徒」を取り締まる、延暦十六年（七九七）四月二十九日の官符を引用した上で、

　（前略）頃年京貫人庶・王臣子孫、或就二婚姻一、或遂二農商一、居二住外国一業同二士民一。既而凶党相招横二行村里一、対二捍宰吏一威二脅細民一。非三唯妨二国務一、抑亦傷二風教一。（後略）

と述べている。ここに見える「京貫人庶・王臣子孫」は、延暦十六年官符のいう「秩満解任之人」や「王臣子孫之徒」と共通する存在と看做すことができ、彼らは「凶党」を「相招」いて国司に対捍するなど、地方社会において結集核となっている様を読みとることができる。この「凶党」の中には、郡司職を忌避した地方有力者層が含まれている可能性が高く、地方有力者層の自律的な活動をよく示している。

このように九世紀になって顕著となる「富豪浪人」の展開は、地方行政の妨害のみならず、国司や郡司以外の新た

な結集核の登場という意味で、従来の地方社会の秩序を大きく揺るがすものであったといえるだろう。新たな結集核の出現は、八世紀的な郡司層の解体に大きく作用したはずである。

第三に、中央政府の財政的要因を挙げたい。即ち「律令財政」の変質(57)に目を向けてみたい。

律令の規定に淵源を持つ八世紀的な財政システムにおいては、官人給与や諸司の運営経費は、毎年中央に貢進・集積される調庸物を主要な財源としていた。したがって、給与・経費は大蔵省をはじめとする在京の出納官司を通して再分配されることになっていた。ところが、八世紀後半になると調庸などの違期・麁悪・未進問題が徐々に深刻化し(58)、中央政府は十分な財源の確保が困難になる。当初は諸国の正税交易物の進上等により調庸の未進分を補っていたものの、九世紀に入ると次第にそれらの納入も滞るようになる。すると、特定の国々に年料租舂米や年料別納租穀といった用途別の財源を割り当てる、あるいは畿内に、いわゆる元慶官田や諸司田を設定するなどして財源不足を解消しようとする。

これにより、従来は庸米をもとに民部省から出納されていた諸司の大粮には年料租舂米が、調・庸を財源に大蔵省から出納されていた位禄・季禄・時服には年料別納租穀が、年料舂米から宮内省（大炊寮）が出納していた要劇料や月料には諸司田の収穫物が充てられるようになっていく。ここで重要なのは、これらが単に財源が中央から地方に振り替えられたというだけではなく、その支給方法においてもより直接的に地方に依存するようになったことである。

例えば年料別納租穀については、負担国と負担額が延喜民部式下52年料別納租穀条に規定され、その用途は「位禄・季禄・衣服」とされている(59)。そして同主税式上102位禄運賃条には、「五位已上位禄、給二諸国一」する場合の京への賃料規定を載せており、年料別納租穀から支出される位禄については、受給者が自ら輸送の手段を講じて入手する必要があったことが分かる。また、『日本三代実録』元慶三年（八七九）十二月四日条の元慶官田設置記事には、

（前略）近代以来、一年例用位禄・王禄、准レ穀十七万余斛。亦京庫未レ行衣服・月粮、必給二外国一、其数亦多。並是正税用尽、終行二不動一。（後略）

とあり、傍線部のように本来京庫から支出すべき給与の多くが、諸国の正税や不動穀を取り崩す形で支給されている現状を指摘している。八世紀においても、外五位の位禄（『続日本紀』神亀五年〈七二八〉四月辛巳条）、一般の五位国司の位禄（『類聚三代格』巻六位禄季禄時服馬料事所引天平神護三年〈七六七〉正月二十八日勅）、外官を兼ねる内官の位禄・季禄（同大同四年〈八〇九〉正月二十六日官符所引神護景雲二年〈七六八〉七月二十八日官符）などが外国支給とされていたが、九世紀に入ると禄等の外国支給はより広く一般化していくのである。(60)

右記のような財政システムの変化は、中央諸勢力の地方への関心を前代以上に高めたはずである。もはやただ在京していているだけでは、給与や官司の運営経費を手にすることはできなくなったのである。彼らは現地における直接的収取（表4④⑥⑨⑰⑳）や、地方有力者層の取り込み（⑤⑦⑩⑪⑫⑯）など、積極的に地方社会へと進出し、自らの権益を確保するための交渉に乗り出す必要が生じたのである。

その点で、院宮王臣家の家政機関（家司）が作成し、家印を捺して発行する家牒の持つ意味は大きい。表4⑥⑫⑭⑰⑲㉔では、院宮王臣家が家牒の提示・携帯によって地方社会に介入していることが確認できるが、この家牒は貞観十年（八六八）の家印公認を契機に、八世紀には認められていなかった公的性格を獲得したものであった。(61)これは院宮王臣家が地方進出の際の新たな拠りどころを手にしたことを意味しており、特に地方における収取などの行為に合法性を付与することとなった。そもそも院宮王臣家の家印の公認は、封物等の納入に際して日収への捺印を義務づけ、国司からの封物の不当な取立てを阻止する目的で整備されたものであるとされる。しかし、その「副産物」として生じた家牒は、給与財源の地方への振り替えという状況のもと、院宮王臣家の地方進出に合法性を与えることとなったのである。[62]

叙上のように、遅くとも九世紀後半には財政システムの変化により、院宮王臣家の給与や中央諸司の経費は、座して手にすることが困難となり、自ら地方に赴いて権益を確保する必要が生じたのである。例えば諸衛府の財源である大粮米については、[63]先述のように、九世紀以降は年料租舂米が充てられることになったが、それらは主に「縁海之国」に設定されていた。[64]ところが、これらは諸国の懈怠により、必ずしも安定的に諸衛府に納入されていたわけではない。[65]表4⑯の昌泰四年官符では、播磨国が「此国百姓過半是六衛府舎人」と訴えているが、その背景に「縁海之国」として、播磨国に設定されていた大粮[66]を確保するための衛府側の積極的な介入を想定すべきであろう。特に同官符の中で、舎人らが「本府之物」と称して国郡司による収取に対捍するのは、自分たちが本府の大粮米を肩代わりしているとの論理にもとづくという指摘[67]は重要である。また、十世紀頃の位禄の外国支給の例としてよく知られた『宇津保物語』の位禄説話（田鶴の群鳥）では、藤英季房は近江国に位禄を与えられている。[68]この位禄は、守の元へ「消息」を出して取りに遣わすものであるとされているが、ここで公的性格を付与された家牒が使用された可能性は十分に想定できるだろう。

これらの事例は、中央諸勢力が自らの権益確保のため、地方社会に進出・介入する様子をよく示している。その際に彼らが対象としたのは、旧来の郡司層を構成する地方有力者たちであった。表4④では、王臣家は「郡司及富豪宅」を差し押さえているし、⑦⑩⑪では、地方有力者たちが郡司職を避けるように中央諸勢力と結合している。そして⑫を見れば、中央諸勢力の地方進出に郡司や百姓らが迎合している様子もうかがえる。自らの権益確保を目的に積極的な地方進出を展開する中央諸勢力に加え、先に述べた二つの要因も相俟って、かつての郡司層の結束は徐々に失われていったのである。

以上、ここでは九世紀後半における郡司層解体の要因を探ってみた。叙上の三つの要因を軸としながら、八世紀的な郡司層は解体したと考えられ、地方社会は新たな局面に突入することになる。では、その状況はどのように理解すればよいのであろうか。また郡司層を構成していた人々はどのように把握され得るのだろうか。最後にこの点についての見通しを述べておきたい。

2　郡司層と中央諸勢力

本節では郡司層解体の要因について考えてきた。その中でも九世紀に入り活動を活発化させ、地方社会への進出を積極化させた存在として、中央諸勢力の存在は注目される。九世紀を通しての彼らの直接的な介入が、八世紀以来の地方社会の秩序に少なからず影響していることは明らかである。実際にこれまでの先行研究においても、彼らの存在はクローズアップされてきた。

夙に戸田芳実氏は、営田と私出挙を両輪として私富を蓄えた「富豪層」と院宮王臣家の結託が、九世紀末の政治的危機状況をもたらしたと論じている[69]。比較的近年でも、例えば市大樹氏は、九世紀の「富豪層」と院宮王臣家・諸司の私的結合問題を論じ、それを畿内地域から発生した現象とした上で、その要因を律令制的俸禄制の崩壊・再編に求めている。即ち、院宮王臣家の封物や畿内の「富豪層」とも重なる諸司下級官人の給与が、ともに中央出納官司からの支給ではなく、諸国への振り替え、あるいは元慶官田や諸司田の設置などによって確保されるようになり、王臣家・諸司ごとに財政の独立化が進行したことが、中央諸勢力と「富豪層」の結合を生み出したとしている[70]。また、吉川真司氏も承和年間頃から院宮王臣家の地方進出が直接かつ強力となることを指摘し、その要因として律令官人制が諸家・諸司を軸に再編され、院宮王臣家が社会集団として成長し始めたことを挙げている。そして天皇の家政機関も含めた院宮王臣家や中央諸司、寺院は、「富豪層」のみならず国司とも結びつきを強めて勅旨田や荘園の広範な展開を促していったとし、転換期としての九世紀中葉＝承和年間の画期性を強調している。(71)

このように従来の研究でも、九世紀の国家的・社会的な変動を捉える上で中央諸勢力の存在は重視されてきた。しかし、特に近年の見解にはいくつかの問題点を指摘し得るように思われる。

まずは、これらの問題を畿内とその周辺に顕著な事象とし、その地域的特質として論じられがちであることを取り上げたい。市氏の主張するように、確かに中央諸勢力の進出は、他地域に先行して畿内で発生・問題化していることは間違いないが、同時に遅くとも貞観年間（＝九世紀後半）にはこれらが全国的な問題として認識されるようになるとの指摘も忘れてはならない（表4㉑など）。実際に先述した衛府の大粮米を負担する「縁海之国」には、播磨のような畿内に接する地域だけではなく、十一世紀の事例ではあるが、伊予・讃岐・備前国も確認できる。(72)したがって衛府という中央諸司と、その舎人としての身分を獲得した地方有力者層との結合問題は、全国的な広がりを持つと考えてよい。さらに『宇津保物語』に見えるような、王臣家が「消息」を遣わして位禄を請求する地域についても、延喜式民部式下52年料別納租穀条を見れば、位禄を割り当てられる国々は近江のような畿内近国に限らず、広く東国にも及んでいる。

このように中央諸勢力の進出の影響は、そこを震源としつつも、畿内とその近辺に限ることなく広く波及したと考えるべきである。八世紀的な俸禄制の崩壊・再編により、その影響を直接に受ける中央諸勢力とそれに連なる下級官人や家人・雑任層に目を向ける限りにおいては、彼らの私的結合問題は、その主な活動の場である畿内とその周辺地域に収斂するだろう。しかし、再編後の彼らの俸禄や諸司の経費がどこに振り替えられたのか、即ちその財源の問題にまで着目するならば、ことは一気に全国化し、畿内周辺に限った問題と看做すことはできない。九世紀以降、中央下級官人が諸家・諸司へ帰属するものとして再編され、官人制も大きな変化を遂げるが、(73) それを支えた財源が、畿内近国に限らず、直接的に地方社会から収取されるものであったことに留意すべきである。

次に近年の研究では、専ら中央諸勢力の側の視点にもとづいて議論が進められており、地方社会の側の変化が等閑に付されがちであることを指摘したい。この点については、すでに縷々論じてきたところである。九世紀に入ると、それまで郡司層の結束を保証していた制度が変更され、郡司層をなす有力者たちが自律的に活動する余地が形成されるようになる。また、国司のもとでの重い責務を嫌った郡司職忌避も広がり、さらに秩満後も帰郷しない前司などの富豪浪人が新たな結集核として出現したことが、八世紀以来郡司層によって支えられてきた地方社会の秩序に動揺をもたらしたのである。こうして個々の有力者が自律性を獲得するようになったからこそ、中央諸勢力も積極的かつ強力な地方進出が可能となったのである。地方社会側の変容も視野に入れなければならない。

右記のように、九世紀、特にその後半期における中央諸勢力の地方進出の問題は、必ずしも畿内地域に限定されないものであり、なおかつ中央・地方双方の制度・社会の変化によってもたらされた現象であると考えたい。このような状況の中で、八世紀的な郡司層は解体・消滅していくのである。

3　郡司層と「富豪層」

叙上のように、九世紀を通して郡司層は解体・消滅へと向かっていく。では、郡司層解体後の地方有力者層はどのように把握・理解すればよいのだろうか。

すでに言及したように、戸田芳実氏は(74)『続日本後紀』承和九年八月庚寅条の中井王のような留住する前司や王臣家子弟らを「富豪浪人」と捉え、そこに私富を形成した「富豪」の者たちを加えて、「富豪層」という概念を設定した。

また九世紀の「富豪」を、蓄積した動産による課役の代納などを通して律令制下の班田農民から分出した新たな階層であるとし、のちに在地領主や田堵・名主といった上層農民に成長していくと論じた。そして当該期には、これら「富豪層」と院宮王臣家の私的結合が進行し、反律令制的大土地所有の激増や国郡司との闘争を惹起したと指摘している。「富豪層」を軸としたこの見解は、「律令国家」から「王朝国家」への転換を地方社会の側から見通したものとして一定の意義を持つ。しかしその反面、いくつかの問題点も指摘されてきた。

まず、いわゆる「富豪浪人」を「富豪層」の中核と捉えるべきではないとの批判が挙げられる(75)。「富豪浪人」に関しては、都の貴族に出自を持つ者が含まれる点に注目すべきであり、彼らと地方社会に出自を持つ「富豪」とは峻別しなければならないだろう。次に、律令制的な身分階層の分解により「富豪層」が出現したという点についても問題がある。階層分解という事象は実証が困難であり、飽くまで理論的想定の域を出ない。一見すると新興勢力であるように見える存在も、実は従来中央政府が積極的に把握しようとしてこなかった、郡司(郡領)氏族以外の地方有力者であったと考えることも可能なのである(76)。また、院宮王臣家との結合問題も、彼らは専ら「富豪層」とのみ結託していたのではなく、天皇を含めた院宮王臣家、諸司、国司、「富豪層」が相互に複雑な政治的結合関係を構築していたことが明らかにされている(77)。

このようにいくつかの批判が見られるものの、九世紀の地方社会を理解する上で「富豪層」はいまだ有効な視角であることは変わらないだろう。何故ならば、当該期の「富豪」もしくはそれに類する語が、基本的には地方社会に蓄積された富を表す表現として用いられているからである。

八世紀の史料にも「殷富」「豪富」という表現を見出すことができるが(78)、これらは都の貴族の富を指している場合も多く、九世紀の用例とは必ずしも連続しないことが指摘されている。つまり、地方社会における富の蓄積を殊更に

「富豪」と表現するのは、九世紀の特質なのである。このように「富豪」なる語が地方の富を指すようになった理由は、先述したように中央諸勢力の財政が地方社会への依存を強めたことに求められるのではなかろうか。即ち中央政府や院宮王臣家たちにとっての「富豪」は、単に経済活動を通して地方社会に蓄積された富の所在を示す言葉にとどまらず、むしろ自らの「財源」としての認識がこめられた表現だったのではないだろうか。

また、「富豪層」には郡司も含めて考察すべきとの指摘[79]も重要である。新興勢力たる「富豪層」の出現により、旧来の郡司氏族（譜第郡司氏族）が没落するのではなく、むしろ「富豪恪勤」なる郡司が「富豪層」として把握されている局面[80]を見落としてはならない。「富豪」の出現と郡司に代表される伝統的な地方有力者の存在は、決して相容れないものではなく、むしろその共通性・連続性にこそ着目すべきである。

したがって「富豪層」を、前司などの富豪浪人を含まない地方有力者層とし、必ずしも階層分解によって生じた存在とは限らず、その中には従来の郡司輩出勢力も含まれるとするならば、この概念は、九世紀の地方社会を八世紀から連続的に考察する上での有効性を保っているといえるだろう。そして八世紀的な郡司層の解体後の姿を、「富豪層」として捉えることができるのではないだろうか。本節でも述べたように、中央諸勢力が自らの権益確保のため地方進出を活発化させた際に結びつき、介入を深めた対象は「郡司及富豪」などと称されており、旧来の郡司層を明確に含んでいる。これまでの研究でも、九世紀における中央諸勢力と「富豪層」の結合はしばしば論じられてきたが、その「富豪層」とは、八世紀的な郡司層の後身として位置づけられるのではないだろうか。

かつては郡司を核に結集していた地方有力者層は、地方社会における郡司の位置づけの変化、あるいは中央財政システムの変化などを原因として個々の自律性を高め、郡司層としての結束を失っていく。しかしながら彼らは決して没落したのではない。院宮王臣家や中央諸司、あるいは国司などとの間に政治的な諸関係を巧みに取り結びつつ、自律的な活動を展開していたのである。郡司を結節点に地方社会を把握しようとした八世紀の中央政府にとっては、地方有力者層は「郡司層」と認識し得るものであり、一方地方社会への直接的な経済依存を強めていった九世紀においては、彼らは「富豪層」として把握され得るものだったのではないだろうか。郡司層は「富豪層」へと転成したのである。このように理解することによって、八世紀から九世紀にかけての地方社会の変化も連続的に理解することが可能となるのである。

おわりに

本章では郡司層を視座に、八〜九世紀の地方社会の変容を考察してきた。

八世紀には郡司職を結集核に郡司層が形成されていた。その形成にあたっては、国家による制度的な裏づけが与えられており、地方社会の側もそれに呼応していたことが確認できる。しかし八世紀最末期頃から、徐々に郡司層を取り巻く状況が変化していく。

八世紀末以降、郡司任用政策の変遷などにより、地方社会における郡司の位置づけに変化が生じ、郡司層の結束が弛みだす。また富豪浪人など、従前の地方社会の秩序を動揺させる存在の活動が目立つようになり、さらに中央の財政システムの変化に連動する形で、中央諸勢力の地方進出が積極性を増す。このような郡司層を取り巻く環境の変化により、遅くとも九世紀後半には郡司層は解体を余儀なくされる。

そして、このように九世紀以降、郡司層の束縛から解放されて自律性を高め、中央諸勢力と結びつくようになった地方有力者層は、「富豪層」なる概念で把握し得る存在であった。郡司層は「富豪層」に転成したと看做せるのである。

以上が本章で述べてきたことのあらましである。郡司層と「富豪層」を連続的に捉えることによって、八〜九世紀の地方社会を通時代的に把握できる可能性を探ってみた。しかし、残された課題は多い。

例えば本文では触れられなかったが、在庁官人制の歴史的前提をなすとされる、非令制職名郡司＝雑色人郡司（国衙官人郡司）の問題[81]は、本章と深くかかわる課題である。また九世紀に頻発した国司襲撃事件や、十〜十一世紀に盛行するいわゆる国司苛政上訴の問題[82]も、論ずべき課題であると認識している。このほかにも検討すべき点はあまりに多い。

しかし、これらの問題を見通す上で、郡司層と「富豪層」の連続性という、本章で述べた見通しは一定の意義を有するのではないかと考えている。

註

（1）須原祥二「八世紀の郡司制度と在地」（『古代地方制度形成過程の研究』吉川弘文館、二〇一一、初出一九九六）。

（2）平川南「郡符木簡」（『古代地方木簡の研究』吉川弘文館、二〇〇三、初出一九九五）、佐藤信「地方官衙と在地の社会」（『日本の時代史4　律令国家と天平文化』吉川弘文館、二〇〇二）。

（3）山口英男「地域社会と国郡制」（『日本史講座2　律令国家の展開』東京大学出版会、二〇〇四）。

（4）前掲註（1）須原論文、註（3）山口論文。

（5）栄原永遠男「郡的世界の内実」（『人文研究　大阪市立大学大学院文学研究科紀要』五一―二、一九九九）。また、佐藤信「石山寺所蔵の奈良朝写経」（『古代の遺跡と文字資料』名著刊行会、一九九九、初出一九九二）も参照。

（6）前掲註（3）山口論文。

（7）山中敏史「地方官衙と周辺寺院をめぐる諸問題」（『地方官衙と寺院』奈良文化財研究所、二〇〇五）。
（8）本書第二部第二章。
（9）市大樹「九世紀畿内地域の富豪層と院宮王臣家・諸司」（『ヒストリア』一六三、一九九九）、吉川真司「院宮王臣家」（『日本の時代史5　平安京』吉川弘文館、二〇〇二）など。
（10）戸田芳実「平安初期の国衙と富豪層」「中世成立期の所有と経営について」（『日本領主制成立史の研究』岩波書店、一九六七、初出一九五九、一九六〇）、「中世成立期の国家と農民」（『初期中世社会史の研究』東京大学出版会、一九九一、初出一九六八）など。近年の研究動向をまとめたものとして、大町健「富豪「層」論」（『日本歴史』七〇〇、二〇〇六）参照。
（11）今泉隆雄「八世紀郡領の任用と出自」（『史学雑誌』八一―一二、一九七二）。
（12）前掲註(11)今泉論文。
（13）石尾芳久「日唐軍防令の比較研究」（『日本古代法の研究』法律文化社、一九五九）、橋本裕「軍毅についての一考察」（『律令軍団制の研究　増補版』吉川弘文館、一九九〇、初出一九七三）。
（14）平澤加奈子「中央下級官人の「京貫」からみた古代国家の展開過程」（『ヒストリア』二〇六、二〇〇七）。
（15）渡辺直彦「令制家令の研究」（『日本古代官位制度の基礎的研究』吉川弘文館、一九七二、初出一九六五）。
（16）前掲註(15)渡辺論文。
（17）『日本三代実録』貞観十二年（八七〇）二月十九日条に、春澄善縄の祖父として員弁郡少領猪名部造財麿が見えている。
（18）『倭名類聚抄』国郡部。
（19）『延喜式』神名帳。
（20）森公章「外散位に関する諸問題」（『在庁官人と武士の生成』吉川弘文館、二〇一三、初出一九九二）。以下、外散位に関する知見は当論文による。
（21）当該史料については釈文も含め、怪異史料研究会「三善清行『善家秘記』注解（その五）」（『続日本紀研究』三七一、二〇〇七）による（執筆担当：佐野誠子・久留島元）。
（22）年官による任官であれば、良藤は給主に任料を支払っているはずであり、そうであれば良藤は中央出仕した経験があり、それを契機に中央貴族と何らかの関係を構築した可能性が想定できる。
(23) 森公章「九世紀の郡司とその動向」(『日本古代郡司制度の研究』吉川弘文館、二〇〇〇)など。
(24) 前掲註(7)山中論文。以下山中氏の見解は当論文による。
(25) 前掲註(5)栄原・佐藤論文。
(26) 勝浦令子「金井沢碑を読む」(『日本古代の僧尼と社会』吉川弘文館、二〇〇〇、初出一九九九)、篠川賢「山上碑を読む」(『東国古代の石文』吉川弘文館、一九九九)参照。
(27) 本書第三部第二章。
(28) 本書第二部第一章。
(29) 本書第二部第三章。
(30) 笹山晴生「兵衛についての一考察」(『日本古代の政治と文化』吉川弘文館、一九八七)。
(31) 本書第二部三章。
(32) なお、延暦十七年詔によって、郡司と兵衛の関係が全く絶たれたわけではない。延喜式部式149諸衛任官条には、左右兵衛については毎年各一人郡領への転出を認めるという規定が確認できる。したがって、延喜兵部式34近衛兵衛条にもとづいて地方出身者が「外考及白丁異能力者」として兵衛に任用され、その後に出身地の郡司に転出することは想定されている。しかし、「外考及白丁異能力者」は郡司子弟のみを指すわけではないため、郡司子弟→兵衛というルートが令規定によって制度的に保証されていた八世紀の状況とは大きく異なっている。第二節第3項を参照。
(33) 前掲註(11)今泉論文、大町健「律令制的郡司制の特質と展開」(『日本古代の国家と在地首長制』校倉書房、一九八六)、森公章「律令国家における郡司任用方法とその変遷」(前掲註(20)書、初出一九九六)など。
(34) 井上薫「トネリ制度の一考察」(『日本古代の政治と宗教』吉川弘文館、一九六一、初出一九六〇)。
(35) 高田淳「桓武天の親王について」(『史学研究集録』九、一九八四)。
(36) 本書第二部第二章。
(37) 須原祥二「郡司任用制度における譜第資格」(『日本史研究』四八八、二〇〇三)。

(38)『類聚三代格』巻七郡司事にも収録されている。
(39)『日本後紀』弘仁三年（八一二）六月壬子条。『類聚三代格』巻七郡司事にも同内容の官符が収録されている。
(40)前掲註(30)笹山論文。
(41)もっとも、延暦・弘仁年間以降でも、郡司と兵衛の関係が全く絶たれたわけではないことは註(32)で述べた通りである。しかし後述のように、九世紀以降の地方出身の兵衛は、出自による任用ではなく、むしろ地方進出した院宮王臣家・中央諸司とのかかわりの中で任用された例が含まれている可能性が想定される。
(42)米田雄介「擬任郡司制の成立と展開」（『郡司の研究』法政大学出版局、一九七六、初出一九六九）。
(43)山口英男「郡領の銓擬とその変遷」（『日本律令制論集　下巻』吉川弘文館、一九九三）、前掲註(33)森論文。
(44)米田雄介「郡司の出自と任用」（前掲註(42)書）、前掲註(11)今泉論文、註(33)大町論文。
(45)平野博之「平安初期における国司郡司の関係について」（『史淵』七二、一九五七）、坂上康俊「負名体制の成立」（『史学雑誌』九四―二、一九八五）、加藤友康「九・一〇世紀の郡司について」（『歴史評論』四六四、一九八八）。
(46)前掲註(45)平野・坂上論文。
(47)浅井勝利「畿内郡司層氏族に関する覚書」（『史観』一二九、一九九三）。
(48)前掲註(9)市論文。
(49)例えば、磯貝正義「采女貢進制の基礎的研究」（『郡司および采女の研究』吉川弘文館、一九七八、初出一九五八）では、令制では兵衛と同様に郡司子妹から貢進されていた采女（養老軍防令38兵衛条）が、九世紀末から十世紀になると、従来の郡司との「不離の関係」を喪失し、郡司と直接かかわらない「采女の譜第家」が形成されるようになると指摘されている。この采女の事例も、地方有力者層の自律的な活動（＝郡司層の解体）の傍証たり得るだろう。
(50)前掲註(20)森論文では、八世紀末以降外散位の数が増加傾向にあることを示す史料が確認できるようになり、九世紀後半になると外散位の国司対捍が問題化することを指摘している。森氏は九世紀の外散位増加の原因として、『類聚三代格』巻七郡司事所収元慶七年十二月二十五日官符に見えるような父子間での郡司職の相譲の盛行を挙げている（在任期間が短縮され元郡司＝外散位が増加した）が、八世紀から郡司は頻繁に交替しており、相譲の盛行が外散位の増加の直接的な原因とは看做しがたい。九世紀に入り外散位が増加したというよりは、本文で述べたように、郡司層の規制から解放された外散位ら地方有力者の自律的な活動が目立つようになった結果、外散位に関する史料が増加したと考えるべきではないだろうか。このように八世紀末以降の史料上に現れる外散位の増加は、九世紀を通じた郡司層の解体過程を反映したものと考えられる。

(51) 前掲註(9)市・吉川論文など。

(52) 前掲註(10)戸田・大町論文など。

(53) 例えば第二部第一章で指摘したように、孝徳朝に端を発する郡司の譜第は、世代交替などを示す史料を参照すると、八十年以上経過してようやくその「軽重」を問うことができる程度に浸透・蓄積している。同列に論じることはできないが、八世紀最末期の「譜第之選」停止の影響も、九世紀半ば過ぎに現れ出したと考えても不自然ではないだろう。

(54) 泉谷康夫「受領国司と任用国司」(『日本中世社会成立史の研究』高科書店、一九九二、初出一九七四)、北條秀樹「文書行政より見たる国司受領化」(『日本古代国家の地方支配』吉川弘文館、二〇〇〇、初出一九七五)、前掲註(45)坂上論文。

(55) 前掲註(45)平野・坂上論文。

(56) 「富豪層」の歴史的重要性を指摘した前掲註(10)戸田論文では、前司や王臣子孫などの「富豪浪人」を「富豪層」の中心に据えて論じている。しかし、門脇禎二「律令体制の変貌」(『日本古代政治史論』塙書房、一九八一、初出一九六二)や原秀三郎「八・九世紀における農民の動向」(『日本史研究』六五、一九六三)などでは、貴族や官人を含む「富豪浪人」を「富豪層」の代表として捉えることへの批判が提起されている。本章でも、その地域の在来の勢力と、国司としての赴任などを契機として土着した勢力とを区別して考えたい。「富豪層」については第三節第3項で論述する。

(57) 以下、財政システムの変化については、村井康彦「平安中期の官衙財政」(『古代国家解体過程の研究』岩波書店、一九六五)、早川庄八「律令財政の構造とその変質」(『日本古代の財政制度』名著刊行会、二〇〇〇、初出一九六五)参照。

(58) 長山泰孝「調庸違反と対国司策」(『律令負担体系の研究』塙書房、一九七六、初出一九六九)。

(59) この条文は『政事要略』巻二七年中行事十一月奏給位禄文にも引用されるが、その注記では延喜七年十一月十三日官符を当該規定の淵源としている。

(60) 前掲註(57)早川論文では、禄物価法の成立時期を参考に、弘仁～貞観年間の間に禄などの外国支給は一般化したと論じている。

(61)　西別府元日「王臣家牒の成立と王臣家の地域進出」(『律令国家の展開と地域支配』思文閣出版、二〇〇二、初出一九八〇)。

(62)　前掲註(61)西別府論文。

(63)　以下、衛府の大粮米と衛府舎人との関係については、下向井龍彦「部内居住衛府舎人問題と承平南海賊」(『内海文化研究紀要』一八・一九合併号、一九九〇)に拠っている。

(64)　『類聚三代格』巻一六船瀬幷浮橋布施屋事所収承和十三年(八四六)十月五日官符には、兵衛府の「粮」が「縁海之国」に充てられていると見えている。

(65)　『政事要略』巻五七交替雑事所引延喜十一年(九一一)二月二十五日条。

(66)　のちの史料ではあるが『小右記』寛仁元年(一〇一七)十二月十日条に、右近衛府の「播磨粮使」が見えている。

(67)　前掲註(63)下向井論文。

(68)　山下信一郎「平安時代の給与制と位禄」(『日本古代の国家と給与制』吉川弘文館、二〇一二、初出一九九七)。

(69)　前掲註(10)戸田論文。

(70)　前掲註(9)市論文。

(71)　前掲註(9)吉川論文。

(72)　『小右記』寛仁二年(一〇一八)四月一日条で伊予守源頼光が右近衛府の「大粮米」を検封しており、『春記』長久元年(一〇四〇)四月二十二日条には、讃岐国の進済した左近衛府の「府粮」が見えている。また『朝野群載』巻二七諸国公文下所収応徳三年(一〇八六)十二月二十九日の主計寮雑米惣返抄には、同二年に備前国が年料租舂米から左右近衛府・左右衛門府・左右兵衛府に米が支出されているが、これは大粮米であると考えられる。

(73)　前掲註(9)吉川論文、同「律令官人制の再編過程」(『律令官僚制の研究』塙書房、一九九八、初出一九八九)。

(74)　以下、戸田氏の「富豪層」論については、前掲註(10)論文参照。

(75)　前掲註(56)門脇・原論文など。

(76) 前掲註(10)大町論文では「富豪層」を、旧来の「在地首長」たる郡司クラスに加え、それまで国家が積極的に把握しようとしてこなかった「村落首長」など郡司より下位の首長層も含む多様な階層の総体であると捉えている。
(77) 前掲註(9)吉川論文。
(78) 前掲註(10)大町論文。
(79) 前掲註(23)森論文。
(80) 例えば『類聚三代格』巻七郡司事所収斉衡二年(八五五)正月二十八日官符では、美濃国恵奈郡の坂本駅について「諸郡司之中富豪恪勤者」を選んでその復興にあたらせている。ここから郡司の中の富豪なる者の存在が確認でき、富豪が郡司に登用されるわけではないことが分かる。前掲註(23)森論文参照。
(81) 山口英男「十世紀の国郡行政機構」(『史学雑誌』一〇〇―九、一九九一)、森公章「雑色人郡司と十世紀以降の郡司制度」(前掲註(23)書、初出一九九八・九九)など。
(82) 九世紀の郡司・百姓らによる国司の上訴は、律令に淵源を持つ政務手続き・裁判制度によって処理され、被告たる国司が法的に処罰されるのが一般的であった。しかし十世紀以降のいわゆる国司苛上訴においては、法にもとづく処分は見られず、被告たる受領が任国に下向し、現地において原告たる郡司・百姓らとの間で妥協を成立させることが期待されていた。このような変化の意義や具体相を追究することは、十世紀以降の地方社会を考える上での重要な視角たり得ると考えている。拙稿「国司苛上訴寸考」(『日記・古記録の世界』思文閣出版、二〇一五)参照。

第三部　郡司制度の周辺

第一章　擬郡司帳管見
――郡司任用日程の変遷――

はじめに

正倉院古文書の中には、天平六年（七三四）の出雲国計会帳が残されている。(1) 出雲国計会帳の中には様々な律令公文の名称が散見するが、その中に「擬郡司帳」なる文書の存在を確認することができる。出雲国司が中央に提出したこの文書は、名称から郡司の擬任についての内容を持つものであったことは容易に想像できる。従来はこのような漠然とした理解にとどまり、その基礎的考察も見られず、深く論及されることもなかった。(2) しかし、今仮にこの文書の具体的内容やその宛先、発送された時期等が明らかになったならば、計会帳の中の極めて微細なこの記述がもたらしてくれるであろう歴史的知見は決して小さくはないと思われる。

　本章では「擬郡司帳」の基礎的考察を端緒とし、最終的には奈良時代前期の郡司任用日程の復元と、その任用日程が持つ歴史的意義を明らかにすることを試みたい。

一　擬郡司帳の内容と提出先

本章で取り上げる「擬郡司帳」は、天平六年出雲国計会帳の中の、正集第三十巻第六紙目、いわゆるB断簡(3)の第三紙目にその名称が記載されている文書である。このB断簡の第三紙目は「解弁官解文肆拾壹条」との標目から始まる部分で、標目の通り天平五年八月以降に出雲国が弁官に宛てて出した公文（解）が列記されている。該当箇所を左に掲げる。(4)

（前略）

十月

一　廾一日進上公文壹拾玖巻貳紙　考文三巻　考状一巻　選文

一巻　歳竟帳一巻　僧尼帳

一巻　寺財物帳一巻　齋會帳一巻　放生帳一巻　鋪設

帳一巻　桑漆帳一巻　干菜帳一巻　鶏帳壹巻　四季

帳四巻　擬郡司帳一巻　復任郡司状二紙

（後略）

この記載の意味するところについては鐘江宏之氏の研究がある。(5)氏によれば、この記載は出雲国が中央諸官司に宛てて発給した種々の公文（解）について弁官に報告するための文書、即ち公文目録が十月二十一日に発給されたことを示している。つまりここに挙げられた文書（公文目録）自体は弁官に宛てられたものであるが、細字双行で記された個々の文書の宛先は弁官に限らないのである。そして鐘江氏は細字双行部分に見える「擬郡司帳」の宛先として最もふさわしい官司を、郡司を含む文官人事一般を司る式部省であろうと推測している。

このように、擬郡司帳は国司から式部省に宛てて出された公文（解）であると推測されるのであるが、計会帳の記載からは擬郡司帳が解であることと、宛先に式部省を想定できるという程度の知見しかもたらすことができない。そこで本節では、擬郡司帳とは何を内容とし、どのような経緯で上申される文書だったのかということについて考えてみたいと思う。このことは同時に、擬郡司帳が式部省に提出された解文であるということの再検証にもつながるだろう。

まず、擬郡司帳という名称に着目してみたい。名称から判断してこの公文には「擬郡司」に関する内容が記載されていたと考えて差し支えないだろう。擬郡司（擬任郡司）については九世紀前後を境にその性格を大きく変化させている。米田雄介氏は奈良時代（八世紀）の擬郡司の実例から、正員郡司と並存する例や一つのポストに複数の擬郡司が置かれている例が見られないこと、また擬少領の中には無位者が見られるということを指摘し、その上で八世紀の擬郡司は正員郡司に欠員が生じた場合に、後任として置かれた一時的な存在であり、原則としてその人物は、中央で所定の手続きを済ませば正員郡司に任命される郡司任官予定者であると結論づけた(6)。

つまり八世紀の擬郡司は、九世紀以降の擬郡司とは異なり、郡司候補者そのものを意味しているのである。したがって八世紀前半の計会帳に見える擬郡司帳とは、郡司候補者に関する公文（解）であると考えられる。そこで次に候補者の選考を含む郡司の基本的な任用手続きについて考えてみたい。

郡司の任用手続きを端的に表した史料として延喜太政官式131任郡司条を挙げることができる。

①凡諸国銓擬言㆓上郡司大少領㆒者、②式部対試造簿、③先申㆓大臣㆒即奏聞。訖式部書㆓位記㆒請印。④其後於㆓太政官㆒式部先授㆓位記㆒、次唱㆓任人名㆒、如㆓除目儀㆒。事見㆓儀式㆒。

これによれば、①国司による郡司候補者の選出、②式部省における審査、③天皇・太政官への報告、④任官儀、とまとめることができる。①は国擬と呼ばれる過程に(7)、③④はのちの儀式書等ではそれぞれ郡司読奏・郡司召（任郡司）

と称される過程に相当する。(8) ここに示されたのは奏任の官である大少領（郡領）に関するものであるが、判任の官である主政帳の場合は天皇への奏聞を経ず任用が確定されることになる。(9)

ここで注意が必要なのは、右の式文がいつの段階の任用手続きを示しているのかという点であるが、このような任用手続きの枠組みは評の官人の任用手続きまで遡り、十・十一世紀に至るまで基本的に同じであったことがすでに指摘されている。(10) すると郡司候補者を選ぶのは国司であり、八世紀の擬郡司とは国司によって選ばれた後任の郡司、即ち国擬の結果選ばれた郡司候補者を指すことが分かる。

それではこの国擬の結果はどのように中央へ上申されたのだろうか。以下、この点について考えていきたいと思う。

次に掲げたのは『続日本紀』天平二十一年（七四九・天平勝宝元年）二月壬戌条である。

勅曰、頃年之間、補㆓任郡領㆒、国司先検㆓譜第優劣、身才能不、舅甥之列、長幼之序㆒、擬㆓申於省㆒。式部更問㆓口状㆒、比㆓校勝否㆒、然後選任。（後略）

これによれば郡領の補任については、まず国司が「譜第優劣」以下の基準にもとづいて候補者を審査し、その結果を「省」に「擬申」していたことが確認できる。この「省」については直後に「式部」が国司の「擬申」してきた候補者を審査する旨が記されていることから、式部省であると考えてよいだろう。つまり国擬の結果は、国司から式部省に「擬申」されていたことが確認できる。次に、『西宮記』郡司読奏の裏書に注目してみたい。(11)

国擬幷今擬者共クニアテマウセルと可㆑読云々。国解ニハ今擬と注せリ而省作㆓読奏㆒之時、奏料如㆓国解㆒今擬と注。上卿幷輔料ニハ国擬と注。惣同事也。仍所㆑読云々。

これは郡司読奏に用いる「読奏」という文書に関する裏書である。「読奏」とは、①全国の郡領候補者の総数、②畿内七道の順にまとめられた各国の朝集使名・現任郡領名・後任郡領名（候補者名）、③候補者の任用資格（譜第の有無や種類）、④国や式部省での審査結果に関する情報を記した断入文からなる文書であるが、(12) 裏書に記されるように、

「省」即ち式部省で作成されるものであった。[13] そして「読奏」作成のソースとして「国解」が式部省の手元に提出されていることも確認できる。「読奏」にはその構成要素から分かるように、国擬に関する情報も盛り込まれている。するとここに見える「国解」とは、国司が国擬の結果を式部省に報告するために提出した文書であると考えられるのである。

以上の二史料より、国擬の結果は「国解」の形で式部省に「擬申」されたということが確認できるだろう。この知見をもとに『日本後紀』弘仁三年（八一二）六月壬子条に載せられた藤原園人の上表文にも注目してみたい。

大納言正三位兼皇太子傅民部卿勲五等藤原朝臣園人上表曰、（中略）今依二去年二月十四日詔旨一、譜第之事、已復二旧例一。況乎終身之任得二其人一、則遷替之吏、高レ枕而治。奕世之胤非二其器一、則見任之司、還招二罪責一。是以精二選堪レ務、沙汰言上。而在京他人、争レ第競レ甲、抑二退国選一。越レ旧被レ任。試二之政事一、未レ克レ宣レ風、訪二之民間一、誰有二推服一。（中略）伏請自今已後、銓二擬郡司一、一依二言上一。若選非二其人一、政績無レ験、則署帳之官、咸解二見任一、永不二叙用一、以懲二将来一。天恩垂レ鑑、儻允二臣請一。則今年擬帳、悉従二返却一、一定改張、明春始行。

（後略）

この上表文の中には「擬帳」なる文書が見えている。この「擬帳」については、『訳注日本史料　日本後紀』で「国選の結果を上申する文書」であり「この文書に登載された者が擬任郡司」であるという註釈が加えられているが、[14] 上表文の内容を踏まえながら再検討を試みたい。

この上表の目的は、式部省における審査に際して、国司によって選出された郡司候補者（国選）が他者（在京他人）に抑退されてしまう現状を是正することにある。そこで式部省には、原則として国擬による候補者をそのまま郡司に任用させる一方で、国司の候補者選出に対する責任を明確化することを求めているのである。園人のこの上表は裁可され、郡司の任用基準が変更されることになったのであるが、この任用基準の変更に伴い園人は「則今年擬帳、悉従二返却一、一定改張、明春始行」という措置も求めている。即ち当年に提出された「擬帳」を全て返却し、一度決定した内容を改め、明春もう一度「擬帳」の作成を行わせることを要求しているのである。

この措置は、新たな任用基準の確立と国司の責任明確化に連動するものであることから、この年に行われていた郡司候補者の上申を白紙に戻し、明確化された国司の責任のもと、明年改めて候補者を選び直させることを要求していると考えることができる。とするならば、この「擬帳」の作成主体は国司となり、その内容は国擬の結果を中央に上申するものということになるだろう。

『続日本紀』天平二十一年勅や『西宮記』裏書から指摘したように、国擬の結果は国司によって「国解」の形で式部省に「擬申」されるのである。したがってこの「擬帳」が式部省宛の国解を指していると考えることができよう。すると名称の類似からも天平六年出雲国計会帳解部に見える擬郡司帳が、この「擬帳」と同種の文書であると考えることができるのである。

以上、本節では出雲国計会帳に見える擬郡司帳が、『日本後紀』弘仁三年六月壬子条に見える「擬帳」と同種の文書であり、国擬の結果を内容とすること、そして鐘江氏の指摘通り式部省宛の国解の形式をとっていたということを確認できた。(15) 次節ではこの擬郡司帳の具体相により接近するため、その実例とおぼしき史料の検討を行いたいと思う。

二　擬郡司帳の実例

前節では、擬郡司帳とは国擬の結果を式部省に上申するための国解であることを確認したが、実際にはどのような文書だったのだろうか。本節では、従来ほとんど注目されてこなかった擬郡司帳とおぼしき実例を取り上げて検討していきたいと思う。

擬郡司帳の実例には少なくとも、ⅰ国解である、ⅱ郡司の後任候補者を上申するという内容を持つ、ⅲ宛先が式部省である、の三点を満たしていることが条件となる。そのような観点から注目されるのが、『類聚符宣抄』巻七諸国郡司事に収録された五つの国解である。これらはα天徳三年（九五九）摂津国解、β応和三年（九六三）尾張国解、γ康保二年（九六五）美濃国解、δ康保五年（九六八）紀伊国解、ε貞元二年（九七七）讃岐国解と、全て十世紀後半の事例である。その点で八世紀の擬郡司帳との対応関係を想定するには無理があるようにも考えられる。しかし先に指摘したように、郡司の任用手続きは八〜十一世紀を通じて不変であり、擬郡司帳はこの一貫した手続きの中で用いられる文書であるということから、『符宣抄』の事例は擬郡司帳の考察材料として有効であると考えたいと思う。

これらの国解は、それぞれ国解の要求を認める旨の宣旨とセットで収録されている。左にβ応和三年尾張国解と宣旨を例示する。

尾張国司解　申請、官裁、事

　請レ被下以二散位正六位上尾張宿禰是種一越レ次補中任管海部郡大領外従八位上尾張宿禰常村死闕替上状

右謹撿二案内一、件郡大領常村、其身死去。爰郡務繁多、従レ事人少。国宰之煩、莫レ不レ因レ斯。就レ中件郡、部内広遠、輸貢多レ数。誠雖レ有二少領尾張惟平一、而天性尫弱、不レ堪二貫領一。若大領非二其人一、恐致二彫弊一歟。今件是種、譜第正胤、奕代門地。仍頃年之間、試用擬任、性識清廉、民庶推服。不レ挙二若人一、何励二後輩一。謹案二格条一、郡司之選、一依二国定一者。重撿二故実一、諸国主典已上散位之輩、越レ次一度補二任大領之職一、蹤跡已存。望請、官裁、。以二件是種一、越レ次被レ補二任大領常村死闕之替一、将レ令レ勤二郡務一。仍注二事状一、謹解。

応和三年八月廿一日　　　正六位上行大目氷朝臣

従五位上行守藤原朝臣守平

従二位行大納言源朝臣高明宣、奉レ勅、以二散位尾張是種一、越レ次宜レ補二任尾張国海部郡大領尾張常村死闕替一。

同年十二月廿七日　　　藤原雅材奉

この国解の内容は欠員の生じた郡司職の後任として、国司の選んだ新たな人物＝後任候補者を認めて欲しいという内容を持つ解である。したがって、先に挙げた擬郡司帳の条件のⅰとⅱは満たしている。しかしⅲの条件、即ち宛先が式部省であるという点については大きく相違している。この国解には「請官裁」の文言が見られ、宛先が式部省ではなく太政官であると考えられるからである。実は『符宣抄』の五例のうち、βの他にα・γ・δの計四つの国解には全て「請官裁」の文言が見られ、これらの宛先は式部省ではなく太政官であったと考えられるのである。この四例については、α・β・γは大領の欠員に対し現任少領ではない者を後任候補者として申請する違例越擬の例、δは兄弟間における郡司職の相譲の例であり、これらは通常認められない任用申請なのである。そこで直接太政官に任用申請を行い、式部省の審査や郡司読奏を経ることなく、宣旨によって任用を認めるという特別な措置がとられているのである。[16]

これに対しεの国解は異なった性格を持っているように思われる。

讃岐国司解　申言二上銓擬郡司一事

請レ被下以二散位正六位上伴良田連定信一越レ次補中任管多度郡大領外従七位上伴良田連宗定死闕替上状

右件郡大領宗定、今年四月十二日其身死去。爰郡務繁多、従レ事人少。国宰之煩莫レ不レ由レ斯。就レ中件郡、部内

広遠、官物巨多。若大領非二其人一、恐雑務擁滞。今件定信、擬任年久、撫育有レ方。推二其才幹一尤足二郡領一。謹案二格条一、銓二擬郡司一、一依二国定一者。望請以二件定信一、被二越レ次補二任大領宗定死闕之替一、将レ〔令脱カ〕勤二郡務一。仍録二事状一、謹解。

貞元二年六月廿五日　　正六位上行大目物部宿禰

正五位下行民部権少甫兼権介源朝臣

式部省

散位正六位上伴良田連定信

望二讃岐国多度郡大領伴良田連宗定死闕替一副二国解文一

右去年厨家料一分代、以二件定信一、越レ次可レ被二補任一之状、所レ請如レ件。

貞元三年三月廿七日　　少録奏

大丞橘淑信

正三位行権中納言藤原朝臣済時宣、奉レ勅、省去年厨家料一分未補代、以二散位伴定信一、越レ次宜レ補二任讃岐国多度郡大領伴宗貞死闕替一。

同年九月七日　　大丞橘奉

この場合は、郡司の欠員の任用申請の国解が提出された後、改めて式部省からの任用申請が行われ、宣旨が下り任用が裁可されている。そして国解には「請官裁」の文言はなく、宛先に太政官を想定させるようなものはない。しかし、国解の内容は違例越擬であり、国解の提出から任用許可の宣旨が下りるまでに一年以上の期間を要している（他の四例の場合は、不明のγを除くと宣旨は国解と同年に下されている）など、特異な点が目立つ。そこで、次のような状況を想定することができるのではないだろうか。εの国解は違例越擬の任用申請であったにもかかわらず、直接太政官に提出されなかった。故にこの申請は受け入れられず、翌年改めて式部省厨家料一分未補代として申請、即ち年官に切り替えて申請が行われ、任用が許可されたのではないだろうか。つまり、εの国解は当初は通常の任用手続きに則って提出されたと考えられるのである。このように想定した場合、国解の提出先は式部省ということになり、内容的に特殊ではあるが、εの国解は擬郡司帳の条件として挙げたi～iiiの条件を全て満たす可能性があるだろう。

さらに次に掲げた史料にも注目してみたい。

鈴〔銓カ〕擬郡司事

備前国司解　申言上鈴〔銓カ〕擬郡司事

請レ被レ補ニ任　管邑久郡少領外従五位上海宿禰共忠老耄不レ仕替一状

今鈴〔銓カ〕擬太政〔大領カ〕従八位上海宿禰恒貞

右謹検ニ案内一、件少領共忠老耄不レ仕処。郡務繁多従レ事人少。国宰之煩莫レ不レ因レ斯。今件恒貞譜第正胤累代間〔門カ〕地。

仍年来之間試用擬任、〔性脱カ〕識清廉能堪ニ時務一。謹検ニ条〔格脱カ〕一、鈴〔銓カ〕ニ擬郡司一依ニ国定一者。望請以ニ件恒貞一被レ補ニ任少領一也。

仍附ニ朝集使正六位上掾上道実忠一、栓〔銓カ〕擬言上如レ件謹解。

長和四年〔一〇一五〕四月廿一日　従七位上少目、、、

正六位上掾、、、

正六位上、、、

従五位上守大江朝臣（景理）

これは前田尊経閣文庫所蔵『年中行事秘抄』裏書に見られる国解である。[17] 文面は『符宣抄』の国解と酷似しており、内容は少領の欠員に対し、擬大領の地位にある者の任用を申請するものである。九世紀以降の擬郡司は八世紀とは異なり、国司の裁量で正員と並置したり、一つのポストに複数置くことが認められるようになる。[18] 当該国解に見られる擬大領もこの九世紀以降の擬郡司であるが、『北山抄』巻三拾遺雑抄上読奏事には、

（前略）少領之闕擬㆓々大領㆒、近例為㆑難。或可㆑為㆓違例越擬㆒云々。然而擬任者国本所㆑補、非㆓是越擬㆒。仍検㆓旧例㆒、不㆓敢為㆒㆑難。（後略）

とあり、郡司読奏の場においては擬大領が正員少領の欠員に充てられることは本来、違例越擬とはされなかったことが分かる。したがって、長和四年（一〇一五）の備前国解の内容は違例越擬には該当しない。つまりこの国解の場合、『符宣抄』のα〜δの例とは異なり、直接太政官に提出しなければならない特別な事情はなく、通常通り式部省に提出されたと考えるのが最も妥当なのである。実際に文面を見ても「請官裁」などの文言はない。とするならば、この備前国解は擬郡司帳としての条件を全て満たしている可能性が極めて高いのである。

以上、擬郡司帳としての条件を備えている文書、即ち郡司候補者の上申を内容として式部省に提出された国解を検討してきた。このような条件を満たしている可能性が高い『符宣抄』の讃岐国解（ε）、『年中行事秘抄』裏書の備前国解は擬郡司帳の実例、もしくはその淵源を擬郡司帳に持つ文書であると考えることができるのではないだろうか。計会帳に見える擬郡司帳や『日本後紀』弘仁三年六月壬子条の「擬帳」はこれに類する文書であったと想定することができるのである。[19]

三　奈良時代前期の郡司任用日程

以上では天平六年出雲国計会帳の記載を端緒に、擬郡司帳についての基礎的考察を行ってきた。本節ではそこで得られた知見をもとに、奈良時代前期の郡司任用日程（第一節で①～④にまとめた郡司の任用手続の各過程がどの時期に行われていたのか）について検討していきたいと思う。

郡司の任用日程を明確に示した史料として、『本朝月令』四月二十日奏郡司擬文事が引く弘仁式部式の逸文が挙げられる。

（前略）弘仁式部式云、（中略）其銓二擬郡司一、[B]正月卅日以前、令レ集レ省。若二月以後参者、随二返却一。但[D]擬文者、以二四月廿日以前一為レ限。（後略）

この弘仁式制による郡司の任用日程を示すと次のように推測される（括弧内の番号は第一節でまとめた任用手続きの番号、またゴチック体部は弘仁式逸文より確実に期日を確定できる部分）。

A 十二月～正月　擬郡司帳の作成・提出＝国擬（①）の終了
B **正月中**　郡司候補者の式部省参集
C 二月～四月中旬　国擬を踏まえた式部省での審査（②）
D **四月二十日以前**　審査結果の奏上と決裁（③郡司読奏）
E 四月下旬～五月　任官儀（④郡司召）

なお、ここで推測した任用日程は延喜式制にも受け継がれているが[20]、十世紀以降、郡司の任用日程は期日通りに行われず、遅れる傾向にあることが指摘されている。[21]したがって前節で擬郡司帳、もしくはその淵源を擬郡司帳に持つ文書であると考えた国解の日付も、この日程とは大きく相違しているが、原則として郡司の任用は右のような日程で行われることになっていたのである。

ところが、奈良時代前期には右のような弘仁式制の任用日程とは異なり、三月までに任用手続きが終了していたということが、川尻秋生氏や鐘江宏之氏によってすでに指摘されている。[22]その根拠は、後述する『続日本紀』文武天皇二年（六九八）三月庚午条の郡司の任命記事や、奈良時代前期の郡司任用関連法令が二〜三月に多く出されていることなどである。しかし、奈良時代前期の任用日程を示す断片的な史料を集めてみると、さらに詳細な任用日程の復元が可能である。

まず、天平六年出雲国計会帳の擬郡司帳記載である。擬郡司帳とは国擬の結果を上申するための式部省宛の解であると考えられるが、計会帳からは天平五年出雲国の擬郡司帳が十月二十一日に発信され、京に送られたことが確認できる。つまり、天平五年当時の出雲国では十月末に擬郡司帳が作成・提出されていること、即ちそれ以前に国擬が行われ、結果が京に報告されていることが分かるのである。

次に『続日本紀』天平七年（七三五）五月丙子（二十一日）条を見ると、

制、畿内七道諸国、宜下除二国擬一外、別簡二難波朝廷以還譜第重大四五人一副上之。如有下雖レ无二譜第一、而身才絶レ倫、幷労勤聞レ衆者上、別状亦副。並附二朝集使一申送。其身限二十二月一日一、集二式部省一。

とあり、国司によって選ばれた郡司候補者は十二月一日までに式部省へ参集するように指示されている。つまり十一月中には国擬が終了し、擬郡司帳の送付・候補者の上京も完了していたのであり、十二月以降、式部省における審査が開始されたと考えることができるのである。このことを裏づける木簡が平城宮跡から出土している。[23]

・☐〔司カ〕召諸郡大少領司申人等　右今

・☐☐　十二月☐日

286×(50)×2　6081　杉・板目

これは壬生門東、南面大垣東端寄りの南北溝であるSD一一六四〇より出土した木簡である。この溝からは文官の選叙・考課木簡が多数出土しており、近辺に所在した前期式部省からの廃棄物が含まれるという。また年代は霊亀〜天平初年のものが中心である。したがって、当木簡も式部省からの廃棄物である可能性が高く、式部省で郡司候補者の審査を行うため、候補者の召集を命じた召文ではないかと考えられている[24]。そしてその日付が十二月☐日であることは、天平七年制の集省期日と至極整合的である。

また、浄御原令制下の例になるが、『続日本紀』文武天皇二年三月庚午（十日）条も注目される。

任二諸国郡司一。因詔、諸国司等銓二擬郡司一、勿レ有二偏党一。郡司居レ任、必須レ如レ法。自今以後、不二違越一。

これによれば、三月初旬に郡司の任命が行われていたと考えることができる。なお、この記事の詔について早川庄八氏は、郡司の任官儀礼の場において発せられたものであるとしている[25]。

以上、奈良時代前期の郡司任用日程を示す史料を列挙したが、弘仁式制の各過程の所要期間を参考に、これらの史料を用いて奈良時代前期の任用日程を復元してみると次のようになる（ゴチック体部は前掲史料より期日を確定できる部分）。

a **十月**〜十一月　擬郡司帳の作成・提出＝国擬（①）の終了

b十一月〜**十二月一日**　候補者の式部省参集

c**十二月**〜二月中旬　式部省での審査（②）

d二月下旬　郡司読奏（③）

e二月下旬〜三月　郡司召（④）

弘仁式制と比べ、奈良時代前期の任用日程は約二ヵ月早く設定されていたことが分かる。

それではこのような期日の移行はどのような事情によって、いつ頃行われたのだろうか。まず注目すべきは『類聚三代格』巻七郡司事所収、天平神護二年（七六六）四月二十八日勅である。

> 勅、式部銓二擬諸国郡司一、課二試多人一惣申二補任一。為二此之故一待〔経カ〕レ日度レ季。非二但労レ民亦妨二諸務一。朕毎レ念レ此意猶納隍。自今以後、宜下革二斯弊一、且試且任、随終随遣上。然則官无二滞政一、人无二廃業一。宜下二□所司一、永為中恒例上。主者施行。
>
> 天平神護二年四月廿八日

これによれば、それまで一斉に銓擬（式部省での審査）・任官を行ってきた郡司の任用方式を、「且試且任」、即ち銓議を終えた者から順次任官させていく方式に改めている。したがって、先に示した奈良時代前期の任用日程は、ここに至って大きく変更されることになったのである。その変更の理由としては、郡司候補者の長期の在京によって引き起こされる民業の圧迫や政務の停滞が挙げられている。先に挙げた任用日程では、候補者は最長で十一月から三月にかけて在京しなければならない。畿内近国であればこの期間中の往反も不可能ではないだろうが、他の候補者は在京し続ける場合が多かったと考えられる。するとその間、彼らの出身郡では確実に郡司の数が減少することになる。郡司の人員の減少は国郡行政の遂行にダイレクトに影響を及ぼしたであろう。

さらにそれだけではなく、郡司候補者の上京は調庸納入業務にも影響を及ぼしていたのではないだろうか。養老賦役令3調庸物条には、

凡調庸物、毎年八月中旬起輸。近国十月卅日、中国十一月卅日、遠国十二月卅日以前納訖。（後略）

とある。『令集解』の同条の引く穴記は、ここに見える「納訖」を「入官」もしくは「納京」と解釈しており、同条に記された期日は調庸の運京期日であったと考えられる。(26) すると遠国の場合、調庸の徴収から運脚夫を率いての上京までの調庸納入業務に国司・郡司が忙殺される時期に、郡司候補者は任用手続きのため現地を離れなければならないのである。

しかしこのような問題は、遠国に限ったことではなかったのではないだろうか。即ち調庸納入の違期問題である。早くも『続日本紀』霊亀元年（七一五）五月甲午条には、調庸が令の期日通りに納入されないことが指摘されている。そして同書宝亀十年（七七九）十一月乙未条においても、調庸納入状況が「隔レ月移レ年」と表現されている。つまり奈良時代の早い段階から、調庸の運京は期日に遅れる場合が多かったと考えられるのである。すると郡司候補者の上京期日と調庸納入日程との重複は、独り遠国のみの問題とはいい切れなくなるのである。

このことは次に掲げた『類聚三代格』巻七郡司事所収、延暦十六年（七九七）十一月二十七日太政官符によっても裏づけることができる。

太政官符（割書省略）

停二止転擬郡司向一レ京事

右得二武蔵国解一偁、案二神亀五年四月廿三日格一云、銓二擬郡司一、自今以後転二任少領一擬二大領闕一者、待レ有二堪レ用新人一、然後一時転擬者。因レ茲転擬新擬相共参 朝而収二納正税一貢二上調庸一、此尤盛時。望請、新擬少領依レ期貢上、転擬大領留レ国預レ務。然則各得二其所一、雑務易レ済者。被二大納言従三位神王宣一偁、奉 レ勅、依レ請。諸国亦准レ此。

延暦十六年十一月廿七日

ここでは遠国に分類される武蔵国が[27]、郡司候補者の上京に起因する調庸納入業務の支障を訴えている。そしてその是正策として新擬少領のみ、「貢上」の期日に合わせて上京させることとしたのである。この「貢上」とは、おそらくその前の「貢上調庸」という表現から推して、調庸の運京のことを指していると考えてよい。したがって、この官符では任用日程と調庸納入日程との重複が明確に問題視されているのである。

そしてこの官符において注目すべきことは、新擬少領のみを上京させるという措置が、武蔵国のみならず諸国に敷衍されて施行されているということである。このことは、候補者の上京による人員の減少だけでなく、調庸納入の遅延に起因する任用日程との重複が、全国規模で問題化していたということを示しているのである。

さらにこの官符は、任用日程の移行に関する重要な知見ももたらしてくれる。右に見たように、この官符では任用日程と調庸納入日程との重複が問題視されている。先の天平神護二年勅の「且試且任」の任用方式では、在京期間の短縮は可能である。しかし問題の本質は在京期間の長期化にあるのではなく、上京期日が調庸納入日程と重なるという点にあったのである。したがって、天平神護二年勅ではこの点を是正することはできない。

しかし延暦十六年官符の施行により、新擬少領は調庸の貢上に合わせて上京できるようになった。したがって武蔵国の場合は十二月末日までに上京すればよいことになる。これによれば、奈良時代前期の任用日程にも、弘仁式制にも一致しないことになるが[28]、実際の納入期日が令の期日よりも遅れる場合が多かったという実情を踏まえれば、この官符を契機として郡司の任用日程に関しては奈良時代前期よりも二ヵ月遅らせた任用日程、即ち弘仁式制に移行したと考えることができるのではないだろうか。前掲の『日本後紀』弘仁三年六月壬子条では擬帳の再提出を「明春」としており、この時期には確実に弘仁式制に移行していたことを確認することができる。

以上で見てきたように、奈良時代後期以降、郡司の任用日程は次第に変化していったのであるが、その経緯をまとめると次のようになる。天平神護二年に郡司候補者の任官のための在京期間を短縮する任用方式が採用されたが、これでは次第に問題視されるようになった調庸納入日程との重複問題は是正できなかった。そこで延暦十六年には新擬少領のみ調庸運京の期日に合わせて上京させることとし、これを契機として従来の任用日程よりも約二ヵ月遅らせた弘仁式制が採用されたと考えられるのである。

このように考えると、郡司の任用日程の問題は、奈良時代末期から特に顕著になる調庸の違期・未進問題[29]とは無関係ではなかったといえるのではないだろうか。むしろ調庸の違期・未進を言い逃れるための方便として、任用日程との重複問題が利用された可能性すら想定できる。すると、任用日程の変更は単に郡司の任用制度の技術的な修正にとどまらず、調庸の収取にかかわる地方支配上の重大事であったと評価することができよう。事実としては、任用日程を遅らせた弘仁式制の採用によっても調庸の違期・未進問題は解決せず、反対に九世紀にはこの問題の克服が大きな政治課題として深刻化していく[30]。しかし、奈良時代後期から平安時代初期にかけて、古代国家が郡司の任用日程の見直し・改正による円滑な調庸の徴収・貢上を保証しようと模索したことの意味は決して小さなものではなかったのではないだろうか。

以上、擬郡司帳の基礎的考察を手がかりに、奈良時代の郡司任用日程の復元と、弘仁式制成立の背景について論じてみた。最後に、なぜ奈良時代前期には調庸納入日程と重複する郡司の任用日程が設定されたのかという点について触れ、本章を終えたいと思う。

おわりに

本章では、擬郡司帳の基礎的考察と奈良時代前期の郡司任用日程の復元を行ってきた。これらの検討を通して明らかになったことは、まず、

ア擬郡司帳とは国司によって作成された、国擬の結果を式部省に上申するための国解である

イ擬郡司帳の実例、もしくはその淵源を擬郡司帳に持つ可能性のある史料が『符宣抄』、前田家本『年中行事秘抄』裏書に存在している

ということである。そしてこれら擬郡司帳に関する基礎的考察をもとにして、

ウ奈良時代前期と弘仁式制とでは郡司の任用日程が相違しており、その背景には調庸の納入日程との重複問題がある

ということも指摘することができた。そこで最後に、なぜ奈良時代前期において古代国家は調庸納入日程と郡司の任用日程を重複させてしまったのか、という点を取り上げて結びとしたい。

調庸納入日程と任用日程が重複しているのは、この両者が重複しても支障はないと考えられていたからではないだろうか。なぜならば郡司は終身官だからである。つまり当時の為政者たちは、終身官である郡司の交替は頻発するものではなく、調庸納入と任用手続きの日程の重複も、問題化するほど起こり得るものではないと認識していたのではないだろうか。しかし現実には須原祥二氏が明らかにしたように、八世紀の早い段階から郡司の頻繁な交替が確認されるのである。(31)そうであるにもかかわらず、八世紀後半に至るまで任用日程の見直しを行わなかった古代国家の姿勢

に、終身官たる郡司は頻繁に交替してはならないのであるという主張を見出すことができるのではないだろうか。

先に挙げた天平七年制は、郡司の任用基準を初めて具体的に提示した法令である。そしてこの法令と同日には次のような法令も出されている（『類聚三代格』巻七郡司事所収、弘仁五年〈八一四〉三月二十九日官符所引）。

（前略）天平七年五月廿一日格偁、終身之任理可二代遍一。宜三一郡不レ得レ幷二用同姓一。如於二他姓中一無レ人レ可レ用者、僅得レ用二於少領已上一。以外悉停任。但神郡・国造・陸奥之近夷郡・多褹島郡等、聴レ依二先例一。（後略）

これは「代遍之格」と呼ばれる法令であり[32]、「代遍」の語の意味をめぐっては議論があるが、「一生を通じて」の意味に解しておきたい[33]。この法令では郡司の任にある者は一生涯その任を全うするべきであることを強調し、その上で長期の在任により生じ得る同姓者による郡司職の独占を禁止しているのである[34]。郡司が終身官であることを強調する法令が、郡司候補者の集省期日を改めて指示した天平七年制と同日に出されていることは単なる偶然ではないだろう。古代国家にとって郡司の交替は頻繁に起こり得るべきものではなく、任用日程も調庸の納入日程もそれを前提とした制度であるということを強調しているのではないだろうか。

その意味で、延暦十六年官符を契機に、任用日程と調庸納入日程が完全にずらされたことの意味は大きい。これ以降も国家は「代遍之格」を強調し続けるが、実際には郡司職の頻繁な交替という地方の実情を受け入れざるを得なかったのである。

律令制の導入によって企図された中央集権的な日本の古代国家は、地方有力者層を郡司として官僚化することによって達成されたものであったということは言を俟たない[35]。しかし、古代国家による郡司を通した地方支配政策は必ずしも完全なものではなく、局面によっては地方社会の実情に妥協せざるを得ない場合も多々あり得たのである[36]。このような背景のもと、延暦年間から弘仁年間にかけて郡司の任用制度は数度の変遷をたどることになる。最終的には弘仁二年に譜第基準の優先が、翌年には国擬者の優先的な任用が確定されるに至る。平安時代の幕開けの時期である延暦・弘仁年間は、七世紀半ばに評制として出発し、八世紀をかけて整備されてきた郡司制度の大きな見直しの時期である。この郡司制度に代表される地方支配政策の試行錯誤の過程の中に、叙上の任用日程の変更も位置づけることができるのではないだろうか。

註

（1）所在は、正集第三十巻第一〜八紙、続々修第三十五帙第五〜六巻。『大日本古文書』では第一巻五八六〜六〇六頁。なお『大日本古文書』では、続々修第三十五帙第五巻相当部分（六〇四〜六〇六頁）を隠岐国の計会帳とするが誤りである（坂本太郎「正倉院文書出雲国計会帳に見えたる節度使と四度使」『坂本太郎著作集　第七巻』吉川弘文館、一九八九、初出一九三二）。なお計会帳に関する主な研究としては、早川庄八「天平六年出雲国計会帳の研究」（『日本古代の文書と典籍』吉川弘文館、一九九七、初出一九六二）、平川南「出雲国計会帳・解部の復元」（『漆紙文書の研究』吉川弘文館、一九八九、初出一九八四）、山下有美「計会制度と律令文書行政」（『日本史研究』三三七、一九九〇）、鐘江宏之a「公文目録と「弁官―国司」制」（『続日本紀研究』二八三、一九九二）、b「計会帳に見える八世紀の文書伝達」（『史学雑誌』一〇二―二、一九九三）、c「計会帳作成の背景」（『正倉院文書研究』五、吉川弘文館、一九九六）などが挙げられる。

（2）わずかに山口英男氏が「郡領の銓擬とその変遷」（『日本律令制論集　下巻』吉川弘文館、一九九三）の註(51)において、天平六年出雲国計会帳に見える「擬郡司帳」の上申について「その当時は国司による（郡司の）擬任がすなわち正式任用候補者の上申を意味した」（括弧内筆者による補）と言及している程度で、特に深く論究されていない。

（3）前掲註(1)早川論文による名称。

（4）テキストは前掲註(1)平川論文に拠った。

（5）前掲註(1)鐘江a論文。

（6）米田雄介「擬任郡司制度の成立と展開」（『郡司の研究』法政大学出版局、一九七六、初出一九六二）。

（7）『続日本紀』天平七年（七三五）五月丙子条など。

（8）③の過程は『西宮記』『北山抄』ともに郡司読奏（読奏）、④の過程は『西宮記』では郡司召、『北山抄』では任郡司と称されている。

（9）郡領が奏任であり主政帳が判任であることは、養老選叙令3任官条および『令集解』同条所引の諸説に見えている。

（10）早川庄八ａ「選任令・選叙令と郡領の「試練」」（『日本古代官僚制の研究』岩波書店、一九八六、初出一九八四）、森公章「評司の任用方法について」（『古代郡司制度の研究』吉川弘文館、二〇〇〇、初出一九九七）など。なお、八世紀以降の任用手続きについて補足しておきたい。養老選叙令3任官条には郡領が奏任であることが規定され、同条文は早川氏によれば大宝選任令でもほぼ同文であったと考えられる。したがって、大宝令制当初から郡領に関しては③郡司読奏に相当する任用手続きが存在していたことは確実である。また④の郡司召については、『儀式』巻第九太政官曹司庁叙任郡領儀を見ると、郡司の任官儀礼は新たな任官者の「唱名」をその中核としていることが確認できる。これと同様に、新任者の「唱名」をその中核とする一般官職の任官儀礼が大宝令制当初にまで遡るという指摘（早川庄八ｂ「八世紀の任官関係文書と任官儀について」『日本古代官僚制の研究』岩波書店、一九八六、初出一九八一、西本昌弘「八・九世紀の内裏任官儀と可任人名簿」『日本古代儀礼成立史の研究』塙書房、一九九七、初出一九九五）を勘案すると、④郡司召の過程も大宝令制当初にまで遡ると考えてよいだろう。さらに①国擬についても、『続日本紀』文武天皇二年（六八九）三月庚午条から国司が郡司を銓擬していたことが確認でき、同書天平七年（七三五）五月丙子条には「国擬」の語が見えている。②の式部省による審査の過程についても、式部省自身の職掌からその存在を大宝令制当初から想定でき、『続日本紀』天平七年五月丙子条からも式部省が候補者を招集し審査を行っていたことが確認できる。このように①〜④の過程は大宝令制当初まで遡り得るものである。そして『西宮記』や『北山抄』など十・十一世紀に成立した儀式書には③④の過程の儀式次第が収録されている。特に③郡司読奏の儀式次第の記述は②の式部省による候補者の審査を前提としたものであり、その記述には「国擬」の語も散見している。このように①〜④にまとめた郡司の任用手続きは、八世紀から十・十一世紀に至るまで基本的に不変であったと考えることができるのである。

（11）前田尊経閣文庫所蔵巻子本に拠った（『尊経閣善本影印集成』八木書店、一九九三・九五）。なお前註で述べたように、八世紀から十・十一世紀に至るまで、郡司の任用手続きは変化しないものであった。したがって、十世紀以降に成立したと考えられる『西宮記』の記述であっても、八世紀以来の国擬の上申方法を考える材料として有効であると思われる。

(12)『西宮記』郡司読奏、『北山抄』拾遺雑抄上読奏事参照。なお、断入文については、須原祥二「式部試練と郡司読奏」（『古代地方制度形成過程の研究』吉川弘文館、二〇一一、初出一九九八）参照。

(13) 郡司読奏には式部省以外の「省」の参加は確認できないことから、この「省」は式部省を指していると考えて差し支えないだろう。

(14) 黒板伸夫・森田悌編『訳注日本史料　日本後紀』（集英社、二〇〇三）。

(15) なお延喜式部式上には次のような条文が存在している（152郡司名簿条）。

凡諸国擬任郡司名簿、毎年附二朝集使一令レ進。若不レ進者、拘二朝集返抄一。

ここには「擬任郡司名簿」なる文書が見られ、毎年都に進上されている。郡司の交替が毎年行われるとは考えられないことから、この擬任郡司名簿は郡司候補者としての擬任郡司に関するものではなく、九世紀以降のいわゆる後期擬任郡司に関する文書であると考えられる。したがってこの条文は本章で問題としている擬郡司帳とは直接関わらないものである（前掲註(6)米田論文、註(2)山口論文参照）。

(16) 本書第一部第二章。

(17) この史料は『平安遺文』に補一六四号として収められているが、東京大学史料編纂所架蔵の影写本（請求番号：三〇五七—一九）により校訂した。

(18) 前掲註(6)米田論文。

(19) ただし、郡司の任用基準は八〜九世紀にかけて数度の変遷をたどっている。したがって、擬郡司帳（擬帳）が国擬の結果をその内容とする文書である以上、時期によってその文言等に異同が見られたはずであるという点には留意する必要がある。

(20) 先に挙げた弘仁式部式逸文と延喜式部式上114郡司有闕条とはほぼ同文である。

(21) 宮城栄昌「延喜・天暦時代の郡司の任命法」（『延喜天暦時代の研究』吉川弘文館、一九六九）。

(22) 川尻秋生「口頭と文書伝達」（『文字と古代日本2　文字による交流』吉川弘文館、二〇〇五）、鐘江宏之「口頭伝達と文書・記録」（『列島の古代史　ひと・もの・こと　6』岩波書店、二〇〇六）。

(23) 釈文、出土状況等については、奈良文化財研究所『平城宮木簡六　解説』（奈良文化財研究所、二〇〇四）による。なお、木簡の形状は、上下・右削り、左割れ。但し左辺から上端にかけて、及び右辺下部を欠くというものである。

(24) 前掲註(23)『平城宮木簡』による。

(25) 前掲註(10)早川a論文。

(26) 日本思想大系『律令』の頭注（吉田孝氏執筆）でも「中央に貢進し訖る意か」としている。

(27) 『令集解』の賦役令3調庸物条の引く古記による。

(28) 奈良時代前期の日程よりも一月遅く、弘仁式制よりも一月早い。

(29) 長山泰孝「調庸違反と対国司策」（『律令負担体系の研究』塙書房、一九七六、初出一九六九）。

(30) 同右。

(31) 須原祥二「八世紀の郡司制度と在地」（前掲註(12)書、初出一九九六）。

(32) 『類聚三代格』巻七郡司事所収元慶七年（八八三）十二月二十五日官符に「代遍之格」と見え、内容から天平七年五月二十一日格のことを指すと考えられる（今泉隆雄「八世紀郡領の任用と出自」『史学雑誌』八一―一二、一九七六）。

(33) 前掲註(2)山口論文。

(34) 同右。

(35) 石母田正『日本の古代国家』（『石母田正著作集　第三巻』岩波書店、一九八九、初出一九七一）。

(36) この点に関しては本書第一部第二章でも、国家の示した任用基準と無関係に郡司を任用することができる、宣旨による郡司の任用方法の存在から論じたところである。

第二章　郡司職分田試論

はじめに

次に掲げたのは養老田令32郡司職分田条である。

凡郡司職分田、大領六町、少領四町、主政・主帳各二町。狭郷不㆑須㆓要満㆒此数。

これによれば、郡司の大領以下主帳以上には、それぞれの地位に応じた職分田が支給されることになっていた。この支給規定は「職分田」が「職田」とされていたなどの違いはあるものの、大宝田令においても確認できる。したがって、郡司には大宝令施行当初から職分田（職田）が支給されることになっていた。

従来、この郡司職分田は、その支給面積が国司職分田よりも優遇されている点から、郡司の「非律令的性質」を示すものとして注目されてきた。[1] また九世紀に増大する闕郡司職分田の存在から、九〜十世紀にかけて正員郡司が減少したことが指摘されている。[2] このように、郡司職分田の考察を通し、郡司の性格や郡司制度の変遷に言及した研究はいくつか見られる。

しかし意外にも、郡司職分田の田令上の位置づけや、その設定・管理・運営の様相といった基礎的考察に関しては、他の職分田や位田などとともに概説的に触れられている程度であり、[3] 必ずしも十分なものではない。したがって本章では、郡司職分田の田令上における位置づけを明確にした上で、実例も勘案しながら、その設定や管理・運営の在り方について論じていきたい。

もとより史料的制約が厳しく、推論に頼らざるを得ない部分も多いが、周辺テーマの研究成果を積極的に援用し、一試論を成すことを試みたい。

一　郡司職分田の制度的考察

1　養老田令に見える郡司職分田

まず、先に挙げた郡司職分田条及び集解同条から明らかとなる事実を整理してみたい。この条文はいうまでもなく、大領以下への職分田の支給面積を規定したものである。そして集解同条古記には「輸租也」とあり、輸租田であったことが確認される(4)。

さらに令文後半の「狭郷不レ須三要満二此数一」に付せられた集解諸説を見ると、朱説は、狭郷であるため令文に規定された支給額を満たせなかった場合の「不足分田」について、「不足分田、更不レ給者」とする。一方穴記は、

穴云。狭郷不レ須三要満二此数一。未知、欲二遥受一者聴乎。答、可レ聴。今師云。不レ聴也。

とし、「不足分田」の遥受を認めるような見解を示すと同時に、遥受を認めない今師説も付している。この穴記には「原穴記」と、後次的な書き込みと考えられる今師説との見解の相違が表れているようだが(5)、このように「不足分田」については、養老田令14狭郷田条等にもとづき、郡司職分田も口分田等と同様、寛郷での遥受を認めるという解釈と、それを認めないという解釈が並存していたことが分かる。しかしここでは、両者の当否を論じるのではなく、後者の

見解が存在することを重視したい。つまり朱説や穴記所引の今師説に示される遥受を認めない見解の背景には、法解釈としての当否は別として、郡司職分田の支給は一郡内で完結されるという認識が存在しているのである。この点は十分に留意される必要があるだろう。

以上、郡司職分田は輸租田であり、その支給は一郡内で完結されるという認識が存在していた、という二点を郡司職分田条と集解同条から指摘することができた。次に、他の条文との比較から考察を進めていきたい。左は養老田令34在外諸司条である。

凡在外諸司職分田、交代以前種者、入二前人一。若前人自耕未レ種、後人酬二其功直一。闕官田、用二公力一営種。所レ有当年苗子、新人至日、依レ数給付。

これは在外諸司官人の交代に伴う職分田の引継ぎ規定である。交代と田植えの時期の前後によって穫稲の帰属を規定すると同時に、闕官田の管理や赴任時期に応じた闕官田からの穫稲給付にも言及している。これについて集解同条には郡司に言及した諸説が見られる。まず穴記には、

穴云。郡司終身之任。不レ合レ有二交代一。故郡司者不レ云者。

とある。また朱説には、

朱云。在外諸司職分田。未レ知、郡司職分田何、同不。答、郡司長任人也。不レ可レ云二交代一。故不レ入二此文一者。

と見える。さらに古記も、闕官田からの穫稲給付に関して、

古記云。（中略）其郡司不レ在二給例一。

とし、諸説一致して郡司はこの条文の適用外であることを主張している。果たしてこの集解諸説の解釈は令意に適うものなのだろうか。

そこで、養老田令31在外諸司職分田条に注目してみたい。この条文の冒頭は「凡在外諸司職分田……」というもので、以下大宰府官人と国司の「在外諸司職分田」の支給額を規定している。ここで重要なのは、「在外諸司」として挙げられるのが大宰府官人と国司のみであり、同じ外官である郡司の職分田に関しては、次条に郡司職分田条として別個に立条されている点である。つまり「在外諸司職分田」には明らかに「郡司職分田」は含まれないのである。したがって先に挙げた在外諸司条も、その冒頭が「凡在外諸司職分田……」で始まることから、郡司職分田は在外諸司条の適用外であるとする集解諸説の見解は令意に適ったものであるといえよう。

すると在外諸司職分田と異なり、郡司職分田には在外諸司条に相当する引継ぎや管理に関する令文が立条されていないことになる。つまり、郡司職分田には田令上、その引継ぎや管理に関する規定が存在していないのである。

以上、養老田令の検討から郡司職分田の考察を進めてきた。その中でも、郡司職分田の引継ぎや管理に関する規定が令文として立条されていないことは特に注目に値する。そこで次に、大宝令文との相違を手がかりにこの点について考えたいと思う。

2　大宝田令における公廨田

養老田令の在外諸司職分田条・郡司職分田条・在外諸司条の三条の、大宝令文との相違はいくつかあるが、ここでは在外諸司職分田（養老令）が在外諸司公廨田（大宝令）、郡司職分田（養老令）が郡司職田（大宝令）であったという点に注目してみたい。つまり大宝令文においては、国司と郡司とではのちの職分田の呼称が異なっていたのである。このことは少なくとも大宝令段階では、国司と郡司に給付される田地が異質なものとして認識されていたことを示している。そこで国司（在外諸司）の公廨田について考えてみたい。

まず「公廨」の語義についてであるが、これは官衙官庁の舎屋及びその収蔵物を指し、日唐律での用法もこれに当たると考えられている。[6] そして公廨田という語は、日本令の母法である唐令から継受したものである。

公廨田に関する唐令の規定は、『唐令拾遺』復旧唐田令第二九・三〇条が相当する。このうち在京諸司公廨田を規定した第二九条については、天一閣蔵北宋天聖田令に附載された不行唐田令（開元二十五年令）の第32条として確認することができる。[7] それによれば、

〔諸〕在京諸司公廨田、司農寺給二十六頃、殿中省二十五頃、少府監二十二頃（後略）

というもので、[8] 司農寺以下、在京諸司ごとに各々の公廨田の面積が規定されている。このような規定の在り方は在外諸司公廨田においても同様であり、唐令の公廨田が官衙に帰属する土地であることを明示している。これは公廨の語義とも齟齬しない。

ところが日本令は、この唐令のような意味での公廨田を継受していない。確かに大宝令には公廨田の規定は見られるが、それはのちの職分田のことであり、唐令では『唐令拾遺』復旧唐田令第三一条（北宋天聖田令附載不行唐田令第34条）に規定された職分田に対応している。即ち、日本令においては、官衙に帰属する土地という意味での公廨田は継受されなかったのである。それでは何故、大宝令では実質的には職分田であるにもかかわらず、公廨田という名称を用いたのだろうか。そこで日本令における公廨田について考えてみたい。

先に挙げた在外諸司条に見えるように、国司交代の際の在外諸司公廨田からの穫稲は、新任者の赴任時期によってその帰属が決められていた。その際在外諸司条では、「種」（＝田植え）の時期という一律には計れない基準を設けていたのに対し、養老八年（七二四）正月二十二日、新たに格が制定され、四月三十日／五月一日という具体的な期日を境に穫稲の帰属が決定されることとなった（集解在外諸司条令釈所引）。早川庄八氏はこの格を、新旧国司「当事者

間の契約」によらざるを得なかった令文上の規定に対して「公的な裁断」を下したものと評価した(9)。即ち、従来規定の曖昧さゆえ、新旧国司に任さざるを得なかった公廨田（職分田）の引継ぎに対し、格の発令により国家が関与の度合いを強めたのである。このことは在外諸司公廨田（職分田）が、官人個人の管理に任されるものではなく、国家によって管理されるべきであるという中央政府の意向を示しているといえよう。

　このような在外諸司公廨田（職分田）の性質は、在外諸司条そのものからもうかがえる。即ち、

　闕官田、用二公力一営種。

という規定である(10)。この「公力」について、義解や集解所引の令釈は雑徭をあてるとしている。闕官田＝給付対象者のいない公廨田が賃租等ではなく、法制度上、国司によって差発されることになっている雑徭によって維持・管理されるということは、公廨田が国府の管理下に置かれるべきものと位置づけられていたことを示している(11)。この点は、在外諸司条に対応する唐令との比較により一層鮮明なものとなる。次に掲げたのは、『唐令拾遺』復旧唐田令第三四条である（開元七・二十五年令）。

　諸職分陸田、限二三月三十日一。稲田限二四月三十日一。以前上者、並入二後人一。以後上者、入二前人一。其麦田以二九月三十日一為レ限。若前人自耕未レ種、後人酬二其功直一。已自種者、准二租分法一。其価六斗以下者、依二旧定一、以上者、不レ得レ過二六斗一。並取二情願一。不レ得二抑配一(12)。

　これを見る限り、前半は陸田等からの収穫（小作料）の帰属に関する規定であり、後半は「租分法」（田租〈小作料〉の徴集規定）による小作料の上限規定である(13)。つまり、収穫の帰属と小作料に関する規定のみであり、日本令と異なって闕官田の管理については一切言及されていない。大宝令の藍本である永徽令が確認できない以上、確定はできないが、闕官田を「用二公力一営種」する＝国府の管理下に置くという規定が日本令独自のものであった可能性は高い。

ここに至り、大宝令においてのちの職分田が公廨田と称された理由が明確となるのではないだろうか。即ち、大宝令における在外諸司公廨田は、確かに在外諸司官人に給付される、その意味では官人個人に対する給付であった。しかし穫稲の配分や闕官田の管理といった実際的な面に関しては、「外官食料給田」（集解在外諸司条古記）として、中央政府や国府の強い管理下に置かれていたのである。このような、官人個人ではなく中央政府や国府＝広い意味での官衙による管理という側面が強く意識され、大宝田令では唐令の官衙に帰属する土地の名称である「公廨田」が採用されたと考えられるのである。では、これと対比される郡司職田はどのように位置づけられるのだろうか。

3　郡司職分田の実体

前項では、大宝田令の在外諸司公廨田の名称は、中央政府・国府による管理の側面を強調した名称であることを指摘した。すると、大宝令においても公廨田ではなく職田と称された郡司職田は、叙上のような在外諸司公廨田とは性質を異にするものであったといえよう。(14)つまり郡司職（分）田は、官衙＝中央政府・国府の強い管理下に置かれるような性質の田地ではなかったと推測される。この推測は闕官田＝闕郡司職（分）田が公力による営種ではなく、賃租されることになっていたという点からも支持されるだろう。(15)さらに第1項で指摘した事実も想起したい。即ち、郡司職分田については田令上、在外諸司条のような引継ぎ・管理に関する規定が存在していないということである。在外諸司公廨田（職分田）とは異なり、郡司職（分）田は中央政府や国府の強い管理下に置かれなかったからこそ、在外諸司条のような規定も不要だったと考えることができるだろう。

無論、郡司職（分）田も田令に規定されている以上、中央政府や国府と全く無関係に存在していたわけではない。しかし在外諸司公廨田（職分田）と比較した時、郡司職（分）田に対する中央政府や国府の関与の度合いは明らかに低い。したがって、郡司職分田は田令に規定されるものの——その意味では中央政府や国府の管理下にあるものの——、実際的な管理や運営に関しては、被支給者たる郡司に大きな裁量権が与えられていたと解さざるを得ないのである。このことは郡司職分田を考える上で極めて重要な視点である。

ここで注目したいのが、墾田永年私財法以前の律令制的土地制度において、中央貴族の所有した古くからの田庄付属地は、口分田や位田・賜田に読み替えることで支配が続けられていた、という吉田孝氏の指摘である。(16) この指摘を郡司にも敷衍できないだろうか。地方有力者である郡司も、中央貴族同様、古くから一定の支配領域を有していたはずである。こうした地方有力者層の影響力が強い領域内の耕地を、口分田や郡司職分田などに読み替えることで支配を続けていた可能性が十分想定されるのではないだろうか。郡司職分田が太政官職分田や国司職分田と異なり、口分田や位田・賜田同様、輸租田であること、(17) あるいは先に指摘したように、その支給は一郡内で完結されるという認識が存在していたこともこの推測を支持するものであろう。また、このように考えることによって、郡司職分田が中央政府や国府の強い管理下に置かれなかったことの理由も説明できる。中央政府の手によって後次的に設置されたであろう在外諸司職分田と異なり、郡司職分田は地方有力者層の古くからの支配領域内に設置されたからこそ、中央政府や国府の管理下に容易に組み込むことができなかったと考えられるのである。

以上、田令を中心に郡司職分田の制度的考察を行った。その結果、郡司職分田の実体とは、地方有力者層の支配領域の一部が読み替えられたものなのではないかという仮説を得ることができた。ここで節を改め、郡司職分田の実例と思しき事例を取り上げ、実態的な面からこの仮説を検討してみたいと思う。

二　郡司職分田の実態的考察

1　陸奥国磐城郡の郡司職分田

郡司職分田の実例を示すと思しき貴重な木簡が存在する。福島県いわき市の荒田目条里遺跡出土2号木簡である。この木簡については平川南氏らの研究に詳しい[18]。それらによりながら、遺跡の周辺環境や木簡の内容を概観したい。荒田目条里遺跡は、古代陸奥国磐城郡域に所在する、条里制遺構を伴う遺跡である。夏井川河口に近く、津長に宛てた郡符木簡（1号木簡）が出土し、さらに近辺の砂畑遺跡からは古墳時代前期に遡る非在地系の土器群も出土している。周辺には大国魂神社や石城国造の墓と伝えられる甲塚古墳をはじめとする古墳群、さらには磐城郡家に比定される根岸遺跡や夏井廃寺が所在する。特に根岸遺跡は郡庁院や正倉院といった郡家関連施設（七世紀後半～九・十世紀）と、それらに先行する、郡家造営を担ったと考えられる豪族の居宅跡（七世紀前半～八世紀後半）、郡庁院・正倉院下層の倉庫跡を伴う集落遺跡（七世紀前半～後半）から構成されている。つまりこの地域は、古墳時代から九世紀に至るまで、太平洋に注ぐ夏井川水運を利用した外部地域との交流拠点であると同時に、当該地域の支配拠点としても機能し続けていたのである。

次に、古代における当該地域の勢力状況についても概観しておきたい。『常陸国風土記』多珂郡条に見える白雉四年（六五三・癸丑年）の磐城郡（評）の立郡（評）記事[19]には、立評申請者として石城直美夜部と部志許赤の二名が見える。このうち「部志許赤」については「丈部志許赤」ではないかとの指摘がある[20]。表5は史料上確認できる磐城郡の郡領氏族をまとめたものであるが、ここから丈部氏は於保磐城臣に、磐城臣は阿倍磐城臣に改賜姓されていることが確認でき（③、⑥―3）、これ以外に郡領氏族と考えられる氏族は確認されない。したがって磐城郡の郡領職は、八・九世紀を通して丈部系と磐城臣系の二系統によって占められてきたと考えられる。[21] そして磐城臣系が風土記の石城直美夜部にまで遡及できることを考えれば、「部志許赤」も「丈部志許赤」と考えるのが最も妥当であろう。荒田目条里遺跡からは「丈部」と記した墨書土器や「於保」と記した木簡が出土していることからも、当郡における丈部系氏族の存在と活動を確認できる。即ち、磐城郡は七世紀半ばの立評以来、一貫してこの二勢力による支配が続けられていたと考えられるのである。

表5　磐城郡の郡領氏族

No.	地位	氏名	史料・備考
①	多珂国造（石城評督か）	石城直美夜部	『常陸国風土記』多珂郡条、白雉四年（六五三）、立評記事
②	石城評造（石城助督か）	（丈）部志許赤	同右
③	磐城郡人外正六位上	丈部山際	『続日本紀』神護慶雲三年（七六九）三月辛巳条、於保磐城臣賜姓
④	（大領もしくは少領）	磐城臣千［　］	多賀城跡第2号漆紙文書、宝亀十一年（七八〇）、署名
⑤	外正六位上	磐城臣藤成	『類聚国史』天長三年（八二六）正月庚寅条、外従五位下に昇叙
⑥―1	磐城郡大領外正六位上勲八等	磐城臣雄公	『続日本後紀』承和七年（八四〇）三月戊子条、借外従五位下に昇叙
⑥―2	磐城郡大領借外従五位下勲八等	磐城臣雄公	同承和十年（八四三）十一月癸亥条、（外）従五位下に昇叙
⑥―3	磐城郡大領外従五位下勲八等	磐城臣雄公	同承和十一年（八四四）正月辛卯条、阿倍磐城臣賜姓
⑦	大領	於保臣	荒田目条里遺跡第2号木簡、郡符木簡署名
⑧	女孺正八位上	於保磐城臣御炊	『続日本紀』延暦元年（七八二）七月丁未条、外従五位下に昇叙
⑨―1	（征東使）別将	丈部善理	同延暦八年（七八九）六月甲戌条、戦死
⑨―2	磐城郡人外従七位下	丈部善理	同延暦十年（七九一）二月乙未条、外従五位下を贈位

＊『いわき市埋蔵文化財調査報告第72冊　根岸遺跡』（二〇〇〇）第六章―3より転載。一部改変。

以上より、古代磐城郡の成立と展開をまとめると次のようになる。夏井川下流域を拠点とし、水上交通を用いた他地域との交流を背景に、古墳時代以来勢力を伸ばしてきた地域勢力は、七世紀半ばの段階では概ね丈部系と磐城臣系の二つに収斂されており、この二勢力を中心に立評が行われ、九世紀に至るまで支配が続けられた。そしてこの間、荒田目条里遺跡や根岸遺跡周辺の地域は一貫して磐城郡支配の拠点として機能し続けていたのである。

以上を踏まえ、2号木簡の内容について考えたい。この木簡は郡符木簡で、仁寿三年（八五三）の年紀を持つ木簡が伴出していることから、九世紀半ばのものと考えられる。内容は磐城郡大領「於保臣」が里刀自以下三十六名の「田人」に対し、「職田」の田植えを命じるものである。三十六名の具体的人名が歴名状に列挙され、合点や「不」の注記が施されていることから、召喚に応じて集まった「田人」の出欠確認に用いられたと考えられる。本遺跡が条里制遺構を伴うことを勘案すれば、この木簡が廃棄された場所＝出土地点からそれほど遠くない所に「職田」が所在していたと考えることができる。

さてここで問題となるのが「職田」である。この「職田」は従来、郡司職分田と考えられているが、他にも大臣・大納言に給付される太政官職分田や国司職分田である可能性はないのだろうか。この点について確認しておきたい。まず、この「職田」が陸奥国磐城郡に所在していることから、太政官職分田は除外される。太政官職分田は、『類聚三代格』巻一五職田位田公廨田事所収延暦九年（七九〇）八月八日官符によって、畿内とその近国に置かれていたことが確認されるからである。さらに、田令集解在外諸司職分田条の引く古記によると、国司職分田は事力によって耕作されることになっているが、軍防令51給事力条を見れば、国司への事力の支給人数は職分田の面積と対応していることが確認できる。そしてこの事力は課役を免除される（賦役令19舎人史生条）ことから分かるように、男性が差発されるものである。2号木簡には「田人」として、里刀自以外にも「壬部福成女」「太青女」といった女性が確認される。するとこの木簡によって召集されたのは事力ではない。同様に雑徭の差発とも考えられないことから、[22]この「職田」を闕国司職分田（闕官田）と考えることもできない。したがって消去法的に、2号木簡の「職田」は郡司職分田である可能性が最も高いといえるだろう。

以上のように、2号木簡に見える「職田」は郡司職分田であると考えられる。[23]木簡の廃棄場所近辺にこの「職田」が所在する可能性が高いことを考慮すれば、この郡司職分田の周辺環境は極めて特徴的である。即ち、古墳時代以来の交流・支配の拠点として機能し続けた地域の中に郡司職分田が設定されているのである。このような周辺環境は、郡司職分田が地方有力者層の支配領域の一部を読み替える形で設定されたものである、という前節で示した仮説を強く支持するものではないだろうか。

ところがここで留意しなければならないのは、終身官であるはずの郡司が、八世紀から頻繁に交替していたことや、石城評の立評記事でも確認できたように、立郡（評）が複数の地域勢力によってなされていたことである。[24]つまり単一の有力者ではなく、複数の有力者からなる郡司層（磐城郡の場合、丈部系と磐城臣系の二勢力）を念頭に、郡司職分田の在り方や引継ぎ・運営について考えなければならないのである。次項ではこの点について考えたいと思う。

2　郡司職分田の管理・運営

前節で立てた仮説のように、郡司職分田が郡司＝地方有力者層の支配領域内の耕地を読み替えていたと考えた場合、複数勢力によって持ち回り的に継承される郡司職との関係はどう考えられるのだろうか。そこで問題となるのが、郡司職分田が特定の場所に固定されていたかどうかという点である。

もし郡司職分田が郡司の交替とともに移動していたと考えれば、郡司の交替ごとに、新任者の支配領域の一部を郡司職分田に読み替え直せばよいことになる。しかし「彼此相濫」れていた太政官職分田を畿内とその近国に新しく設定し直した『類聚三代格』巻一五職田位田公廨田事所収延暦九年（七九〇）八月八日官符を見ると、太政大臣以下の職分田の所在地を明記した上で、

（前略）有二応レ授職田一者、各以二当色一給レ之、不レ得二彼此任レ意請替一。自余職田亦准二於此一。（後略）

とあり、官職別にあらかじめ特定の場所に設置された太政官職分田を任意に取り替えることを禁じ、「自余職田」も同様であるとしている。当然「自余職田」には国司職分田や郡司職分田も含まれると考えられる。したがって原則として郡司職分田も、特定の場所に固定されるべきものであったと考えられよう。また天平十二年（七四〇）の浜名郡輸租帳（正倉院古文書正集第十六巻）には、「応輸地子田」として六町の「闕郡司職田」が計上されているが、延暦九年格を念頭に置けば、特定の場所が郡司職分田として確保されており、郡司が欠員の場合にはそこが闕郡司職分田として賃租されていたと考えられるだろう。(25) したがって郡司職分田も太政官職分田同様、特定の場所に固定されていたと考えるべきである。(26)

以上のように郡司職分田は、郡司の交替にかかわらず特定の場所に固定されていたのである。それでは頻繁な郡司の交替という状況のもとで、しかも前節で指摘したように、田令等に規定が存在しない郡司職分田の引継ぎはどのような背景のもとで行われていたのだろうか。そこで、播磨国賀茂郡既多寺の知識経である『大智度論』の形成過程に注目してみたい。

この民間知識経については、佐藤信・栄原永遠男両氏の研究がある。(27) 両氏によるとこの写経は、天平六年（七三四）十一月二十三日書写の奥書を持ち、播磨国賀茂郡で書写され、のちに石山寺一切経に加えられたものである。本来は全十帙百巻から成り、各巻の奥書には当該巻を受け持った知識参加者が記されている。この奥書と巻次の関係を分析

すると、一〜二帙ごとに同族的単位によるまとまりが検出され、しかも各まとまりが針間国造一族とその支配下にあると思しき他氏族によって構成されていることが分かる。栄原氏はこのまとまりを「地域小集団」とし、この『大智度論』が四つの「地域小集団」の共同事業として書写されたことを明らかにしている。これらの研究成果を踏まえて山口英男氏は、針間国造一族を賀茂郡の譜第郡領氏族と看做し、分立する四集団が国司による郡領候補者の選考対象の母体となっていたこと、さらに同一知識への参加から、これらの集団が分立の一方で一族としての結合や宥和も図っていたことを指摘した。そしてこのような小集団の在り方は、郡領交替の際にも機能していたと推測している(28)。

右述のような既多寺知識経の成立背景に鑑みれば、郡司の任官・交替に際し、地域諸勢力間＝郡司層の合意形成が図られていたと考えることができる。したがって郡司職に付随する郡司職分田も、郡司層の合意の上で設置され、引継ぎも含めた管理・運営が行われていたと考えることができるだろう。そしてその地は、郡司層に属するいずれかの氏族の支配領域が割かれたのか、あるいは郡司層の合意の上で新たな場所が選定されたのかは確定しがたいものの、郡司層＝地域諸勢力主導のもと、彼らの影響力が極めて強い土地が選ばれた可能性が高い(29)。前項で指摘した陸奥国磐城郡の郡司職分田の周辺環境も、この推測を裏づけるものといえよう。先に、郡司職分田は地方有力者層の古くからの支配領域の一部を読み替える形で設定されていたのではないかという仮説を提示したが、この仮説は諸勢力間の合意を前提とすれば十分成立し得るものであろう。このように郡司職分田は郡司層によって半ば自律的に管理・運営されていたからこそ、田令にその引継ぎや管理に関する規定を持たなかったのである。

以上、郡司職分田の実態的考察から前節で提示した仮説が十分成り立つ余地を持つことを示した。それでは本章で指摘したような特徴を持つ郡司職分田には、どのような地域や支配の在り方が反映しているのだろうか。この点に言及し、本章を終えることにしたい。

おわりに

本章では、郡司職分田の制度的・実態的考察を試みた。田令から見た郡司職分田の制度的特徴は、田令にその引継ぎや管理に関する規定が設けられておらず、国司（在外諸司）職分田と比べ、中央政府や国府の関与が希薄であるという点であった。この点と、中央貴族の古くからの田庄付属地が、律令制下においては口分田や位田・賜田に読み替えられて支配が続けられていたという指摘を踏まえ、郡司職分田も地方有力者層の古くからの支配領域内の耕地を読み替えたものではないか、という仮説を得ることができた。

この仮説を検証するため、荒田目条里遺跡2号木簡に見える郡司職分田を事例に、郡司職分田の実態的考察を行った。その結果、陸奥国磐城郡の郡司職分田は、古墳時代以来の交流・支配の拠点に所在していることが明らかとなった。さらに播磨国賀茂郡の既多寺知識経の成立背景を援用すれば、郡司職分田も地域諸勢力＝郡司層の合意のもとで設置され、管理・運営されていたと考えることができ、この郡司層の合意を前提とすれば、先に示した仮説が成立する余地は大いに認められるという結論を得ることができた。

以上のように、郡司職分田は郡司層の合意を背景として存在していたのである。そこで最後に、陸奥国磐城郡の郡司職分田の至近に位置する磐城郡家と、いわゆる「郡衙周辺寺院」と目される夏井廃寺に注目し地域や支配の在り方を考えてみたいと思う。

「郡衙周辺寺院」は立地条件から郡司氏族とのかかわりが注目され、その性格が氏寺的なものなのか、あるいは官寺的なものなのか、などといった議論がなされてきた。これらの議論を総括した山中敏史氏は[30]、「郡衙周辺寺院」を

「郡領あるいは郡司層を核として造営された地縁的な知識寺」としての機能に、「公的機能・官寺的機能が付け加わった寺院」として「準官寺」の概念を提唱している。そしてこれら「郡衙周辺寺院」は、茨城県水戸市台渡里廃寺に見られるように、特定氏族の枠を超えた体制で造営された複数氏族に開かれた知識寺であり、「郡という共同体の秩序維持」「郡司層の結束強化」に機能していたと論じている。さらに評衙・郡衙についても「郡司の交替を経ても、原則として同じ場所で立て替えられて長期存続し、特定氏族との族制的関係から分離した第三権力機関の施設としてのあり方を示して」いるとし、「郡衙周辺寺院」もこれに類似する性格を有していることを指摘している。

本章で扱った陸奥国磐城郡の郡家と夏井廃寺も右記の指摘に適合するものと考えられる。とすれば、その近辺に郡司職分田が所在していることの意味は大きい。郡司職分田は、郡家や「郡衙周辺寺院」を核として実現されていた、分立する郡司層の宥和と結集を前提として存在していたのである。したがって、全ての郡でそうだったのかを確かめることは困難であるが、磐城郡のように郡家や「郡衙周辺寺院」に近接して設置された郡司職分田は、地域や支配の安定を象徴する存在だったと考えることができるだろう。

このような郡司職分田の在り方からは、郡司による支配が郡司層内の勢力の均衡と抑制の上に成り立っていた様を読み取ることができる。郡司職とそれに付随する郡司職分田、さらには郡家や「郡衙周辺寺院」は、そのパワーバランスの要として機能していたのである。このような地域・支配の在り方は、郡司層の自律的な活動の結果もたらされたという側面もあるだろう。しかし、郡（評）や郡司職を創設し、郡司職分田や郡家の設置を地方に指示したのが、七世紀半ば以降、中央集権化に向けて様々な施策を進めてきた中央政府であったことも忘れてはならない。古代国家は、地域諸勢力を結集し、安定をもたらす場や機会を提供すると同時に、それをある種のチャンネルとしても利用し、徐々に支配を浸透させながら中央集権的な地方支配の実現を目指していたのである。その要が郡や郡司職、さらには郡家や郡司職分田だったのではないだろうか。

以上、郡司職分田の基礎的考察を端緒に、古代日本の地方社会とその支配の在り方について論じてきた。冒頭でも述べたように、推論に頼る部分が多く、実証レベルの決して高くない議論に終始してしまった。したがって本章が「一試論」に過ぎないことを再度お断りしておきたい。

註

（1）坂本太郎「郡司の非律令的性質」（『坂本太郎著作集　第七巻』吉川弘文館、一九八九、初出一九二九）。
（2）宮城栄昌「延喜・天暦時代の郡司の任命法」（『延喜天暦時代の研究』吉川弘文館、一九六九）、森公章「試郡司・読奏・任郡司ノート」（『古代郡司制度の研究』吉川弘文館、二〇〇〇、初出一九九七）。
（3）高橋崇「位田・職田の研究」（『律令官人給与制の研究』吉川弘文館、一九七〇）など。
（4）他に田令集解1田長条の令釈所引民部例にも輸租田の旨が見えている。
（5）北條秀樹「令集解「穴記」の成立」（『日本古代国家の地方支配』吉川弘文館、二〇〇〇、初出一九七八）。
（6）早川庄八「公廨稲制度の成立」（『日本古代の財政制度』名著刊行会、二〇〇〇、初出一九六〇）。
（7）なお、在外諸司公廨田に関する規定である復旧第三〇条については、不行唐令とはされず、宋令として改変を受けている（天聖田令第6条）。
（8）不行唐令は、天一閣博物館・中国社会科学院歴史研究所天聖令整理課題組校証『天一閣蔵明鈔本天聖令校証　附唐令復原研究』（北京、中華書局、二〇〇六）によった。なお〔　〕内は同書による補。
（9）早川庄八「田令在外諸司条と外官新至条」（前掲註(6)書、初出一九六八）。
（10）この部分の大宝令に関しては、集解在外諸司条所引の古記より、ほぼ同文を復原することができる。
（11）なお雑徭に関して吉田孝氏は、地方豪族が地域社会において徴発していた労役とは別系統のもので、中央政府のための労役という側面を有していることを指摘している（「雑徭制の展開過程」『律令国家と古代の社会』岩波書店、一九八三）。この視点に従えば、公廨田は中央政府の管理下に置かれていたと考えることもできるだろう。

（12）復原根拠は『六典』巻三、戸部郎中員外郎条註、『通典』巻二、食貨二、田制下など。なお、北宋天聖田令では第7条に相当し、不行唐令はない。

（13）本条の解釈については、渡辺信一郎「北宋天聖令による唐開元二十五年令田令の復原並びに訳注」（『京都府立大学学術報告 人文・社会』五八、二〇〇六）を参照した。なお、渡辺氏は「其価六斗以下者、依旧定、以上者、不得過六斗。並取情願、不得抑配」について、『通典』巻三五、職官一七職田条の引く田令に傍線部の三字がないことから、衍字と見ている。このように考えた方が意味は通りやすいが、後考に俟つこととし、しばらくは『唐令拾遺』の復旧条文に従うこととした。

（14）この点については、太政大臣以下大納言以上に支給された、いわゆる太政官職分田についても同様である。太政官職分田も大宝令では太政官職田と称されていた。この太政官職（分）田と郡司職（分）田の共通性・関連性も重要な論点であるが、今後の課題としたい。なお太政官職（分）田については、三谷芳幸「職田の論理」（『律令国家と土地支配』吉川弘文館、二〇一三、初出二〇一一）に言及されている。

（15）田令集解34在外諸司条所引穴記、天平十二年遠江国浜名郡輸租帳。

（16）吉田孝「律令国家と荘園」第一章（『講座日本荘園史2 荘園の成立と領有』吉川弘文館、一九九一）。

（17）田令集解1田長条令釈所引民部例、同12賜田条古記。

（18）平川南「里刀自論」「古代における人名の表記」（ともに『古代地方木簡の研究』吉川弘文館、二〇〇三、初出一九九六）、橋本玲子「いわき市荒田目条里遺跡出土木簡の意義」（『いわき市教育文化事業団研究報告』八、一九九七）、『いわき市埋蔵文化財調査報告第72冊 根岸遺跡』第六章―2・3（財団法人いわき市教育文化事業団、二〇〇〇、以下『根岸遺跡』と表記）など。以下、遺跡や木簡等の知見については、これらの研究に依拠している。

（19）この条が磐城郡（評）の立評記事であることは、鎌田元一「評の成立と国造」（『律令公民制の研究』塙書房、二〇〇一、初出一九七七）参照。

（20）志田諄一「孝徳朝の評の設置」（『常陸風土記とその社会』雄山閣、一九七四）、前掲註（18）『根岸遺跡』第六章―3など。

(21) 垣内和孝「陸奥国磐城郡司の系譜」(『郡と集落の古代地域史』岩田書院、二〇〇八、初出二〇〇七)。

(22) 賦役令集解37雑徭条の引く諸説は、雑徭が男性にのみ課されることを前提とした内容である。

(23) なお、九世紀の郡司職分田については、前掲註(2)宮城・森論文などにおいて、闕郡司職分田が増大し、その意義が低下していることが指摘されている。しかし、『続日本後紀』承和十五年(八四八)二月壬子条によると、陸奥国磐瀬郡権大領に「職田」が給されている。権任郡司への職分田の支給は同六年(八三九)三月丙申に停止されており(続後紀)、今回の措置は特例といえる。したがって、陸奥国においては、九世紀においても郡司職分田が、被支給者(＝郡司層)にとって一定の意味を維持していたと考えられる。

(24) 須原祥二「八世紀の郡司制度と在地」(『古代地方制度形成過程の研究』吉川弘文館、二〇一一、初出一九九六)、山口英男「地域社会と国郡制」(『日本史講座2　律令国家の展開』東京大学出版会、二〇〇四)など。

(25) なお、①新たな郡司任官者が決まりその人物の意向によって新たな土地に郡司職分田が設定されるまでの間、前任者の一族が旧郡司職分田を闕郡司職分田の名目で所持し続ける、または、②新たな郡司任官者が、中央で所定の手続きを経て正式に郡司に任官するまでの間、擬任郡司として新たに郡司職分田とするべき土地を闕郡司職分田として所持していた、などの可能性も想定することができる。しかしこれらの場合、郡司職分田と闕郡司職分田が異なる場所を指す可能性が生じてしまう。したがって、やはり郡司職分田は固定化されていたと解するのが最も自然であろう。

(26) 前掲註(3)高橋論文も太政官職分田を念頭に、同様の理解を示している。

(27) 佐藤信「石山寺所蔵の奈良朝写経」(『古代の遺跡と文字資料』名著刊行会、一九九九、初出一九九二)、栄原永遠男「郡的世界の内実」(『人文研究　大阪市立大学大学院文学研究科紀要』五一―二、一九九九)。

(28) 前掲註(24)山口論文。

(29) 主政・主帳に関しては、郡領とは同一に論じることができず、判然としない部分もあるが、彼らの職分田も郡領レベルの地域有力者層の主導のもと設定されたと考えておきたい。

(30) 山中敏史「地方官衙と周辺寺院をめぐる諸問題」(『地方官衙と寺院』奈良文化財研究所、二〇〇五)。以下、「郡衙周辺寺院」に関する山中氏の見解は本論文による。

終章　郡司・郡司制度と日本の古代国家

1　「夷」（ヒナ、鄙）に属する存在としての郡司

しなざかる　越の君らと　かくしこそ　柳かづらき　楽しく遊ばめ

越中守であった大伴家持は、都へ上る僧清見の送別の宴において、その場に連なる「郡司已下子弟」らに対し「越の君」と呼びかける歌を詠んでいる（『万葉集』巻一八、四〇七一番）。

この家持の呼びかけには、伝統的に「越の国」を支配してきた地方豪族の子孫たる郡司らへの敬意を読み取ることができる。そしてこの敬意の背後には、家持の「大宮人」たる自ら（畿内）と、「天離る夷」の豪族たる郡司等（畿外）を明確に区別する眼差しが存在しているといえるだろう。

「大化前代」以来の中央有力豪族の末裔である家持にとって、彼らの「故郷」たる畿内から遠く離れた「越の国」（畿外）は、馴染みがなく、淋しさを駆り立てられる土地である。[1]そのような地に国守として赴任し、職責を全うするには、地方豪族たる郡司らの協力は欠かせない。だからこそ家持は、彼らに対し「越の君」と敬意を込めて呼びかけているのである。

このように郡司とは、八世紀の都の貴族官僚にとっても「夷」（ヒナ、鄙）に属する存在として認識されている。このことは現在の歴史学研究においても同様であろう。郡司は「地方豪族」であり「在地首長」であるからこそ、井上光貞氏や吉田孝氏らの古代国家論において、「氏族制」や「未開」を象徴する存在と位置づけられるのである。[2]

これらの認識は歴史的事実であり、また正当な評価でもある。しかし、これは飽くまで郡司や郡司制度の一側面でしかないことも忘れてはならない。

2　郡司と天皇

本書第一部では、郡司（郡領）の任用手続きの考察から、郡司と天皇の関係性を明らかにした。郡司読奏を中心に、地方有力者たる郡司と天皇とは制度的な裏づけを伴って確実に結びついていたのである。

地方有力者を郡司に転身させるには、天皇の関与が必要不可欠だった。地方有力者が「未開」（あるいは「夷（ヒナ）」）を象徴する存在であるとするならば、天皇はその対極にある古代国家の「文明」を象徴する存在である。即ち、郡司に任用されるということは、「未開」の側から「文明」の側に引き込まれることを意味している。読奏を中心とした一連の任用手続きは、そのための装置だったのである。

そして第二部で見たように、八～九世紀に至る古代国家の郡司任用政策は、郡司と天皇の関係性に象徴される地方支配理念を実体化しようとする古代国家と、現実の地域の中に根を張る郡司層との相克の歴史を示していた。この両者の相克に見られるダイナミズムの源泉も、「未開」と「文明」の緊張の中に見出されるのではないだろうか。

このように考えると、郡司を「未開」としての側面のみに引きつけて位置づけることは不十分であることは明らかだろう。

3　中央集権化と郡司

また第一部第一章では、読奏を中心とした一連の任用手続きの淵源を、七世紀半ばの孝徳朝に求めた。この時期には部民制廃止の方針に見られるように、重層的・多元的な支配の在り方を改め、中央集権的な国家体制の整備が目指されていた。そして当該期に新たに創設・整備された評官人（のちの郡司）の任用手続きの中に、地方豪族たちを天皇の直接的な関与のもとで評官人に登用する過程が組みこまれているのである。部民制下では、地方豪族らが大王だけでなく、その間に諸王族や中央諸豪族との複合的な関係を形成していたことを踏まえるならば、これはまさに重層的・多元的な地方社会との関係を、天皇の権威のもとで一元化するための措置であるといえるだろう。

したがって、七世紀半ば以降の中央集権化が目指したものを、「律令制」や中国的な「文明」として捉えるのであれば、郡司（評官人）・郡司制度も「律令制」や「文明」の産物であるということになる。ここからも郡司・郡司制度は「氏族制」や「未開」の側面のみでは捉えきれないことを指摘できるだろう。

4　郡司・郡司制度が持つ二面性

しかし、これまでの郡司制研究の中では、「氏族制」や「未開」の象徴としての郡司という側面が強調されてきた嫌いは否めない。例えば郡司制研究の先駆的業績である坂本太郎氏の論考は、「郡司の非律令的性質」というタイトルである。(3) 坂本氏は唐の県官との対比から導き出された郡司の特質を「非律令的」と位置づけた。この表現は、日本令の母法たる唐令の規定を「律令的」（＝「文明」）とし、それと相容れない日本の郡司の特質を、その地域性を念頭に置きながら氏族的・守旧的なもの（＝「未開」）と捉えた結果である。このように郡司の研究は、その端緒から郡司を「氏族制」「未開」に属するものとした上でスタートしているのである。

ところが、第二部第一章で検討したように、日本令の中には郡司に関する規定が厳然として存在している。もっともその内容は唐令からの引き写しが多く、その意義も孝徳朝に確立された天皇との関係性を重視した任用の枠組みを令文の中に構造化しているにとどまるため、過大に評価することはできない。だが、米田雄介氏が夙に指摘しているように、坂本氏の指摘した郡司の特質はまさに日本令によって規定されているのであり、その意味では「非律令的性質」という表現は必ずしも適切ではない(4)。

第二部で示したように、八世紀から九世紀後半以前の古代国家の地方支配は、程度の差こそあれ、地方社会を現実的に支配している郡司層を前提としたものだった。米田氏の表現を借りれば、それは「現地主義」と呼ぶべきものであり、この「現地主義」ゆえの特質が令規定にも反映されているのである。その意味で、郡司の特質は、むしろ「律令的」と評価することができるのである。

このような考え方は、極端にいえば言葉遊びに過ぎないのかもしれない。しかし、石母田正氏が指摘するように、郡司は「在地首長」として伝統的に地域に生きる人々(=「未開」)との間に一次的生産関係を結んでいるとともに、古代国家の支配機構(=「文明」)の末端に連なる官人でもあることを想起しなければならない(5)。郡司の特質が「非律令的」であるようで、実は「律令的」でもあるということは、郡司の持つ二面性をよく表している。郡司・郡司制度は、「氏族制」「未開」の側面とともに、「律令制」「文明」の側面からも追究されるべきなのである。

このように考えると、本書で明らかにした郡司と天皇の関係性は、従来の郡司・郡司制度研究に新たな視点を加えたものとして位置づけられるだろう。そしてそこに示された、郡司と天皇との間に結ばれた直接的な関係性こそが、日本古代国家の中央集権的な地方支配の根本原理だったのである。だからこそ古代国家にとって、郡司はユニークかつ重要な存在たり得たのである。

5 記号化された「律令制」

さらにここで、「律令制」もしくは「律令的」というタームの問題にも触れておきたい。「律令的」／「非律令的」と表現される場合、その念頭には中国的な律令が置かれている。しかし、七世紀半ば以降の古代国家の変遷は、独り〝律令制〟のみで語ることができるのだろうか。孝徳朝以降の為政者が目指したのは、部民制に端的に表されているような重層的・多元的な国家体制から、天皇を頂点に据えた中央集権的な国家体制への転換だったはずである。それは必ずしも、日本列島に大陸の中華帝国のレプリカを現出させることを意味するわけではない。律令制も飽くまで中央集権化のための一つのツールであることを忘れてはならない。

確かに中国から移植された律令制が、古代日本の政治や社会に多大な影響を与えたことは事実である。したがって、律令制をもって古代国家の中央集権化を象徴させることはあながち間違いではない。しかし、この場合の「律令制」はいわば記号化されたものである。井上氏や吉田氏の提示する古代国家論における「律令制」も、この記号化されたタームであることに留意しなければならないだろう。

古代国家の変遷を考察する際には、多くの場合、政治・行政制度としての律令制の確立やその進展、変質といったことに注目されることが多いが、必ずしもそれだけが絶対的な基準にはなり得ないのである。記号化された「律令制」と政治・行政制度としての律令制の混同や、記号としての「律令制」の概念の肥大化には注意が必要である。したがって、先に示したような郡司・郡司制度の「律令的性質」、あるいは「律令制」としての側面も、七世紀半ば以降の中央集権化に向けた動き全体を象徴するタームであることを再確認しておきたい。

6　郡司・郡司制度からの古代国家論へのアプローチ

以上で述べてきたように、郡司・郡司制度は、「氏族制」「未開」の側面と、「律令制」「文明」の側面という二面性を持っている。したがって、それらが概念モデルであり、単純化されている点を考慮することなく、井上氏の提示した古代国家の二元論や、吉田氏の二重構造論をもって、郡司・郡司制度を「氏族制」「未開」としてのみ位置づけるのは一面的であろう。その二面性に留意した上での郡司・郡司制研究が必要なのである。

本書では、第一部で郡司と天皇の関係性を明らかにし、郡司・郡司制度の持つ「律令制」「文明」の側面を提示した。そこには古代国家の地方支配原理とともに、国家にとっての理念的存在としての郡司像が示されているといえよう。そして第二部では、現実の地域に根を下ろす郡司層と古代国家の相克の様子を概観した。それは換言すれば、郡司ら地方有力者たちの「氏族制」「未開」の側面と、古代国家の「律令制」「文明」の衝突の現場である。本書で主張したいのは、これら二つの側面を捉えてこそ、はじめて郡司・郡司制度という視角から、古代国家の変遷やその特質を知る手がかりを得られるということなのである。

7　郡司・郡司制度から見た古代国家の変遷

本書第二部第二章で概観したように、古代国家の郡司任用政策は大きく四期（細分すれば六期）に分けることができる。再掲するならば次の通りである（第二部第二章の図2も参照）。

《I期　孝徳朝》

郡司読奏の原型が成立。郡司（評官人）の任用に天皇（大王）が直接的に関与することで、中央集権的地方支配体制の理念的枠組みを確立。

《Ⅱ—1期　天平七年制》

中央集権的な地方支配理念を具体化するため「譜第」基準を導入。

《Ⅱ—2期　天平二十一年勅》

「立郡以来譜第重大之家」を創出して任用対象を限定化・固定化。理念の先鋭化。

《Ⅱ—3期　延暦年間》

従来の「譜第之選」を停止し、中央出仕して天皇や朝廷に仕えたという実績（「芸業」）を重視した任用を行う。「譜第」とは形を変えた中央集権性の確保（郡司と天皇の関係性強化）を模索。

《Ⅲ期　弘仁年間》

「譜第之選」の復活、国擬一本化、後期擬任郡司制の導入など、地方社会＝郡司層や国司の意向など、現実的諸問題を理念の実体化よりも優先。

《Ⅳ期　九世紀後半以降》

郡司職忌避の全国化や中央諸司・院宮王臣家の地方社会進出などにより郡司層が解体し、十世紀には雑色人郡司制が展開。ただし、読奏を中心とした郡司任用手続きに変化はなく、郡司と天皇の関係性に象徴された中央集権性は、実体とは切り離され純粋に理念的なものとして維持。

以下、流れを再確認しておきたい。

まず、Ⅰ期（七世紀半ば）に中央集権的な地方支配の枠組みが創出され、「未開」な地方社会に対して中央集権化の枠組み・理念＝「律令制」が設定される。そしてその理念を実体化するべく、「譜第」や「芸業」を用いながら、郡司層に対し不断なく働きかけていったのがⅡ期（概ね八世紀）だったということになる。桓武朝前後をピークとして、この時期に古代国家の掲げる地方支配理念と、郡司層の動向は最も接近したと考えられる。同時にそれは多分に人為的なものであったため、両者の緊張は高まり、様々な現実的問題を惹起することとなった。

しかし、このような古代国家と郡司層の関係は、Ⅲ期（九世紀、弘仁年間）に入ると次第に変化を見せるようになる。国家の側が郡司層側の現実を受け入れ、大幅に譲歩したのである。これにより古代国家の地方支配は安定化を実現する。しかしこの時期以降、理念と現実の乖離は徐々に広がっていくことになる。

その後Ⅳ期に入ると、畿内から発生した郡司職忌避問題と、それと表裏一体をなす中央諸司・院宮王臣家の地方進出が全国的に広がるようになり、九世紀後半には郡司層が解体へと向かう。そしてこの時期以降の古代国家は、必ずしも郡司にこだわらず、地方有力者層を幅広く国郡行政に登用する雑色人郡司制を導入するようになる。これは、天皇との関係性を度外視して地方有力者層を把握するというものであり、Ⅰ期以来の地方支配理念とは大きくかけ離れたものだったといえる。

その一方、郡司と天皇の関係性を象徴する読奏を核とした任用手続き自体は、十一世紀に至るまで維持される。これは従来の地方支配理念を完全に放棄したのではなく、読奏などの儀礼の場といったごく限定的な場面においてのみ、郡司と天皇の関係性に象徴される地方支配理念を維持・確認しようとする古代国家の姿勢を示している。

このように古代国家は、地方支配理念の実体化を断念する一方で、理念と現実を分離することで、任用に関連する儀礼である読奏などの限られた場面においてのみ、かつての中央集権的地方支配を維持・確認するようになっていくのである。

8　古代国家の最盛期

以上、郡司任用政策を通して見た場合、古代国家の地方支配理念が最も実体化していたのはⅡ期（天平年間〜桓武朝頃）だったということになる。郡司任用政策から古代国家の変遷を見た場合、この時期が最も「律令的」であり、天皇と郡司の関係性にもとづく中央集権性が最も強く実現されていた時代であると看做すことができる。では、古代国家全体の動きの中で、このⅡ期はどのように位置づけられるのだろうか。

天平年間から四字年号の時代は、墾田永年私財法の制定、浮浪人対策の強化、公出挙の拡大、官稲混合、さらには大仏開眼など、「律令制」が最も浸透した時期とされている(6)。また、桓武朝では新王朝の確立が目指され、天皇権力の強化が図られた時代であった(7)。さらに、大規模な征夷事業により「辺境」地帯にまで「律令制」が拡大された時期でもあった(8)。

このように、郡司任用政策の変遷から読み取れる動向は、古代国家全体の傾向に合致するものである。したがって、Ⅱ期を古代国家の――「律令制」「文明」の――最盛期として位置づけることができるだろう。

そしてこれに続くⅢ期は、郡司任用政策においては、理念の実体化の試みの中で生じた諸問題を、郡司層の存在を前提に現実との折り合いをつけながら安定化に導いた時期といえる。

当該期は桓武天皇の息子たち（平城・嵯峨・淳和天皇）の時代であるが、平城太上天皇の変を契機とした天皇権力の安定や、儒教的徳治主義のもと地方社会の現実に対応した任国支配を行った「良吏」の活躍、あるいは格式の整備などが進められた時代である。古代国家全体としても、「律令」国家としての最盛期を迎えたⅡ期の蓄積をもとに、より安定的で成熟した国家運営が実現されていたといえよう(9)。この点でも、郡司任用政策の変遷は国家全体の動向と呼応しているとえられるのである。

9 古代国家の変質期

Ⅱ期が理念と現実の乖離が最も縮まった時代であるとするなら、Ⅳ期は理念と現実の分離が決定的となった時代である。即ちこの時期は、古代国家の郡司任用政策の大きな変質期として捉えられるが、古代国家全体としてはどのように位置づけられるのだろうか。

従来、十世紀を境に古代国家は大きく転換するとされてきた(10)。しかし近年では、本書でも触れたような院宮王臣家の地方進出などの面から、転換期としての十世紀の前提として、九世紀後半を重視する見解も多い(11)。この点については、かつて別稿において年官を素材に、人事権の側面から検討したことがある(12)。

年官は、同じく除目を構成する顕官挙が、選叙令の規定にもとづいて行われる、まさに律令太政官制的な人事権であったのと対照的なものである。年官による任官では、給主の意向が尊重され、そこに太政官が介在する余地は見出されない。また、年官による任官結果については、除目執筆大臣の家政機関で管理されており、この点からも年官が独り律令太政官制のみで理解できる人事権ではないことを読み取ることができる。そしてこの年官が成立し、整備されていったと考えられるのが、九世紀半ば以降なのである。

人事権は国家権力とストレートに結びつく「国家重事」である。このことを踏まえれば、九世紀半ばに至り、律令太政官制とは異なる性質を有した人事権が新たに出現したことの意味は無視できない。人事権という視点からも、九世紀後半が大きな変質期であったということが指摘できるのではないだろうか。これは、ほぼ同時期に見られた成選と叙爵の分離や、氏爵・年労叙爵の成立など、「律令」官人制の再編ともかかわる事柄である(13)。

このように考えると、九世紀後半以降（Ⅳ期）の理念と現実の分離という、郡司政策からうかがえる地方支配の変質は、古代国家全体の傾向に齟齬しない。

そして先に述べたように、Ⅳ期以降の古代国家は、地方支配の理念と現実とを分離させ、郡司の地位自体も理念的な存在へと変化させていく。さらに読奏も十一世紀半ば以降はその挙行を示す史料が見られなくなり、『江家次第』に至っては読奏の記載は姿を消している。

Ⅳ期以降の古代国家の地方支配は、もはや郡司・郡司層を前提とするものではなくなり、受領制の進展や在庁官人制の成立がこれに代わっていくのである。したがって、郡司・郡司制度を視角とした古代国家の分析も、Ⅳ期以降（十・十一世紀以降）はその有効性を失ってしまうといわざるを得ないだろう。

10　郡司・郡司制度から見た日本の古代国家

以上、郡司・郡司制度の変遷が古代国家全体の変遷と対応していることを論じた。右記の論述がある程度の蓋然性を持つのであれば、郡司・郡司制度の特質を手がかりに日本の古代国家を論じることも許されるだろう。最後にこの点に言及し、本書を閉じたいと思う。

郡司・郡司制度の考察から見えてくるのは、孝徳朝に打ち建てられた中央集権的な地方支配理念を列島全体に浸透させようとする古代国家と、現実の地域の中に根を張りながら、国家と対峙する郡司層の姿である。これはまさに「律令制」「文明」と「氏族制」「未開」との相克の歴史である。中央集権的な国家体制の形成という大きな方向性のもと、「氏族制」「未開」に象徴される現実の社会を、後次的に設定された「律令制」や「文明」のシステムの中に引き寄せるというのが、古代史の基本的な動きといえよう。社会の現実を、国家の理念に沿う形に変更するよう迫るのが古代国家だったのである。

即ち、二元的国家論や二重構造論によって示されているように、古代国家は「律令制」「文明」の側面と「氏族制」「未開」の両側面を有しているが、これらは決して静的で固定化されていたものではない。両者は緊張を孕みながら、前者に後者を収斂させようとする形で絶えず揺れ動いていたのである。

郡司・郡司制度の変遷に表れていたように、この両者の距離は八世紀末期に最も縮まったといえる。しかし、九世紀後半期から十世紀にかけて、両者は分離していくようになる。これは地方社会において郡司層が解体したことに表されているように、「氏族制」「未開」の側が変化をきたしたことが大きな要因だろう。

令制の中に一見すると「非律令的」な郡司の特質が組み込まれていたように、古代国家の「律令制」「文明」は、ある程度現実の社会を前提に構築されたものだった。とするならば、その前提となる現実の社会＝「氏族制」「未開」の側が変化すれば、もはや「律令制」「文明」への収斂は困難となる。ここに古代国家の大きな変質を見出すことができるだろう。そして、理念の上ですらも「律令制」「文明」への執着が捨てられた時、二元性や二重構造では捉えきれない新たな国家・社会が日本列島には形成されることになるだろう。このように考えると、古代国家の特質とは、「律令制」や「文明」と表現され得る中央集権化に向けた試みが――それがたとえ理念面だけであったとしても――絶えず続けられているという点に求められるだろう。

古代国家の「律令制」「文明」への収斂を目指す運動は、必ずしも十全に達成されたとはいえない。しかし、それらが「氏族制」「未開」の側に与えた影響は非常に大きなものだった。地方豪族は、「律令制」「文明」との接触によって郡司となり、その後の絶え間ない天皇・朝廷とのかかわりの中で、在庁官人や武士へと成長していく。中央集権化の試みは、確実に現実の社会を変えていったのである。

そしてその先に待ち受けているのは、「分権」をキーワードとする中世社会である[14]。その意味で、仮に表面上だけであっても、中央集権化への固執を捨てた時、古代国家はその終焉を迎えたといえるのではないだろうか。

以上では、郡司・郡司制度という限られた視点からの古代国家論に終始してしまった。しかし、序章でも述べたように、どれほど些細な事実であったとしても、それが時代の産物である以上、そこから何がしかの時代の側面をうかがうことができるはずである。

本書はそのような意図にもとづくささやかな試みである。

註

(1) 大津透「万葉人の歴史空間」(『律令国家支配構造の研究』岩波書店、一九九三、初出一九八六)。
(2) 井上光貞「律令国家群の形成」(『井上光貞著作集　第五巻』岩波書店、一九八六、初出一九七一)、吉田孝「律令国家の諸段階」(『律令国家と古代の社会』岩波書店、一九八三、初出一九八二)。両者の古代国家論については本書序章を参照。
(3) 坂本太郎「郡司の非律令的性質」(『坂本太郎著作集　第七巻』吉川弘文館、一九八九、初出一九二九)。
(4) 米田雄介「律令制と郡司制」(『郡司の研究』第三章第一節、法政大学出版局、一九七六)。
(5) 石母田正『日本の古代国家』(『石母田正著作集　第三巻』岩波書店、一九八九、初出一九七一)。
(6) 前掲註(2)吉田論文、同「八世紀の日本」(『岩波講座日本通史　第4巻』岩波書店、一九九四)。
(7) 林陸朗「桓武朝廟堂の人的構成」(『上代政治社会の研究』吉川弘文館、一九六九、初出一九六二)、『桓武朝論』(雄山閣出版、一九九四)。
(8) 吉田孝「九―一〇世紀の日本」「第一章　平安京の新しい世界」(『岩波講座日本通史　第5巻』岩波書店、一九九五)。
(9) 吉川真司「律令体制の展開と列島社会」(『列島の古代史　ひと・もの・こと　8』岩波書店、二〇〇六)。
(10) 石母田正「古代の転換期としての十世紀」(『石母田正著作集　第七巻』岩波書店、一九八九、初出一九五六)など。

（11）吉川真司「平安京」「院宮王臣家」（『日本の時代史5　平安京』吉川弘文館、二〇〇二）、前掲註（9）論文など。

（12）「年官ノート」（『日本研究』四四、二〇一一）。

（13）吉川真司「律令官人制の再編」（『律令官僚制の研究』塙書房、一九九八、初出一九八九）。また、大隅清陽「九―一〇世紀の日本」「第二章　貴族政権への道」（『岩波講座日本通史　第5巻』岩波書店、一九九五）では、九世紀中頃～十世紀中頃にかけて、氏族制が衰退し、律令制と氏族制の二重構造から律令制と新しい原理からなる二重構造へと変化していくことを指摘している。

（14）例えば五味文彦氏は、『躍動する中世』（『全集日本の歴史　第五巻』小学館、二〇〇八）で、中世社会の五つの特徴のうちの一つとして「権力が統合されておらず、分権化の傾向が著しい」ことを挙げ、「中央集権に対する分権が大きな特徴」であると指摘している。

引用史料目録

史　書

『日本書紀』（日本古典文学大系、岩波書店）
『続日本紀』（新日本古典文学大系、岩波書店）
『日本後紀』（新訂増補国史大系、吉川弘文館・訳注日本史料、集英社）
『続日本後紀』（新訂増補国史大系、吉川弘文館）
『日本三代実録』（新訂増補国史大系、吉川弘文館）
『類聚国史』（新訂増補国史大系、吉川弘文館）
『本朝世紀』（新訂増補国史大系、吉川弘文館）

儀式書・故実書

『内裏儀式』（新訂増補故実叢書、明治図書出版）
『儀式』（新訂増補故実叢書、明治図書出版）
『西宮記』（新訂増補故実叢書、明治図書出版・神道大系、神道大系編纂会）
『北山抄』（新訂増補故実叢書、明治図書出版・神道大系、神道大系編纂会）
『本朝月令』（群書類従、続群書類従完成会）
『伝宣草』（群書類従、続群書類従完成会）

法制史料

『律令』（日本思想大系、岩波書店）
『令集解』（新訂増補国史大系、吉川弘文館）

『唐令拾遺』『唐令拾遺補』（東京大学出版会）
『延喜式』（新訂増補国史大系、吉川弘文館・訳注日本史料、集英社）
『類聚三代格』（新訂増補国史大系、吉川弘文館）
『類聚符宣抄』（新訂増補国史大系、吉川弘文館）

＊この他、原本や写本あるいはその写真版等にもとづき引用した史料については、本文もしくは註で説明を加えている。
＊律令及び延喜式の条文番号・条文名は、それぞれ、日本思想大系・訳注日本史料に拠った。

初出一覧

序章　本書の構成と意図（新稿）

第一部　郡司と天皇制

第一章　郡司読奏考（原題「郡司と天皇制―郡司読奏考―」『史学雑誌』一一六―一二、二〇〇七）

第二章　宣旨による郡司の任用―延喜式部式奉大臣宣条を手がかりに―（『延喜式研究』二三、二〇〇六）

第二部　郡司任用制度と郡司層

第一章　郡司譜第考（『ヒストリア』二二七、二〇一一）

第二章　郡司任用制度の考察（原題「郡司任用制度の一考察」『関東学園大学紀要　Liberal Arts』〈電子版〉二一、二〇一三）

第三章　延暦十七年三月丙申詔試解―「譜第之選」の停止をめぐって―（『続日本紀と古代社会』塙書房、二〇一四）

第四章　郡司層小論（新稿）

第三部　郡司制度の周辺

第一章　擬郡司帳管見―郡司任用日程の変遷―（『続日本紀研究』三六六、二〇〇七）

第二章　郡司職分田試論（『日本歴史』七二八、二〇〇九）

終章　郡司・郡司制度と日本の古代国家（新稿）

あとがき

一九八九年正月、当時小学二年生だった私は、つまらない冬休みを過ごしていた。思えばその前年から、世間は「自粛」ムードに包まれ、楽しみにしていた町内の秋祭りも中止になっていた。同年一月七日の昭和天皇死去。これがその原因だったと気づくのは、ずっと後のことである。とにかくどのチャンネルに合わせても、どこも昭和天皇特集や昭和の時代を振り返る番組ばかり。当時一〇歳にも満たない私には、白黒に映し出される、厳めしい軍隊や無残な戦争の映像はどこか恐ろしく、つまらない冬休みとなってしまったのである。

そんな中、「はっ」とさせられる事実に気づく。「天皇と呼ばれた人はたくさんいたんだ……。テレビで見かけた、最近体調がよくないといわれているおじいさんだけではなかったんだ……。しかも随分と昔からいる……。これはいったい何なのか……?」

思い起こす限り、私が歴史に興味を持ったもっとも古い記憶である。それからはや四半世紀以上が経った。その時の少年はいい歳になったけれど、あのつまらない冬休みをいまだに引きずり続けているのだろうか。気づけば歴史の勉強を生業としている。

自分の書いた文章が活字になる。そんなことは夢にも思っていなかった。それが気づいてみれば、自著を上梓する身となっている。不思議な感覚の中でこのあとがきも書いている。しかしこのような私が、勉強を続け、論文を書き、著書を編むことができているのは、大勢の人たちの支えがあったればこそである。そのことだけは、はっきりと自覚できている。

漠然とした歴史への興味の中で、古代史の魅力に憑りつかれたきっかけは、高校二年生の時に受けた、永井峰男先生の日本史の授業だったと思う。正倉院文書から再現する、一三〇〇年前の下級官人の悲哀。先生が実演してくれた、平安貴族の謝意を表す奇妙なポーズ（今から思えば、たぶん拝舞だったのだと思う）。受験のための勉強の合間に、先生が示してくれた活き活きとした古代史像は、私に鮮烈な印象を与えた。

一九九九年に東京大学へ進み、二年生の時に受講したのが、本郷から駒場に出講されていた大津透先生の『日本書紀』ゼミだった。私にとっては初めての古代史ゼミで、天武天皇四年十月条の報告を担当した。そこには天皇が使者を「四方」に派遣して、一切経を求めさせるという記事が出ている。私はこの「四方」を、「四方八方」の「四方」、つまり広く色々な場所に、という程度の意味に解して報告した。すると先生が、「四方」とは主に畿外を指す言葉であり、奈良時代の貴族たちのウチとソトをめぐる歴史的認識がそこに表れているのだ、とご指摘くださった。たった二文字の単語である。そこにかくも豊かな歴史が込められているという事実に接したとき、歴史を勉強する面白さだけではなく、その厳しさ・難しさも痛感させられた。それ以来、一貫して先生にはご指導を賜っている。

大津先生は、私の欠点をよく承知されていて、広い視野を持つようにといつもご指導くださった。山中裕先生の『御堂関白記』の研究会に連れて行ってくださったのも、そんなご配慮からだと思っている。それでも狭い視野でしかものを考えられない私であるが、このようなご指導がなければどうなっていただろうと思うとそら恐ろしい。卒論を書くとき、先生はジュネーブに行っておられたが、渡欧される前に与えられた「物事の本質に迫れるようなものが書けるといいね」という宿題は、私の永遠の課題となっている。

二〇〇一年に本郷に進学してからは、文献は勿論のこと、出土文字資料や遺跡も使って歴史像を描き出す佐藤信先生の歴史学に魅了された。先生からは、歴史の舞台を実際に訪れること、史資料の実物を観察し、文字情報以外の事実を読み取ることの大切さを教わった。また、文化財や史跡保存の問題を通して、歴史に携わる者としての社会的責務についてもご指導いただいた。そして何よりも、先生のお人柄に感銘を受けた。私たちのことを「教え子」と呼んでくださる先生の温かさは、今でも私の支えとなっている。つい昨年であるが、先生と院生仲間で続けた「朝野群載研究会」の成果を、皆とともに一書にまとめることができた（佐藤信監修／朝野群載研究会編『朝野群載巻二十二―校訂と註釈―』吉川弘文館、二〇一五年）のは、私のひそやかな誇りである。

佐藤・大津両先生のご指導を受けながら、拙い卒論を書き（これは本書第一部第一章前半部の原型となっている）、どうにか大学院への入学をお許しいただいた。二〇〇三年のことである。大学院では二〇一〇年までの七年という長い時間を過ごしたが、その圧倒的に充実した日々は、私のかけがえのない財産である。

佐藤先生の『朝野群載』、『風土記』ゼミ、大津先生の『令集解』ゼミ、石上英一先生の正倉院文書ゼミ、加藤友康先生の『平安遺文』、『年中行事絵巻』、『小右記』ゼミ、吉田早苗先生の『中右記』ゼミ。当時はゼミの準備で途方に暮れたこともあったけれど、これほど幅広く古代史の史料と向き合う時間を得られたことは、今から思えば贅沢極まりないことだった。

大学院で新たに師事した先生方の中でも、加藤先生にはひと際お世話になった。博士課程在籍時には、先生が代表をされていた科研のプロジェクトや外部の財団との共同研究をお手伝いさせていただくことができた。これらの仕事では、古代史以外の図像（指図）資料や、これまで取り組んだことのなかった交通史分野の史料に接し、また様々な時代・分野の研究者とも交わることができ、自分の幅を広げる絶好の機会となった。

学部・大学院在籍時代で忘れてはならないのが、先輩たちの存在である。大勢の「猛者」に囲まれた私は、幸運だったと思う。当時、日本史学研究室の助手をされていた佐藤全敏氏は、延喜式研究会の研究集会での報告機会をご紹介くださり、それが私の学会デビューとなった。博士課程一年目のことである。この学会は解散してしまったけれど、虎尾俊哉先生はじめ多くの方々の謦咳に接することができた。また、今も変わらない有富純也氏の「厳しい」ご指摘は、いつも私の背筋をピンと伸ばしてくれる。稲田奈津子氏には、『類聚三代格』の勉強会で古代史史料の読み方を教えていただいた。佐々田悠氏は、提出前の修論に目を通してくださり、懇切丁寧なアドバイスをくださった。また、群馬で仕事を得るきっかけも与えてくださった。

このほかにも大勢の先輩方の薫陶を受けながら、古代史研究の基礎固めをすることができた私は、本当に恵まれていたと思う。同期の北村安裕君や中世史の小瀬玄士君は、今に続く「悪い」遊び仲間だが、自主勉強会や史跡見学などの時間を共有し、お互いに切磋琢磨することができた。友人や後輩にも大いに恵まれていた。

さらに、学外の研究会での経験も忘れることができない。特に大津先生にご紹介いただいて参加した、山中裕先生の『御堂関白記』の研究会から学んだことは計り知れない。『御堂関白記全註釈』の執筆にかかわらせていただけたのは、本当に幸運だった。金沢文庫近くのご自宅で開かれる研究会が終わったあと、しみじみと「古記録は本当に難しいですね」とおっしゃられたときの山中先生のお声は、今でも深く脳裏に焼きついている。

長く充実した学生生活を終えた私は、二〇一〇年四月に、群馬県太田市にある関東学園大学に職を得て赴任した。経済学部経営学科スポーツマネジメントコースの一般教養担当教員として、初年次教育やリメディアル教育などに携わったが、それまでとの勝手の違いに戸惑うことばかりだった。しかしそれらの中で、学生ひとりひとりと向き合うことの大切さや、大学教育の抱える問題など、多くのことを学ぶことができた。経営学の黒田哲彦先生はじめ、全くの異分野の先生方との交流は、視野の狭い私を成長させてくれたと思う。また群馬での勤務は、上野三碑や天良七堂遺跡（新田郡家跡）など、地域の歴史に目をむける大きな契機ともなった。大学の研究室の窓からよく眺めた、赤城山の雄大な姿が懐かしい。

郡馬で三年を過ごした後、二〇一三年四月に現在の職場である大阪市立大学に着任した。思いもかけない転任で、力量不足は明らかだった。しかし、前任の古代史教員の栄原永遠男先生や、近世史の塚田孝先生をはじめとした現任の日本史学教室のスタッフは、私を温かく迎えてくださった。まじめで真摯な学生たちにも囲まれて、充実した毎日を送ることができている。また、大阪歴史学会や大阪歴史博物館・文化財研究所の皆さんとともにお仕事をする機会にも恵まれ、日々新たな刺激を受けている。

いま市大は、政治的な流れの中で大阪府立大学との統合問題に直面している。また、世間では「文学部不要論」の嵐が吹き荒れている。そんな中で、「不易流行」を掲げて、残すべきものはしっかり残す、という姿勢を打ち出している市大文学部に所属できていることは、心強い限りであると同時に、その一員であることの責任の重さも痛感している。

このように振り返ると、私はこれまでも、そして今も、本当に多くの方々に支えられてきていると改めて感じる。本書は二〇一三年に東京大学大学院人文社会系研究科に提出した課程博士論文をもとにしているが、学位の審査に際しては、主査の大津先生や佐藤先生はもとより、東大史料編纂所の山口英男先生、国文学の鉄野昌弘先生、朝鮮史の六反田豊先生より、厳しくかつ有意義なご指摘・ご指導を賜った。また本書は、第三部第二章「郡司職分田試論」が

第一一回日本歴史学会賞を受賞したことが縁となって出版されたものである。同学会および吉川弘文館、とりわけ本書の刊行にもご尽力くださった堤崇志氏・冨岡明子氏には、心から感謝している。校正に関しては、東京大学大学院院生の井上翔氏にお手伝いいただいた。

著者の履歴の回想は、学術書のあとがきにはふさわしくないだろう。しかし、お世話になった方々への感謝の意を込めて、あえてこのような文章を書くこととした。だから最後に、誰よりも迷惑をかけ、世話になった人たちへの謝辞を述べておきたい。

ここまで私が勉強を続けてこられたのは、何よりも経済的・精神的な家族の支えがあったからである。何も言わずに好きな道に進ませてくれた父重雄にはどれだけ感謝してもしたりない。家族のために黙々と働くその背中を、不肖の息子は決して越えることはできない。

また、知識の尊さや文章を書く楽しさを伝えてくれた母裕子。どんなに専門的な勉強をしても、その成果をわかりやすく伝える努力を忘れないようにとの教えは、常に肝に銘じている。その母は、二〇一二年の秋に他界してしまった。私は親不孝者と謗られても返す言葉がない。

こんな拙い本を出したところで、何の罪滅ぼしにもならないことは明らかだが、それでも、きっと母は喜んでくれるのではないか。いつまでも甘えん坊の私は、勝手にそう思ってしまう。

だから、このささやかな自著を、亡き母裕子に捧げたい。

二〇一六年一一月

磐下　徹

索　　引

I　事　　項

あ行

荒田目条里遺跡　260～262
違例越擬　67～69, 115, 152, 235, 237, 238
院宮王臣家　5, 140, 147～149, 156, 194, 200～205, 207, 211～214, 216, 217, 222, 277, 278, 280
采　女　111, 166, 167, 176～179, 183, 184, 222

か行

金井沢碑　192
元慶官田　210, 213
神　主　175, 186, 188, 190, 196, 208
擬階奏　17
擬郡司帳　5, 228～230, 233～241, 245, 246, 248, 250
既多寺知識経　185, 192, 264～266
擬　帳　232, 233, 238, 244, 250
擬任郡司(擬郡司)　138～140, 142, 146, 148, 149, 155, 161, 162, 198, 199, 201, 206, 208, 230, 238, 250, 270, 277
宜陽殿　14～16, 27, 76, 151
郡　家　117, 148, 185, 191～193, 198, 260, 267, 268
公　廨　256
公廨田　255～259
国　造　5, 34, 35, 37, 38, 95, 96, 98, 101, 103, 104, 106, 114, 115, 166～170, 172～180, 182, 186～190, 193～196, 198, 199, 206, 208, 261
国造兵衛　165～169, 171, 172, 174, 176
郡衙周辺寺院　117, 186, 191～193, 266, 267
軍　毅　186, 188, 189
郡司職分田　5, 6, 89, 192, 193, 254, 255, 258～260, 262～270
郡司子弟　169～171, 173, 174, 176, 182, 183, 187～189, 191, 195, 199, 206, 208, 221
郡司職忌避　141, 147, 156, 194, 204, 207, 208, 215, 277, 278
郡司層　3～6, 118～120, 123～129, 131, 136, 139～144, 146～148, 154～157, 159, 161, 180, 185～187, 190～199, 206, 207, 210, 212, 213, 215, 217～219, 222, 223, 257, 265～267, 270, 272, 274, 276～279, 281, 282
郡司読奏(読奏)　4, 10～21, 24～26, 28～30, 33～36, 38～41, 50～54, 57, 67～72, 76, 80, 93, 94, 109, 116, 118, 133, 150, 151, 154～156, 161, 230, 231, 235, 238, 239, 242, 249, 250, 272, 276～278, 281
郡司と天皇(天皇と郡司・天皇と郡領)　4～6, 10, 12, 14, 39, 40, 73～75, 81, 109, 110, 117～120, 125, 131～133, 135, 136, 138, 140, 150, 154～157, 180, 257, 272, 274, 276～279
郡司召　38, 50, 71, 75, 118, 133, 150, 161, 230, 239, 242, 249
郡　寺　117, 186, 191～193, 266, 267
外散位　121, 190, 206, 222, 223
家　牒　200～204, 211
顕官挙　27, 28, 44
県令(県官・県官人)　85～89, 93, 94, 273
孝徳朝　33, 36, 38～40, 45, 92～98, 100, 102, 104, 107～110, 116, 119, 120, 123, 133, 155～157, 159, 223, 272, 273, 275, 276, 281
国　擬　12, 38, 49, 51, 57, 71, 72, 118, 133, 135, 137, 138, 150, 164, 179, 181, 196, 197, 230～233, 239～241, 246, 248～250, 277
国　解　55, 57, 60, 61, 63, 66～69, 80, 151, 231, 232, 234～238, 240
国　司　88～91, 94～96, 105～108, 111～113, 118, 123, 128, 129, 131, 133, 135, 137～140, 144, 148, 149, 153, 156, 164, 181, 199, 202～209, 214, 215, 217, 222, 225, 228～233, 235, 238, 240, 243, 246, 248, 252, 255～257, 262, 264～266, 277
国　府　257～259, 266

古代国家　1～6, 10, 11, 36, 40, 72～75, 94, 106, 108～110, 112, 118～121, 124～127, 129～133, 135, 139, 140, 150, 154～157, 180, 245～247, 257, 267, 271, 272, 274～276, 278～283
御体御卜奏　22, 28

さ行

在地首長　1, 3, 10, 11, 73, 118, 139, 159, 225, 257, 271, 274, 283
才用主義　84, 95～97, 108
定　25～30, 33～36, 38, 39
式部省銓擬　12, 38, 50, 51, 54, 56, 68～72, 118, 133, 137, 150, 151, 161, 164, 181, 197
式部試練　12, 14, 92, 98, 112, 134
試郡司　50, 77
紫宸殿　14, 17, 20～24, 52～54, 76, 151
除　目　27, 28, 44, 280
鍾匱の制　30, 32～36
諸司奏　19～21, 24, 25, 29, 30, 33～36, 38, 39
諸司田　210, 213
胥　吏　90
進節刀奏　24, 25
陣　座　15, 25, 26, 151
陣　定　27
申文刺文　16～18
受　領　140, 149, 150, 154, 156, 208, 281
清涼殿　15, 76, 151
宣　旨　47, 55～57, 60～66, 68～70, 72～75, 78, 80, 152, 234, 236, 237, 251
雑色人郡司　150, 153, 154, 156, 163, 219, 277, 278
相　譲　68, 69, 121, 152, 222, 235

た行

太政官介在型　25, 29, 36
太政官非介在型　25, 29
断入文　68, 77, 231, 250
中央集権　1, 2, 4, 19, 36, 38, 39, 94, 107, 109, 110, 118～121, 125, 129, 131, 133, 135, 136, 150, 154～157, 180, 197, 247, 257, 267, 273～277, 279, 281～283
中央諸司　5, 140, 147, 148, 156, 186, 194, 204, 207, 212, 214, 217, 222, 277, 278
中央諸勢力　5, 186, 194, 204～208, 212～215, 217, 218
中央政府　193, 196～198, 216, 217, 257～259, 266～268
徴税請負人　140, 146, 204, 208, 209
東国国司詔　30, 33～35, 106, 107
読申公文　16～18, 29

な行

夏井廃寺　260, 266, 267
二元的国家論(二元論・二元性)　1, 6, 276, 282
二重構造論(二重構造)　1, 6, 276, 282
根岸遺跡　260, 262
年　官　152, 153, 163, 191, 220, 237, 280
年料租舂米　210, 212
年料別納租穀　210

は行

兵　衛　5, 88, 89, 95, 96, 111, 114, 146, 147, 166, 168～174, 176～182, 186, 187, 190, 193～196, 198, 199, 201, 206, 208, 221, 222
評官人(評の官人)　35, 36, 38, 106, 113, 231, 273
評　制　38～40, 100
非令制職名郡司　153, 219
副擬郡司　128～130, 139
富豪層(富豪)　5, 186, 191, 200, 207, 212～219, 223～225
富豪浪人　208, 209, 215～218, 223
譜　第　5, 77, 84, 85, 97～101, 103, 107～110, 114, 116, 119～128, 130, 133, 134, 137, 139, 140, 155, 159, 165, 172, 173, 178, 182～184, 193～196, 223, 231, 248, 277, 287
譜第主義　84, 95～97, 104, 108, 114
譜第之選　119, 132, 133, 135, 136, 138, 140, 155, 164～174, 176～181, 183, 194, 195, 197～199, 206, 208, 223, 277
負名体制　150, 156
部民制　37～39, 107, 116, 273, 275

や・ら行

弓場殿　15, 16, 26
律令国家　1, 116, 216
律令制(律令体制・律令太政官制)　1, 2, 6, 39, 46, 84, 257, 273～277, 279～282, 284
流外官　85～85, 112

Ⅱ　人　名

あ行

伊予親王　134, 160, 161, 180, 184, 196
石城美夜部　260, 261
他田神護　98, 104, 114, 115, 188, 189

か行

賀夜良藤　191, 220
桓武天皇　5, 132, 134, 196
紀五百友　102, 115
紀忍勝(押勝)　102, 115
紀忍穂　102, 103
紀国栖　102, 103, 115
紀豊嶋　102, 115
紀豊成　102, 115
紀真祖　102, 103, 115

さ～な行

坂上苅田麻呂　70, 71
菅原道真　42, 76
橘直幹　64, 65, 69
中井王　209

は行

丈部志許赤(部志許赤)　260, 261
藤原園人　136, 137, 139, 141, 197, 232, 233
藤原仲麻呂　160, 188, 189
藤原麻呂　188
藤原山蔭　42, 76

ま行

源兼明　64, 65
御船傳説　64, 65, 79
村上天皇　62, 64

Ⅲ　史　料

あ行

荒田目条里遺跡出土2号木簡　6, 260～263, 266
出雲国計会帳　5, 98, 116, 228, 229, 233, 239, 240, 248
宇津保物語　212, 214
海上国造他田日奉部直神護解　98
延喜式　75, 169, 170
延喜式神名帳　220
延喜式部式下36試郡司条　48
延喜式部式上113大領闕条　67
延喜式部式上114郡司有闕条　48, 250
延喜式部式上123奏大臣宣条　47
延喜式部式上130主政帳条　152
延喜式部式上149諸衛任官条　146, 183, 221
延喜式部式上152郡司名簿条　250
延喜太政官式131任郡司条　12, 48, 150, 230
延喜兵部式34近衛兵衛条　147, 170, 174, 183, 195, 206, 221
延喜民部式下52年料別納租穀条　210, 214
延喜民部式上105御体御卜条　43

か行

寛平日記　42, 54, 76
紀伊国造次第　100, 101, 103, 115
儀　式　14, 20, 21, 43, 51, 52, 75, 163, 249
公卿補任　77～79
宮内庁書陵部所蔵壬生官務家旧蔵本西宮記　43, 58, 62, 77
江家次第　40, 43, 44, 281
皇太神宮儀式帳　45, 97

さ行

西宮記　14, 15, 18, 26, 28, 42, 44, 54, 57, 61～65, 76, 77, 80, 115, 140, 150, 151, 163, 231, 233,

249, 250
侍中群要　16, 26
貞観交替式　160
正倉院古文書(正倉院文書)　5, 188, 228
続日本紀　45, 49, 70, 71, 97, 98, 103, 105, 112, 114〜119, 121, 123, 125〜129, 160, 166, 167, 172, 173, 177, 181, 188, 189, 195, 211, 231, 233, 240, 241, 243, 249, 261
続日本後紀　44, 209, 215, 261, 270
政事要略　223, 224
善家秘記　190, 220
先代旧事本紀　173

た行

内裏儀式　20, 21, 42
内裏式　14, 20, 21, 42, 43, 51, 52, 150, 163
朝野群載　224
伝宣草　58
唐令拾遺　86, 89, 93, 256, 257
唐令拾遺補　86, 89, 92

な行

日本後紀　115, 130, 132, 135〜137, 139, 141, 164, 177, 179, 194, 196, 197, 200, 222, 232, 233, 238, 244
日本三代実録　19, 25, 27, 42, 52, 53, 56, 76, 151, 210, 220
日本書紀　30, 35, 37, 45, 71, 106, 113〜115
年中行事秘抄　238, 246

は行

浜名郡輸租帳　264, 269
常陸国風土記　45, 97, 185, 260, 261
不行唐令　86〜89, 256
復旧唐選挙令第二条　93
復旧唐選挙令補第二条　92
復旧唐田令第二九条　256
復旧唐田令第三〇条　256
復旧唐田令第三二条　256
復旧唐田令第三四条　257
北山抄　14, 15, 26, 42, 44, 67, 68, 76, 77, 80, 99, 115, 140, 151, 163, 238, 249, 250
北宋天聖令　86, 87, 256
本朝月令　239
本朝世紀　18, 40, 42, 47

ま行

前田尊経閣文庫所蔵巻子本西宮記　43, 76
前田尊経閣文庫所蔵大永鈔本西宮記　76, 78
民部例　268, 269
村上天皇日記　61〜63, 65, 69, 79

や行

養老営繕令 16 近大水条　87
養老学令 2 大学生条　88
養老学令 14 解経義条　89
養老官位令 6 正三位条　13
養老儀制令 11 遇本国司条　13, 88, 113
養老儀制令 18 元日国司条　89, 113
養老公式令 1 詔書式条　32
養老公式令 85 授位校勳条　44
養老軍防令 36 簡点次条　44
養老軍防令 37 兵衛考満条　88, 95, 187, 206
養老軍防令 38 兵衛条　147, 169, 170, 173, 177, 187, 195, 222
養老軍防令 51 給事力条　262
養老軍防令 76 放烽条　44
養老継嗣令 1 皇兄弟子条　99
養老考課令 54 国郡司条　87
養老考課令 61 大弐已下条　173
養老考課令 65 殊功異条　87
養老考課令 67 考郡司条　87
養老後宮職員令 18 氏女采女条　177
養老戸令 32 鰥寡条　87
養老戸令 33 国守巡行条　85, 87
養老戸令 34 国郡司条　88
養老神祇令 19 諸国条　169
養老選叙令 3 任官条　28, 75, 81, 88, 91, 93, 113, 249
養老選叙令 4 応選条　92
養老選叙令 13 郡司条　13, 88, 91, 95, 103, 113, 169, 172, 182, 186, 195
養老選叙令 15 叙郡司軍団条　89, 91, 113
養老選叙令 27 国博士条　88
養老僧尼令 5 非寺院条　89
養老雑令 12 取水漑田条　87
養老田令 1 田長条　268, 269
養老田令 6 功田条　99
養老田令 12 賜田条　269
養老田令 14 狭郷田条　253

養老田令31在外諸司職分田条　255
養老田令32郡司職分田条　89, 91, 113, 251, 253～255
養老田令34在外諸司条　254, 255, 257, 258, 262, 269
養老賦役令3調庸物条　242, 251
養老賦役令13口及給侍条　87, 88
養老賦役令19舎人史生条　88
養老賦役令37雑徭条　270

ら行

令義解　87, 88, 169, 257
令集解　13, 28, 75, 93, 103, 172, 173, 195, 243, 249, 251, 253～255, 257, 262, 268, 269
類聚国史　45, 97, 115, 116, 130, 132, 164～168, 174, 175, 179, 182, 184, 194, 195, 261
類聚三代格　55, 79, 99, 114, 115, 120, 122, 127, 128, 131, 138～140, 142～145, 148, 161, 168, 175, 181～183, 187, 195, 198, 204, 209, 211, 222, 224, 225, 242, 243, 247, 251, 262, 264
類聚符宣抄　58, 60, 61, 66～70, 77, 78, 143, 145, 151, 162, 234, 235, 238, 246

Ⅳ　研究者名

あ行

浅井勝利　162, 222
阿部武彦　116, 160
有富純也　40, 46
池田温　111, 114
石尾芳久　220
石母田正　1, 7, 10, 11, 41, 251, 257, 274, 283
泉谷康夫　223
磯貝正義　7, 80, 84, 110, 114, 158, 159, 181, 183, 222
市大樹　162, 213, 214, 220, 222～224
井上薫　161, 184, 221
井上光貞　1, 7, 44, 271, 275, 277, 284
井内誠司　85, 111, 114
今泉隆雄　7, 80, 84, 110, 114, 158, 159～162, 181, 182, 220～222, 251
今江広道　81
今津勝紀　7, 41
植松考穆　183
大隅清陽　46, 90, 111, 113, 284
大津透　27, 43, 44, 111, 283
大町健　111, 112, 158～160, 162, 181, 220～223, 225
岡田幸子　184

か行

垣内和孝　270
勝浦令子　221
加藤友康　7, 160, 222
門脇禎二　183, 223, 224
鐘江宏之　229, 233, 240, 248, 250
鎌田元一　37, 45, 116, 269
神谷正昌　42, 76
亀田隆之　110
川尻秋生　240, 250
北啓太　43, 77
黒板伸夫　182, 250
五味文彦　60, 77, 284

さ行

佐伯有清　115
坂上康俊　80, 162, 163, 222, 223
栄原永遠男　219, 221, 264, 265, 270
坂本賞三　43
坂本太郎　2, 7, 11, 41, 85, 89, 111, 182, 248, 257, 268, 273, 274, 283
佐々木恵介　75
笹山晴生　162, 169～171, 181, 221, 222
佐藤信　7, 41, 158, 219, 221, 264, 270
志田諄一　269
篠川賢　221
島善高　110
下向井龍彦　224
鈴木拓也　43
鈴木正信　115
須原祥二　3, 4, 8, 10, 41, 75, 76, 80, 84, 110, 112, 116, 118, 158～162, 219, 221, 246, 250, 251,

270
関　晃　30, 44, 71, 80
曽我良成　29, 44
薗田香融　34, 45, 106, 115, 116

た行

高嶋弘志　173, 183
高田淳　160, 161, 184, 221
高田実　7
高橋崇　44, 268, 270
高橋浩明　7
滝川政次郎　43
竹内理三　41
土田直鎮　43, 47, 74, 75, 81
寺西貞弘　115
東野治之　45
時野谷滋　163
戸田芳実　213, 215, 220, 223, 224
虎尾達哉　45
虎尾俊哉　75

な行

長山泰孝　37, 38, 45, 223, 251
南部昇　46, 74, 81
新野直吉　7, 80, 84, 97, 110, 114, 158～160, 169, 181, 183
西別府元日　224
西本昌弘　41, 44, 249
西山良平　160
仁藤敦史　112
野村忠夫　46, 85, 89, 111, 112

は行

橋本裕　220
橋本義彦　77
橋本玲子　269
早川庄八　7, 12, 34, 35, 41, 44, 45, 60, 77, 78, 80, 92, 106, 111, 112, 158, 223, 241, 248, 249, 251, 256, 268
林陸朗　161, 283
原秀三郎　223, 224
春名宏昭　43
平川南　158, 219, 248, 260, 269
平澤加奈子　220
平野博之　162, 222, 223
藤木邦彦　25, 43
北條秀樹　163, 223, 268

ま行

美川圭　43
三谷芳幸　269
宮城栄昌　80, 250, 268, 270
村井康彦　223
毛利憲一　8, 80, 84, 110～112, 114, 158
森公章　7, 41, 45, 76, 80, 112, 114, 153, 158～163, 182, 190, 220～222, 225, 249, 268, 270
森田悌　182, 250
諸橋轍次　44, 183

や行

八木充　41
安原功　27, 43, 44
山口英男　7, 80, 84, 110, 114, 116, 158～163, 181, 219, 222, 225, 248, 250, 251, 265, 270
山下信一郎　224
山下有美　248
山中敏史　158, 162, 163, 191, 220, 221, 266, 270, 271
吉川真司　16, 20, 42, 43, 46, 213, 220, 223～225, 283, 284
吉田晶　38, 46
吉田孝　1, 7, 116, 152, 175, 183, 259, 268, 269, 271, 275, 276, 283
吉村武彦　37, 45
米田雄介　7, 80, 84, 110, 114, 158, 159, 181, 222, 230, 249, 250, 274, 283

ら・わ行

利光三津夫　111
和田英松　76
渡部育子　114, 183
渡辺信一郎　269
渡辺直彦　220

著者略歴
一九八〇年　京都府生まれ
二〇一〇年　東京大学大学院人文社会系研究科博士課程単位取得満期退学
関東学園大学経済学部講師を経て、
現在　大阪市立大学文学研究院准教授
〔主要論文〕
「年官ノート」（『日本研究』四四、二〇一一年）
「国司苛上訴寸考」（『日記・古記録の世界』思文閣出版、二〇一五年）

日本古代の郡司と天皇

二〇一六年（平成二十八）十二月一日　第一刷発行

著者　磐《いわ》下《した》徹《とおる》

発行者　吉川道郎

発行所　株式会社　吉川弘文館
郵便番号一一三―〇〇三三
東京都文京区本郷七丁目二番八号
電話〇三―三八一三―九一五一〈代〉
振替口座〇〇一〇〇―五―二四四番
http://www.yoshikawa-k.co.jp/

印刷＝株式会社 理想社
製本＝株式会社 ブックアート
装幀＝山崎　登

日本古代の郡司と天皇（オンデマンド版）

Digital Publishing

2024年10月1日　発行

著　者　磐下《いわした》　徹《とおる》

発行者　吉川道郎

発行所　株式会社 吉川弘文館
〒113-0033　東京都文京区本郷7丁目2番8号
TEL　03(3813)9151(代表)
URL　https://www.yoshikawa-k.co.jp/

印刷・製本　株式会社 デジタルパブリッシングサービス
URL　https://d-pub.sakura.ne.jp/

磐下 徹（1980〜）
ISBN978-4-642-74633-5